JN212739

東京大学教養学部の
アカデミック・ジャパニーズ

J–PEAK

Japanese
for
Liberal Arts
at
the University of Tokyo

上級
▸▸◂◂
Advanced
Level

ボイクマン総子
Fusako Beuckmann

根本愛子
Aiko Nemoto

トンプソン美恵子
Mieko Thompson

窪田愛
Ai Kubota

the japan times PUBLISHING

謝辞

東京大学大学院総合文化研究科の以下の先生方には、本書の草稿に目を通していただき、数多くの貴重なご意見やご提案をいただきました。ここに記して感謝申し上げます。

植田一博教授（ユニット 1 認知バイアス）
大石和欣教授（ユニット 7 文学の意義）
成田大樹教授（ユニット 8 環境か経済か）

東京大学教養学部のアカデミック・ジャパニーズ　J-PEAK 上級

J-PEAK: Japanese for Liberal Arts at the University of Tokyo [Advanced Level]

2025 年 1 月 20 日　　初版発行

著　者：ボイクマン総子・根本愛子・トンプソン美恵子・窪田愛
発行者：伊藤秀樹
発行所：株式会社 ジャパンタイムズ出版
　　　　〒 102-0082 東京都千代田区一番町 2-2 一番町第二 TG ビル 2F

ISBN978-4-7890-1901-9

First edition: January 2025

Illustrations, layout design and typesetting: Asahi Media International
English translations: Amitt Co., Ltd.
Narrators: Shogo Nakamura and Marin
Recordings: Studio Glad Co., Ltd.
Cover design: atelier yamaguchi
Cover illustration: Septem artes liberales from "Hortus deliciarum" by Herrad von Landsberg (about 1180)
Printing: Nikkei Printing Inc.

Published by The Japan Times Publishing, Ltd.
2F Ichibancho Daini TG Bldg., 2-2 Ichibancho, Chiyoda-ku, Tokyo 102-0082, Japan
Website: https://jtpublishing.co.jp/

ISBN978-4-7890-1901-9

Printed in Japan

はじめに

　『東京大学教養学部のアカデミック・ジャパニーズ J-PEAK』は、高等教育機関の中級・上級の日本語学習者を対象とした総合教科書です。初級修了直後の学習者がスムーズに中級に移行でき、中級から上級への学習、さらに上級の学習が継続してできるよう構成されたシリーズです。本書は『J-PEAK 中級』『J-PEAK 中上級』に続く、3冊目となります。

　本シリーズは、日本語学習を通じて論理的・分析的・批判的思考と総合的な日本語のスキル、特に日本語での発信力を高めることを目的としています。筆者らが教鞭をとる東京大学教養学部 PEAK（Programs in English at Komaba、英語のみで学士号を取得できるコース）では、幅広く深い教養と知的好奇心を養い、既存の知識を批判的に吟味して独自の観点を創造する力を身につけることを目指しています。本シリーズは、もともとはこの PEAK の必修日本語科目で使用するために開発を始めたものですが、交換留学生対象の総合日本語科目でも使用しており、広く国内外の高等教育機関でお使いいただける内容になっています。

　上級で扱っているテーマは、二項対立的に捉えることのできない問い、まだ解明されていない問いなど、簡単には答えの出ないものです。このような問いについて考えることで、分析的・批判的に考え、論理的に述べるというアカデミックな態度がより高度なレベルで育成されるものと考えます。

　本シリーズは、試行版を10学期5年間にわたり、授業で使用してきました。その間、学生や授業担当教員の方々からいただいた多くのコメントを、その都度、教材に反映させるという作業を繰り返しました。

　本書が、日本語学習を通して学習者が自ら考え、日本語で発信する力を身につける一助となれば幸いです。

2024 年 11 月
ボイクマン総子
根本愛子
トンプソン美恵子
窪田愛

もくじ
Contents

Unit 1 認知バイアス
Cognitive Bias

21

Unit 2 化粧の社会学
The Sociology of Makeup

49

Unit 3 自然災害
Natural Disasters

75

Unit 4 笑いとユーモア
Laughter and Humor

101

本書について

1 対象

本シリーズの対象は、日本国内外の高等教育機関の中級〜上級レベルの日本語学習者です。シリーズ第3巻である本書は、上級（CEFRのC1）の学習者を対象としています。中上級よりもさらに高度な内容を論理的に発信し、アカデミックな場面に対応できる力を身につけます。

2 目的

◆**本シリーズの目的**

日本語学習を通じて、論理的・分析的・批判的思考と総合的な日本語のスキル、特に日本語での発信力を高める

◆**本書『上級』の目的**

1) 中級後半レベルの語彙・文法を復習するとともに、トピックに関する語彙と上級レベルの文型表現を身につけながら、すでに持っている知識を活性化する
2) 日本語力を駆使して、日本語で見聞きしたことについて分析的・批判的に考え、論理的な意見を積極的に述べられるようになる

3 理念と特徴

リベラルアーツの起源は、ギリシア・ローマ時代の「自由7科」（文法、修辞学、論理学、算術、幾何学、天文学、音楽）であり、その時代に自由人（＝奴隷ではない人）として生きるために学ぶべきものだと言われています。近年では、「人の精神を自由にする幅広い基礎的学問・教養」（瀬木 2015）や“自由”になるための“手段”」（山口 2021）などとされています。「教養」とは、この「リベラルアーツ」の訳語です。

また、「アカデミック・ジャパニーズ」は「教養教育」であり、教養教育の中心課題は「学び方を学ぶこと」にあるとされています。そして、自由で民主的な社会を構成する市民が身につけるべき「自己を表現し、他者と出会い、他者とつながる力」の育成が重要です（門倉 2006）。また、アカデミック・ジャパニーズに求められるのは「論理的・分析的・批判的思考法」（山本 2004）だとも言われています。

本シリーズは、これまでの言語教育の研究知見に基づき、これら教養（リベラルアーツ）とアカデミック・ジャパニーズ、特に、論理的・分析的・批判的思考を徹底して具現化することを試みました。

1) リベラルアーツのためのトピック選定

本シリーズでは、日本語学習を通して、横断的な知識と物事の捉え方を学ぶリベラルアー

ツ、すなわち、教養を培うことを重視しています。特に高等教育においては、単に言語を学び４技能を伸ばすだけでなく、世界の事象について自ら考察し、その考えを述べることが求められます。

そこで本シリーズでは、学習者が自分の専門に関わらず興味関心を持つことができるようなトピックを人文科学・社会科学・自然科学から幅広く取り扱いました。

2）アカデミック・ジャパニーズの獲得に向けたユニット内構成

本シリーズは、アカデミック・ジャパニーズの定義を踏まえ、ユニット内の活動の構成を考えました。まず、「ウォーミングアップ」でユニットのトピックの喚起を行います。そして、「ていねいに読む」ではトピックの概論にあたる内容を、「すばやく読む」と「聞く」ではトピックの各論にあたる内容を扱います。これらの活動は、ユニットのまとめにあたる話す活動と書く活動で、自己表現を十全に行うための準備となります。そのため全てのセクションは、このテキストで示されている順に、省略せず行うことが望ましいと考えます。

また、自己を表現し他者とつながる手段は様々であるため、その発信方法にはバラエティを持たせました。話す活動には発表・ディベート・ディスカッションを、書く活動には意見文・報告文・解釈を述べる文・ブックレポート・説明型のレポート・論証型のレポートを取り入れました。

3）研究知見に基づいて書き下ろした本文と設問

本シリーズの特徴を語る上で欠かせないのが、語彙研究と読解ストラテジー、聴解ストラテジーに関わる研究知見に基づいて作成されていることです。

語彙は、「日本語テキスト語彙・漢字分析器」（Japanese Lexical Analyzer、通称 J-LEX）（菅長・松下 2013）を用いて各レベルで使用する語彙基準を設け、その基準内で全ての本文を書き下ろしました。これにより、学習者は自分のレベルに合った語彙を使って無理なく学習することができるようになっています。なお、本書『上級』の本文は、ターゲット語彙をJ-LEX の 3001 位〜 5000 位とし、5000 位までの語彙カバー率が 90 〜 95％になるようにしました。また本書では、漢字にはルビがついていません。このように語彙・漢字レベルに基準を設けることによって初めて、学習者のレベル（中級／中上級／上級）を厳密に規定することができると筆者らは考えます。

読解ストラテジーについては、Koda and Yamashita（2019）を参考にし、本文の内容を理解するだけでなく、読んだ内容をもとに自分自身の意見を述べたり、得た知識を精緻化して世界で起こっている事象につなげたりする設問を設けています。

こうして読解活動でトピックへの理解を深めることは、次の聴解活動の支援にもつながります。音声を聞いている時に単語・文レベルではなく段落やテキスト全体を参照したり、予測や推測したりしながら聞く（横山 2008）という聴解ストラテジーをより効果的に養うことができます。

本書の使い方

1 ユニット内の構成と進め方

本書の各ユニットは全て、読む・聞く活動（①～③）から、話す活動（④）・書く活動（⑤）へとつながっています。

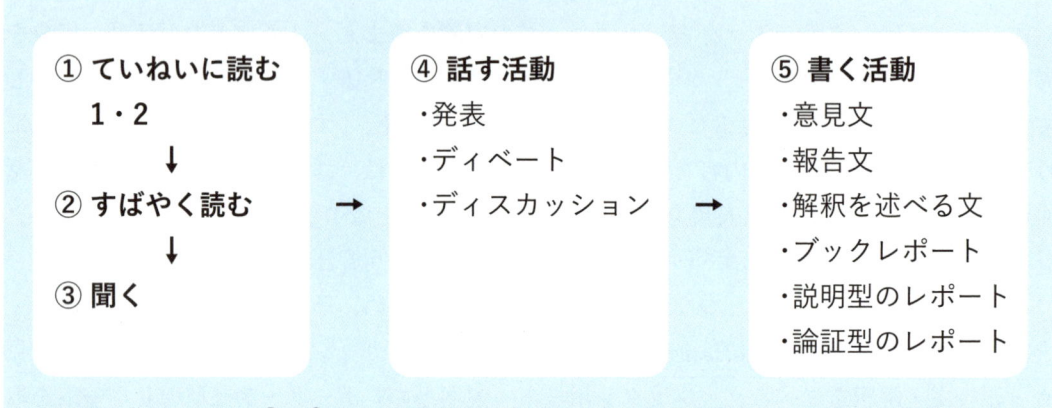

```
① ていねいに読む          ④ 話す活動              ⑤ 書く活動
   1・2                    ・発表                  ・意見文
     ↓                    ・ディベート            ・報告文
② すばやく読む     →      ・ディスカッション  →   ・解釈を述べる文
     ↓                                            ・ブックレポート
③ 聞く                                            ・説明型のレポート
                                                  ・論証型のレポート
```

＊別冊　単語リスト：①～③について、読めて書けるようになる単語（★★）、読めて意味がわかればいい単語（★）が取り上げられています。
　　　　文型表現：①の後に行うか、①～③の後にまとめて確認することを推奨します。

1）扉

各ユニットの最初の扉ページには、トピックのタイトルと問いおよび各活動の見出しがあります。このユニットで何を学習するのか、全体の流れとユニットのねらいを確認しましょう。

2）ウォーミングアップ Warm-up

ユニットに入る前に、ユニットのトピックについて考えます。まず、トピックについて自分の知っていることを日本語で話してみましょう。

3）ていねいに読む Intensive Reading

ユニットのトピックの概論となる内容の読解タスクです。本文は J-LEX で 5000 位までの語彙カバー率が 90 ～ 95％になるように書き下ろされています。

1回目は、今の自分がどのぐらい読めるか、何がわからないかを確認するため、辞書や単語リストを見ないで読んでみましょう。2回目は、別冊の単語リストを使って、わからない言葉や表現をチェックしながら読みましょう。

　本文の大まかな内容が理解できているかどうか確認します。5つの文を聞いて、合っているか違っているかを答えます。

 内容を読み取る Reading comprehension

　本文の内容が正確に理解できているかどうかを確かめます。問いに対する答え方にも気をつけましょう。

 考えを述べる・広げる Sharing of knowledge

　本文の内容を理解した上で、深く考えて、自分自身の意見を述べます。さらに、本文の内容から離れて、トピックについてより深く広く考え、意見を述べるために、以下の設問を取り入れました。

ⅰ **分析的に考える**：本文の内容について、自分の知っていることやこれまでの経験と比較します。本文で述べられていることが、具体的にはどういうことかを考えましょう。

ⅱ **批判的に考える**：筆者の意見について自分はどう思うか、ある状況において自分だったらどうするかなどを考えます。そう思う理由や根拠も考えましょう。

ⅲ **論理的に述べる**：ⅰやⅱについて、自分の考えを述べます。他の人にもわかりやすくなるように、簡潔に順序よくまとめましょう。

ⅳ **他者と対話する**：他の人の考えを聞きます。自分の意見と比較しながら聞きましょう。質問や反論、ディスカッションをして、お互いの考えを伝え合いましょう。

4) **すばやく読む** Speed Reading

　トピックに関して、個別の事例や関連した事象を扱う文章です。本文で使われている語彙の 95％ は、すでに学習した語彙、またはこのレベルで知っておくべき語彙です。まずは辞書や単語リストを使わずに読んでみましょう。また、読むのに何分かかったかも測っておくとよいでしょう。文の長さと難しさは、どのユニットもほとんど同じなので、学習が進むごとに速く読めるようになっているか確認できます。

 内容を読み取る Reading comprehension

　話の内容を大まかに理解するためのスキミングと、必要な情報のみを拾うためのスキャニングの問題があります。本文を読む前に質問文を確認し、どのようなストラテジーで読むといいか考えるといいでしょう。

考えを述べる・広げる **Sharing of knowledge**

「ていねいに読む」同様、分析的・批判的に考え、論理的に意見を述べましょう。他の人の意見も聞いて、理解を深めましょう。

5) 🔵 聞く Listening

「すばやく読む」同様、トピックに関して、個別の事例や関連した事象を扱う内容となっています。2人の話者によるダイアログか、1人の話者によるモノローグです。ユニット1・3・5・7・8は、「聞く」がその後の話す活動（発表・ディスカッション）のモデルとなっています。聞く前に質問文を確認し、どのように聞くべきかを考えましょう。最初は辞書や単語リストを見ないで聞いてみましょう。その後、メモを取りながらもう一度聞いてみましょう。わからない場合は、何度か聞いてみるといいでしょう。

✏️ 内容を聞き取る **Listening comprehension**

「すばやく読む」と同様に、話の内容を大まかに聞き取る問題と、必要な情報のみを聞き取る問題があります。

🔵 考えを述べる・広げる **Sharing of knowledge**

「ていねいに読む」「すばやく読む」同様、分析的・批判的に考え、論理的に意見を述べましょう。他の人の意見も聞いて、理解を深めましょう。

6) **話す活動**

ユニットのまとめとして、発表、ディベート、ディスカッションのいずれかの活動が用意されています。それぞれの準備の方法や進め方は、各ユニットで示されています。指示を参考にしながら、自分の意見や考えを述べましょう。

ユニット1・3・5・7　　　発表する Presentation

ユニット2・6　　　ディベートをする Debate

ユニット4・8　　　ディスカッションをする Discussion

話す活動には、自己評価 が付いています。自分は何ができたか、何ができなかったかを必ず確認しましょう。友達とチェックしたり、先生に聞いたりしてもいいでしょう。そして、できなかったことについて、次はどうしたらできるようになるかを考えましょう。

7）書く活動

　話す活動が終わったら、自分で話したことを文章でまとめます。それぞれの準備の方法や進め方は、各ユニットで示されています。クラスで出た質問やコメント、他の人が述べた意見も参考にして、自分の意見や考えをまとめましょう。

ユニット1・5　　説明型のレポートを書く　Writing a Research Report

ユニット2・6　　意見文を書く　Writing Opinions

ユニット3　　報告文を書く　Writing an Expository Report

ユニット4　　解釈を述べる　Writing an Interpretation

ユニット7　　ブックレポートを書く　Writing an Book Report

ユニット8　　論証型のレポートを書く　Writing an Argumentative Report

書く時には、以下の点に注意しましょう。

i **文体を揃える**：一つの文章の中で「です・ます」体と「だ・である」体が混ざらないようにしましょう。上級では全ユニットで「だ・である体」で書くように指示があります。話す活動では「です・ます」で話していても、書くときは「だ・である」体にしなければなりません。

ii **文字数を守る**：ユニットごとに何文字かの指示があります。「〇文字程度」の場合は±10%の文字数で書くようにしましょう。例えば、発表のスクリプトは長いので、そのまま使えないでしょう。話し言葉と書き言葉の違いに注意したり、質疑応答で出た内容を付け加えたりしながら、指示された字数に合うように書き直しましょう。

iii **出典を書く**：他の人の書いたものを引用する場合は、出典を書かなければなりません。参考文献リストの書き方と引用については、巻末（p.235）を参考にしてください。

　書く活動には、 セルフチェック があります。提出する前に、自分が書いた作文をもう一度確認しましょう。

2 別冊の内容と使い方

1）単語リスト

　単語リストにある★は、その単語を使えるようになるべきか、意味や読み方がわかればいいのかを示しています。

★★の単語は、J-LEX の 3001 ～ 5000 位の語彙で、読み書きを含め、自分で使えるようになることが求められる語彙（使用語彙）です。一方、★の単語は、J-LEX の語彙5001 ～ 8000 位以降で、書けなくても、読めて意味がわかればよい語彙（理解語彙）です。J-LEX の 8001 位以上の語彙は、よりやさしい語彙に言い換えられたり、使用範囲が限られたりするものが多いと考え、★をつけていません。

　また、J-LEX の 3000 位以下の語彙と、代表的な初級日本語教科書ですでに学習した語彙はリストに入っていません。

2）文型表現

　そのトピックに関する意見を述べる際に必要だと思われる文型を中心に取り上げています。それぞれに例文、解説、作文練習問題があります。

3 音声ファイル

以下のセクションには、ダウンロードできる音声が付いています。

ていねいに読む	1・2の本文、「理解チェック」の音声
すばやく読む	本文の音声
聞く	モノローグまたは会話の音声

ダウンロード方法

◆スマートフォン・タブレットから
ジャパンタイムズ出版の音声アプリ「OTO Navi」をインストールして、本書の音声をダウンロードしてください。

◆パソコンから
以下の URL にアクセスして、MP3 ファイルをダウンロードしてください。
https://bookclub.japantimes.co.jp/jp/book/b654728.html

---

4 解答・スクリプト

　各設問の解答、「ていねいに読む」セクションの「理解チェック」と「聞く」セクションの音声スクリプトは、PDF ファイルで提供します。以下の URL にアクセスしてダウンロードしてください。

https://bookclub.japantimes.co.jp/jp/book/b654728.html

About This Book

1 Target audience

This series is aimed at intermediate to advanced level learners of Japanese at institutions of higher education both in Japan and abroad. This third volume in the series is intended for learners at the advanced level (level C1 of the CEFR). It encourages learners to gain the ability to logically convey more advanced content than the pre-advanced level and to navigate academic situations.

2 Objectives

◈ Objectives of this series

To develop logical, analytical, and critical thinking and general Japanese language skills, especially the ability to communicate in Japanese, through the study of the Japanese language.

◈ Objectives of this advanced text

1) To stimulate knowledge already possessed while reviewing intermediate-level vocabulary and grammar and acquiring new vocabulary related to topics and sentence patterns at the advanced level.

2) To enable students to think analytically and critically about things seen or heard in Japanese, and to actively express logical opinions by making full use of their own Japanese language ability.

3 Philosophy and characteristics

The idea of the liberal arts originated in the "seven liberal arts" (grammar, rhetoric, logic, arithmetic, geometry, astronomy, and music) studied in Greek and Roman times by free persons (i.e., not slaves). In recent years, the liberal arts have been described as "a wide range of basic studies and cultured knowledge that free the human spirit" (Segi 2015) and "a means of becoming 'free'" (Yamaguchi 2021). Here, the Japanese term *kyōyō* serves as a translation of "liberal arts."

Academic Japanese also means a liberal arts education, and the central task of a liberal arts education is to *learn how to learn*. It is also important that citizens who constitute a free and democratic society develop the ability to "express themselves, meet with others, and connect with others" (Kadokura 2006). "Logical, analytical, and critical thinking skills" are also said to be required of academic Japanese (Yamamoto 2004).

Based on research findings in language education to date, this series attempts to serve as a thorough embodiment of liberal arts education and academic Japanese, particularly logical, analytical, and critical thinking skills.

1) Selecting topics in the liberal arts

This series emphasizes the cultivation of liberal arts—that is, the study of cross-disciplinary knowledge and ways of perceiving and apprehending through the study of Japanese. Especially in higher education, students are expected not only to learn a language and develop four skills, but also to consider and express their own opinions about world events.

For this reason, this series covers a wide range of topics from the humanities, social sciences, and natural sciences that may be of interest to students regardless of their major fields of study.

2) Structure of units for learning academic Japanese

For this series, the activities in the units have been structured based on the definition of academic Japanese. First, the Warm-up section gives a sense of the unit's topic. Next, the Intensive Reading section provides an overview of the topic, while the Speed Reading and Listening sections cover the individual topics. These activities prepare students to fully express themselves in the Speaking and Writing activities that summarize the unit. For this reason, it is recommended that all sections be completed in the order presented in this text, without skipping or omission.

As there are many different ways to express oneself and connect with others, a variety of approaches have been included. The speaking activities incorporate presentations, debates, and discussions, while the writing activities incorporate opinion pieces, expository report, interpretation, book report, research reports, and argumentative report.

3) Text and questions based on research findings

An essential feature of this series is that it is based on research findings related to vocabulary research, reading comprehension strategies, and listening comprehension strategies.

Vocabulary standards to be used at each level have been established using the Japanese Lexical Analyzer (commonly known as J-LEX) (Suganaga & Matsushita 2013). All text has been set within these criteria. This enables learners to use vocabulary appropriate to their level, which facilitates learning. The target vocabulary for the text of this book, advanced, is taken from J-LEX vocabulary items ranked 3001–5000, and the coverage of vocabulary in this range is 90–95%. In this book, kanji characters are not marked with ruby text (pronunciation guide). The authors believe that only by setting standards for vocabulary and kanji levels in this way can the learner's level (intermediate, pre-advanced, or advanced) be strictly regulated.

For reading comprehension strategies, with reference to Koda and Yamashita (2019), questions have been provided that require students not only to comprehend the content of the text, but also to express their own opinions based on what they have read, to elaborate on the knowledge they have gained, and to connect it to events happening in the world.

This deepening of understanding of these topics in reading comprehension activities also supports the following listening comprehension activity. Listening comprehension strategies, such as considering entire paragraphs and the overall text rather than just words or sentences, and making predictions and inferences while listening to audio (Yokoyama 2008) can be developed more effectively.

How to Use This Book

1 Unit structure and how to proceed

Each unit in this book is connected from reading and listening activities (1) to (3) through to speaking (4) and writing (5) activities.

(1) Intensive Reading
1 & 2
↓
(2) Speed Reading
↓
(3) Listening

→

(4) Speaking Activities
- Presentation
- Debate
- Discussion

→

(5) Writing Activities
- Opinions
- Expository report
- Interpretation
- Book report
- Research report
- Argumentative report

* Separate vocabulary list: For (1) through (3), this includes words that students will learn and become able to read and write (★★), as well as words for which being able to read and understand their meaning will suffice (★).
Building Sentences: It is recommended to do this after (1) or confirm together after (1) to (3).

1) Title Page

The title page of each unit contains the topic title, questions, and headings for each activity. You can check what you will learn in the unit, such as the overall flow of the unit, and the objectives of the unit.

2) ウォーミングアップ Warm-up

Before you begin the unit, think about the unit topic. First, try speaking in Japanese about what you know on the topic. Then, review the key words for the unit.

3) ていねいに読む Intensive Reading

This is a reading comprehension task for the content that presents an outline of the unit topic. Words in the text are taken from J-LEX vocabulary items ranked up to 5000, and the coverage of vocabulary in this range is 90–95%.

For the first reading, try not to look at a dictionary or vocabulary list to check how well you can read and what you don't yet understand. As you read the second time, use the vocabulary list to check any words and expressions you don't understand.

理解チェック Check your understanding

Check your overall understanding of the content of the text. Listen to five statements, and answer whether they are correct or not.

内容を読み取る Reading comprehension

Check to see how accurately you understand the content of the text. Be careful how you answer the questions.

考えを述べる・広げる Sharing of knowledge

After you understand the content of the text, think deeply and express your own opinion. The following questions are designed to encourage students to think more deeply and broadly about the content of the topic and to express their own opinions.

(i) **Analytical thinking:** Compare the content of the text with what you already know and your previous experiences. Think about what specifically is being stated and the meaning of the text.

(ii) **Critical thinking:** Think about your thoughts about the author's opinion, and what you would do in those circumstances. Think also about the reasons and grounds for your opinions.

(iii) **Logical expression:** State your thoughts on (i) and (ii). Summarize your thoughts in a concise and orderly way so that other people can easily understand them.

(iv) **Dialogue with others:** Listen to other people's ideas. Listen while comparing your opinions with theirs. Share your ideas by asking questions, counter-arguing, and discussing.

4)  **すばやく読む** Speed Reading

These texts deal with individual cases and events related to the topic. 95% of the vocabulary used in these texts is vocabulary you have already learned or should know at this level. Read the text first without using a dictionary or vocabulary list. You should also measure how many minutes it takes you to read it. The length and difficulty of the sentences are almost identical in each units, so you can check whether you are getting faster as you progress.

内容を読み取る Reading comprehension

Some questions require skimming to understand the general outline, while some questions require scanning to pick up only the necessary information. You should check the questions before reading the text, and think about what kind of strategy you need to use when reading the text.

 内容を読み取る **Reading comprehension**

Just as in Intensive Reading, you should think analytically and critically, and express your opinions logically. Listen to other people's opinions to deepen your own understanding.

5)  聞く Listening

Just as in Speed Reading, the content will involve individual cases and events related to the topic. These will either be dialogues between two speakers or monologues by a single speaker. In Units 1, 3, 5, 7 and 8, the Listening activity is a model for the subsequent Speaking activity (presentations and discussions). Before listening, review the questions and think about how you should listen. Listen first without looking at a dictionary or vocabulary list. Then listen once again, this time taking notes. If you don't pick it up, try listening several times.

 内容を聞き取る **Listening comprehension**

Just as in Speed Reading, some questions require you to understand the general outline, while others require you to pick up only the necessary information.

考えを述べる・広げる **Sharing of knowledge**

Just as in Intensive Reading and Speed Reading, you should think analytically and critically, and express your opinions logically. Listen to other people's opinions to deepen your own understanding.

6) Speaking Activities

The following activities have been prepared as a summary of each unit: presentations, debates, and discussions. Instructions on how to prepare for each activity and how to proceed are given in each unit. Check the instructions as you express your own opinions and ideas.

Units 1, 3, 5, 7 — 発表する Presentation

Units 2 & 6 — ディベートをする Debate

Units 4 & 8 — ディスカッションをする Discussion

Each speaking activity is accompanied by 自己評価. Be sure to check what you were able to do and what you were not able to do. You can check with a friend or ask your teacher. Then, think about how you could do these things better next time.

7) Writing Activities

After the Speaking activity is complete, summarize what you have said in writing. Instructions on how to prepare for each activity and how to proceed are given in each unit. Use the questions and comments raised in class, as well as opinions expressed by others, to formulate your own opinions and ideas.

Units 1 & 5	説明型のレポートを書く Writing a Research Report
Units 2 & 6	意見文を書く Writing Opinions
Unit 3	報告文を書く Writing an Expository Report
Unit 4	解釈を述べる Writing an Interpretation
Unit 7	ブックレポートを書く Writing an Book Report
Unit 8	論証型のレポートを書く Writing an Argumentative Report

When writing, keep the following points in mind.

   (i) **Maintain a consistent writing style:** Do not mix *desu/masu* and *da/dearu* styles in the same piece of writing. In all units at the advanced level, you will be instructed to write in the *da/dearu* form. You must use the *da/dearu* form when writing, even if the *desu/masu* form is used during speaking activities.

  (ii) **Observe the limits on number of characters:** Each unit will include instructions on how many characters to use. If the instructions say "About X characters," you should write within +/- 10% of the stated number. If the instructions say "Within X characters," you must not exceed the stated number. For example, a script for a presentation is too long, so it would not be usable as is. You should rewrite it to fit the indicated number of characters, being mindful of the difference between spoken and written language, and adding any content that came up during the Q&A session.

(iii) **Citations:** If you are citing material written by someone else, you must write the source of the citation. See Appendix (p.235) for instructions on how to write a list of references and citations.

The Writing section includes **セルフチェック**. Before submitting, always double-check your essay.

2 Content and usage of supplement

1) Vocabulary List

The ★ marking of certain words in the vocabulary list indicates whether you should be able to use the word or just know its meaning and how to read it.

Words marked ★★ are ranked between 3001 and 5000 in J-LEX. These are terms you should be able to use on your own, including reading and writing (active vocabulary). On the other hand, words marked ★ are ranked between 5001 and 8000 or higher in J-LEX. These are terms you should be able to read and understand the meaning of, even if you cannot write them (passive vocabulary). Vocabulary words ranked 8001 or higher in J-LEX are not marked ★ because many of these either have a limited range of use or can be paraphrased using easier vocabulary.

Vocabulary ranked 3000 or lower in J-LEX or already studied in typical elementary Japanese language textbooks is not included in these lists.

2) Building Sentences

This section forcuses upon sentence patterns considered necessary for expressing opinions on the given topic. Each includes example sentences, explanations, and writing exercises.

3 Audio files

The following sections are accompanied by downloadable audio files.

Intensive Reading	Audio files for main text from sections 1 and 2 "Check your understanding"
Speed Reading	Audio files for main text
Listening	Audio of monologues or conversations

How to download

◆ **From a smartphone or tablet**
Install OTO Navi, an audio app from The Japan Times Publishing, and download the audio files for this book.

◆ **From a PC**
Please access the following URL and download the files in MP3 format.
https://bookclub.japantimes.co.jp/en/book/b654729.html

---

4 Answers and scripts

The answers to each question and audio scripts for "Check your understanding" in the Intensive Reading sections and the Listening sections are provided in PDF format. Please access the following URL to download the files.

https://bookclub.japantimes.co.jp/en/book/b654729.html

Unit 1

認知バイアス

Cognitive Bias

認知バイアスが人の思考や行動に与える影響とは
How does cognitive bias affect people's thinking and behavior?

ていねいに読む　Intensive Reading
1 わたしたちの感じ方や考え方の"癖"
Our habits of feeling and thinking

2 認知バイアスが引き起こす被害者非難
Victim blaming caused by cognitive bias

すばやく読む　Speed Reading
消費行動に見られる認知バイアス
Cognitive bias in consumer behavior

聞く　Listening
日常生活に潜む同調バイアス
Conformity bias in everyday life

話す活動　Speaking Activity
発表する
Presentation

書く活動　Writing Activity
説明型のレポートを書く
Writing a Research Report

このユニットのねらい　Aims of this unit

1）心理学における仮説や実験についての説明を理解することができる。

2）心理学における実験を紹介し、その目的・実験方法・結果をわかりやすく説明することができる。

3）人間の心理的な傾向・特性が及ぼす好影響と悪影響の両面について考えを述べることができる。

1) To understand explanations of hypotheses and experiments in psychology.

2) To introduce a psychology experiment and explain its purpose, experimental method, and results in an easy-to-understand manner.

3) To express opinions on both the positive and negative effects of human psychological tendencies and traits.

1. あなたは普段以下の項目についてどのように感じていますか。
　　1（全くそう思わない）〜5（非常にそう思う）で答えてください。

項目	全くそう思わない	⇔		非常にそう思う	
1）自分の目で見ているものは全て信じられる	1	2	3	4	5
2）危険な状況になったら、自分はすぐに適切な避難行動が取れる	1	2	3	4	5
3）自分は他者の行動の理由や原因を正しく理解できる	1	2	3	4	5
4）自分はいつも合理的な判断を下すことができる	1	2	3	4	5
5）自分は周りの人に左右されずに行動できる	1	2	3	4	5

2. 図を見てください。2つのテーブルは、どちらのほうが細長く見えるでしょうか。
1）直感で答えてください。2）実際に長さを測って確認してみましょう。3）この例から
どのようなことが言えると思いますか。

図　シェパードの錯視

1）

2）

3）

3. 次のカタカナの言葉 1) 〜 6) は英語で何ですか。＿＿＿＿に英語を書いてください。そして、それに対応する日本語を a. 〜 f. から選んで答えてください。

> **a.** 過程　　**b.** 歪み、偏り　　**c.** 戻ってこない費用　　**d.** 偽の、嘘の
> **e.** 批判的思考　　**f.** 道徳、人として守るべき規範

1) バイアス　　＿＿＿＿＿＿＿＿＿＿＿＿＿＿＿＿＿＿　（　　　）

2) フェイク　　＿＿＿＿＿＿＿＿＿＿＿＿＿＿＿＿＿＿　（　　　）

3) クリティカル・シンキング

　　　　　　　　＿＿＿＿＿＿＿＿＿＿＿＿＿＿＿＿＿＿　（　　　）

4) モラル　　　＿＿＿＿＿＿＿＿＿＿＿＿＿＿＿＿＿＿　（　　　）

5) プロセス　　＿＿＿＿＿＿＿＿＿＿＿＿＿＿＿＿＿＿　（　　　）

6) サンクコスト　＿＿＿＿＿＿＿＿＿＿＿＿＿＿＿＿　（　　　）

4. （　　　）に入る言葉を a. 〜 j. から選んでください。

> **a.** 合理的　　**b.** 後悔　　**c.** 信念　　**d.** 思い込み　　**e.** どうせ
> **f.** 無意識　　**g.** 誤解　　**h.** 誤り　　**i.** 思いやり　　**j.** わざと

1)「最後まで諦めないでやり抜く」という強い（　　　）を持って新しいプロジェクトに取り組む。

2) あとで（　　　）しないように、進学や就職についてはよく考えてから決めるべきだ。

3)「こんな難しい試験、（　　　）合格しないから、がんばっても無駄だ」と諦めてしまってはもったいない。

4) 友人に指摘されるまで気づかなかったが、（　　　）に同じような色の服ばかり選んでいた。

5) 他者への（　　　）はもちろん大切だが、自分を大切にすることも忘れてはならない。

◆ 1回目：辞書や単語リストを見ないで読んでください。**かかった時間** ＿＿＿分
◆ 2回目：辞書や単語リストで調べた言葉を書いておいてください。

わたしたちの感じ方や考え方の"癖" 🎧 U1-1

　自分の見えているものや感じていること、考えていることはどれだけ正確で信頼できるものなのだろうか。❶わたしたちは時として自分たちが思っているほどには正確に現実を認識していなかったり、合理的な判断を下していなかったりする。そこには自分ではなかなか気づけない、感じ方や考え方の癖、すなわち認知
5　バイアスが関わっていることが心理学の研究で明らかにされている。

　心理学において「認知」とは、知覚や判断など、何かを認識したり理解したりする心の働きのことを指す。その過程に見られるさまざまなバイアス、つまり歪みや偏りのことを「認知バイアス」と呼ぶ。
10　認知バイアスにはさまざまなものがあるが、知覚におけるバイアスの例としてわかりやすいのが錯視、

図　ミュラー・リアー錯視

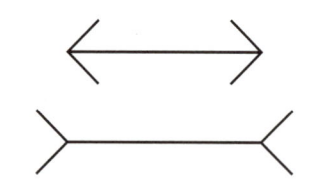

いわゆる目の錯覚である。例えば、図はミュラー・リアー錯視と呼ばれ、実際には同じ長さの直線（水平の線）が違う長さに見えるというものである。

　また、物事の判断におけるバイアスとしてよく知られたものに「正常性バイア
15　ス」がある。これは、自然災害や事故などの危機に遭遇した時、ある程度までの異常であればそれを正常だとみなし、「まだこれぐらいなら大丈夫だ」と危機を過小評価する傾向のことである。これは、心理的に大きな負荷がかかる非常事態

に際して、自らの心をストレスから守るための一種の防衛反応だと考えられている。しかし、現実には正常性バイアスにより適切な判断ができず、避難行動が遅れ、最悪の場合、命を落とすこともある。 20

　災害などの非常時に限らず、日常生活でも判断に影響を及ぼす認知バイアスは数多くある。例えば、「真実性の錯覚」と呼ばれるものがある。トロント大学のハッシャー名誉教授らによると、何度も同じ情報に触れるうちに、情報の真偽に関わらず、それを真実だと思うようになるという。これは、情報の内容を理解する際に脳の情報処理にかかる負荷が軽減されることで起こる一種の錯覚だと考え 25 られている。❷近年では SNS の普及により、意図せず同じ情報に繰り返し触れてしまうこともある。その中にはフェイクニュースやデマも含まれているかもしれないと考えると、自分は絶対に嘘の情報に引っかかるわけがないと過信すべきではないだろう。

　ここで挙げたバイアスは、数ある認知バイアスのごく一部に過ぎない。物事を 30 知覚したり判断したりする他にも、ありとあらゆる場面で認知バイアスが働いており、そのせいで勘違いや非合理的な判断をしてしまうこともある。しかし、認知バイアスは必ずしも厄介者なのではない。むしろ脳が情報処理を効率的に行うべく最適化を進めた結果であり、限られた時間や情報でも迅速な判断を下すことを可能にしているのだ。わたしたちは、程度の差こそあれ、誰もが認知バイアス 35 に影響を受けており、そのこと自体は人として自然なことである。まずはそう意識すること、そしてどのような認知バイアスがあるかを学ぶことで、自分の認識や思考の癖に気づいたり、クリティカル・シンキングを身につけたりできるのではないだろうか。

理解チェック Check your understanding　🎧 U1-2

文を聞いて、本文と同じだったら○を、違っていたら×を書いてください。

1)　　　　2)　　　　3)　　　　4)　　　　5)

 内容を読み取る **Reading comprehension**

1. 次の発言 1) 〜 4) は、a.「正常性バイアス」と b.「真実性の錯覚」のどちらと関係が深いですか。

1)（　　　　）「最近、犯罪が増えていると毎日のように聞く。きっと本当だろう。」

2)（　　　　）「台風が来ているけど、まあ、自転車で出かけても大丈夫だろう。」

3)（　　　　）「あれ、非常ベルが鳴ってる。どうせ誰かが間違って押しちゃったんでしょ。気にしないでおこう。」

4)（　　　　）「最近、地球温暖化を示すデータには信頼性がないという記事を SNS でよく見るようになった。最初はまさかと思ったけど、地球温暖化って実は嘘なんじゃないかと思うようになった。」

2. 本文によると、なぜ自然災害や事故などの危機的状況に遭遇した時に正常性バイアスが働くのですか。15 字程度で本文から抜き出してください。

3. 真実性の錯覚とは、どのようなものですか。40 字程度で本文から抜き出してください。

4. 認知バイアスについて、＿＿＿＿に適切な言葉を入れてください。

認知バイアスとは、＿＿＿＿＿＿＿＿＿＿＿＿＿＿＿＿＿＿＿＿＿＿＿のことである。

例えば、＿＿＿＿＿＿＿＿や＿＿＿＿＿＿＿や＿＿＿＿＿＿＿などがある。

認知バイアスのせいで、＿＿＿＿＿＿＿＿＿＿＿＿＿＿＿＿＿＿こともあるが、

認知バイアスのおかげで、＿＿＿＿＿＿＿＿＿＿＿＿＿＿＿＿という側面もある。

5. ＿＿の言葉が示す内容を、本文の言葉を使って答えてください。

そう意識すること　＿＿＿＿＿＿＿＿＿＿＿＿＿＿＿＿＿＿＿＿＿意識すること

考えを述べる・広げる Sharing of knowledge

1. ❶<u>わたしたちは時として自分たちが思っているほどには正確に現実を認識していなかったり、合理的な判断を下していなかったりする</u> とありますが、そのような勘違いや非合理的な判断の具体例として、個人的な経験を１つ挙げてください。

Unit
1
認知バイアス

2. ❷<u>近年では SNS の普及により、意図せず同じ情報に繰り返し触れてしまうこともある</u> とありますが、なぜだと思いますか。SNS から情報を得る場合と、ラジオや新聞やテレビといった他のメディアから情報を得る場合との違いに着目して、その理由を考えてください。

◆ 1回目：辞書や単語リストを見ないで読んでください。**かかった時間** ＿＿＿＿**分**
◆ 2回目：辞書や単語リストで調べた言葉を書いておいてください。

認知バイアスが引き起こす被害者非難　🎧U1-3

「しっかり、反省をしてください」——これは、ある日突然、自宅に侵入した暴力団員に2人の子どもを殺害された遺族に向けられた言葉である。事件の報道を見た人が、わざわざはがきに書いて遺族に送ってきたものだ。この事件で亡くなった子どもはもちろん、遺族には何一つ落ち度はない。それなのに、なぜ被害者が

5 責められなくてはならないのか。実は 1)こういった現象は、珍しいことではない。

「誤解されるような服を着ているから、性被害に遭うのだ」

「いじめは、いじめられる側にも問題がある」

「感染症に感染するのは自業自得だ」

「貧困は本人の努力が足りないせいだ」

10 世界を見渡せば、このような被害者非難はあらゆる場面で見られる。なぜこのようなことが起こるのか。

被害者非難の主な要因の一つは、「公正世界仮説」という認知バイアスだと考えられている。公正世界仮説とは、よい行いは報われ、悪い行いは罰を受けるという信念のことである。社会心理学者のラーナーらが行った実験によると、人が電

15 気ショックを受ける様子を見た実験参加者は、初めは動揺するものの、やがて電気ショックを受けている人は悪いことをしたのだと思い、さげすむようになるのだという。

ただし、公正世界仮説は、被害者非難のような望ましくない現象を起こし得る一方、好ましい結果をもたらすこともある。例えば、受験勉強やスポーツのトレーニングなど、継続的な努力が必要な場面で「がんばればきっと成功する」と信じるのと「どうせがんばっても成功しない」と思うのでは、前者のほうが前向きに取り組めるのではないだろうか。また、多くの人が公正世界仮説を信じることで社会の規律が守られ、秩序が保たれるという側面もある。さらに、精神科医リッターらの研究によると、公正世界仮説を強く信じる人は、そうでない人に比べてうつ病になりにくいという。このように、公正世界仮説には利点もあるのだ。

　被害者非難を引き起こすもう一つの要因として考えられるのが、「基本的（根本的）な帰属の誤り」である。心理学における「帰属」とは物事や出来事の原因を誰かもしくは何かのせいにすることである。帰属には、外的帰属と内的帰属の2種類があるとされ、前者はその人の置かれた環境や相手や運などを、後者はその人の性格や能力や態度などを原因と考えることである。スタンフォード大学のロス教授によると、人は他者の行動を理解する際、外的要因を過小評価し、内的要因を過大評価する傾向があるという。例えば、試験で不合格だった人に対して、「　①　」といった外的要因を考えずに、「　②　」といった内的要因のせいにしてしまう。物事の原因や理由を追求すること自体は問題ないが、その因果関係の推測には間違いが起こりやすいことに注意すべきだ。

　日本語には「因果応報」という言い回しがある。これは、自分の行動は自分に返ってくる、つまり、よい行いはよい結果として、悪い行いは悪い結果として自分に返ってくるという意味である。まさに公正世界仮説そのものと言えよう。だが、上で見たように、この考え方は有利に働くこともある反面、被害者非難を引き起こす恐れがある。特に、SNSの普及により、誹謗中傷が匿名でいともたやすく拡散されてしまう現代では、事態は悪化しやすい。わたしたちは、他者に対して、その人自身のせいにする前に、その人の置かれた状況に思いを巡らせるべきだろう。2) そうやって想像力を駆使することが、不寛容な社会に思いやりをもたらし、被害者非難を防いでくれるかもしれない。

 内容を読み取る Reading comprehension

1. ＿＿＿の言葉が示す内容を、本文の言葉を使って答えてください。

1) こういった現象

＿＿＿＿＿＿＿＿＿＿＿＿＿＿＿＿＿＿＿＿＿＿現象

2) そうやって想像力を駆使すること

＿＿＿＿＿＿＿＿＿＿＿＿＿＿＿＿＿＿＿＿こと

2. 被害者非難はなぜ引き起こされるのですか。要因を2つ探して書いてください。また、それぞれどういう意味か説明してください。

要因①：＿＿＿＿＿＿＿＿＿＿＿＿＿＿＿＿＿＿＿＿＿＿＿＿＿＿＿

　説明：＿＿＿＿＿＿＿＿＿＿＿＿＿＿＿＿＿＿＿＿＿＿＿＿＿＿＿

要因②：＿＿＿＿＿＿＿＿＿＿＿＿＿＿＿＿＿＿＿＿＿＿＿＿＿＿＿

　説明：＿＿＿＿＿＿＿＿＿＿＿＿＿＿＿＿＿＿＿＿＿＿＿＿＿＿＿

3. 公正世界仮説の利点は何ですか。本文中から3つ探して箇条書きで書いてください。

①

②

③

4. 次の a. ～ d. は本文中の ① と ② のうち、どちらに入りますか。

① （   ）   ② （   ）

a. 勉強不足
b. 試験がいつもより難しかった
c. 部屋の外がうるさかった
d. 真面目に試験を受けなかった

 考えを述べる・広げる Sharing of knowledge

1. 冒頭の「しっかり、反省をしてください」とはがきに書いた人は、誰が何を反省すべきだと言いたいのでしょうか。あなたの考えを書いてください。

2. 次の 1) ～ 3) の出来事について、どのような外的要因と内的要因が考えられますか。自分で考えてみてください。

出来事	外的要因	内的要因
1) 風邪をひいた		
2) 成績が落ちた		
3) 仕事が見つからない		

3. あなたのよく知っている言葉・文化で「因果応報」のような表現・考え方はありますか。それについてどう思いますか。

すばやく読む　Speed Reading

内容を読み取る　Reading comprehension

1. 5つの認知バイアスについて、_____に適切な言葉を入れてください。

a. 単純接触効果

見たり聞いたりする回数が_____、それを好ましく感じる傾向

b. フレーミング効果

同じ情報でも_____が変わると、印象が変わること

c. 希少性バイアス

手に入りにくいものは_____と思う傾向

d. アンカリング効果

ある数値に対する印象が、_____に提示された数値に影響を受けること

e. サンクコスト効果

すでに_____費用や労力や時間をもったいないと思うこと

2. 次の発言 1) ～ 5) は、**1.**の認知バイアス a. ～ e. のうち、どれと最も関係が深いですか。

1) （　　　　）「あ、タイムセールやってる。あと 5 時間以内に注文すると、20% OFF か。買っちゃおう。」

2) （　　　　）「何か飲み物を買おう。あー、これ最近よく電車で広告見るんだよな。買ってみるか。」

3) （　　　　）「どれどれ、こっちのビールは『糖質 70% オフ』で、あっちのは『糖質これまでの 30%』か。こっちのほうがヘルシーっぽいから、こっちのビールにしよう。」

4) （　　　　）A：「まだ UFO キャッチャー、やるの？　5,000 円も使ったのに 1 つも取れてないでしょ。もうやめたら？」
　　　　　　　　B：「えー、ここでやめたら 5,000 円が無駄になっちゃう。せっかくだから取れるまでやる！」

5) （　　　　）A：「昨日、新しい靴買ったんだ。たったの 5 万円だったよ。」
　　　　　　　　B：「え？　5 万？　高くない？」
　　　　　　　　A：「だって、10 万円の靴が半額セールで 5 万円だよ。安いよ！」

考えを述べる・広げる **Sharing of knowledge**

1. これまでの自分の消費行動を振り返ってみると、意外と合理的な判断ができていないことに気づくのではないだろうか とありますが、あなたにも同様の経験はありますか。それはどのような場面ですか。

2. あなたはサークル仲間と一緒に、大学のイベントでオリジナルグッズ（T シャツ、タオル、ペン、ノートなど）を作って販売することになったとします。売り上げを伸ばすためにどのような工夫をしますか。できるだけたくさん考えてください。それらの工夫は認知バイアスに関係がありますか。ある場合、どの認知バイアスと関係がありますか。

33

消費行動に見られる認知バイアス　🎧 U1-5

　買い物の時、つい無駄遣いをしてしまって後悔する——よくある話だ。買い物、すなわち消費行動には、正しく情報を読み取り、商品やサービスの価値を判断し、購入するかどうかの意思決定を行うという一連の認知的なプロセスがある。しかし、この一連のプロセスを適切に実行するのは容易ではないため、消費行動には
5 認知バイアスが入り込む余地が十分にあるのだ。

　まず、私たちが日常的に触れているマスメディアや SNS には広告が含まれている。最初は何とも思っていなくても、何度も広告を目にするうちにだんだんそれが好きになったことがあるとしたら、それは「単純接触効果」によるものかもしれない。要は、同じものに何度も触れていると、次第に好ましく感じる傾向の
10 ことである。したがって、日々無防備に広告を含む情報を大量に受け取っていると、無意識のうちに自分の好みが左右され、商品選びの際に影響を受ける可能性があるのだ。

　そして、広告には購買意欲を刺激する巧妙な表現が使われている。例えば、「2個で半額！」と「2つ目無料！」は、言っていることは同じだが、「無料」という
15 言葉のせいか後者のほうが魅力的に感じられる場合がある。このように、同じ情報でも表現の仕方によって印象が変わることを「フレーミング効果」という。他にも、店頭やオンラインショッピングサイトでよく見かける「今だけ！ 期間限定」「売り切れ御免！ 残りわずか」などといった売り文句は、今買わなければもう手に入らないと思わせる効果がある。このように手に入りにくいものに価値を見い
20 だす傾向を「希少性バイアス」という。さらに、「通常価格1万円のところ、本日なんと5千円！」と聞くと、単に「なんと5千円！」と聞くよりもお買い得だと感じられ、購買意欲が湧く。これは、先に提示された数値によって、その直後に提示された数値に対する印象が影響を受けるという「アンカリング」と呼ばれる現象である。

　宣伝文句以外にも注意すべきことはある。例えば、食べ放題や飲み放題。同じ 25
金額なら元を取らないと損だと感じて、つい食べすぎたり飲みすぎたりして後悔
する。これは典型的な「サンクコスト効果」だ。もう戻ってこない費用や労力や
時間を惜しむあまり、合理的な判断ができなくなってしまうのである。

　これまでの自分の消費行動を振り返ってみると、意外と合理的な判断ができて
いないことに気づくのではないだろうか。認知バイアスを知ることで、より賢い 30
消費者になれるかもしれない。

日常生活に潜む同調バイアス

🎧 U1-6

スライドを見ながら発表を聞いて、次の質問に答えてください。

①
2024秋　上級日本語
ユニット1 発表

私たちの日常生活に潜む認知バイアス
－同調バイアス－

2024年10月13日
JL24 - 565656
リナ・マイヤー

② 「同調バイアス」とは

「同調」
自分の意見や行動を周りの人たちに合わせること

「同調バイアス」
周りの人たちに同調してしまう傾向

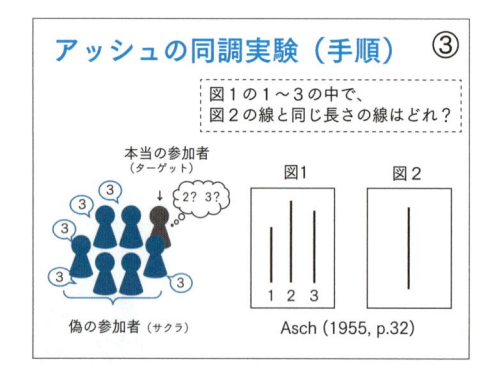

③ アッシュの同調実験（手順）

図1の1〜3の中で、図2の線と同じ長さの線はどれ？

本当の参加者（ターゲット）

2? 3?

偽の参加者（サクラ）

図1　図2

Asch (1955, p.32)

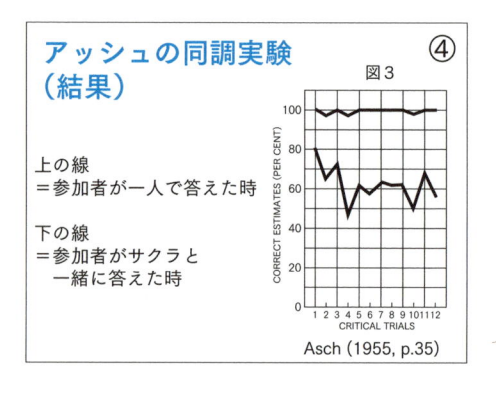

④ アッシュの同調実験（結果）

上の線
＝参加者が一人で答えた時

下の線
＝参加者がサクラと一緒に答えた時

図3

Asch (1955, p.35)

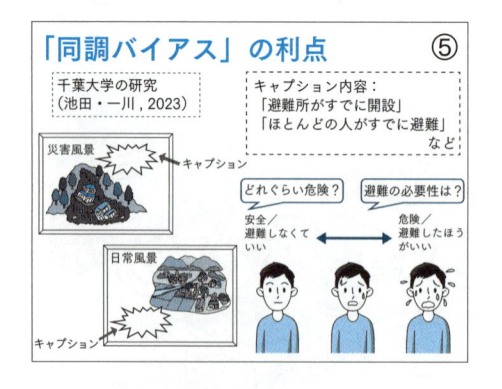

⑤ 「同調バイアス」の利点

千葉大学の研究
（池田・一川 , 2023）

キャプション内容：
「避難所がすでに開設」
「ほとんどの人がすでに避難」
など

災害風景

キャプション

日常風景

キャプション

どれぐらい危険？

安全／避難しなくていい

危険／避難したほうがいい

避難の必要性は？

⑥ 「同調バイアス」の欠点

みんな逃げていないし、大丈夫

参考文献 ⑦

池田朋矢・一川誠（2023）「災害時の危険判断に避難指示文による同調バイアスが及ぼす影響」『日本感性工学会論文誌』22（1），147-154

Asch, S.E. (1955) Opinions and social pressure. *Scientific American. 193 (5)*, 31-35.

 内容を聞き取る Listening comprehension

1. 発表の内容と合っているものに○、違っているものに×をつけてください。

1)（　　　）「同調」とは、周りの人たちと同じことを言ったり、同じ行動を取ったりすることだ。

2)（　　　）アッシュの同調実験では、１つのグループにサクラは１人しかいなかった。

3)（　　　）アッシュの同調実験で参加者が答えを間違えたのは、質問が難しすぎたためである。

4)（　　　）千葉大学の研究によると、周りの人の避難状況が危険度の評価に影響を与えることがわかった。

5)（　　　）「同調バイアス」は、いじめや悪口など望ましくない結果しかもたらさない。

2. アッシュの同調実験では、何のためにサクラを参加させたのですか。

3. 同調バイアスのよい点と悪い点について、＿＿＿＿に適切な言葉を入れてください。

1) よい点

＿＿＿＿＿＿＿を守ったり、＿＿＿＿＿＿＿＿を促したりするのに役立つ

例）＿＿＿＿＿＿時に人々に＿＿＿＿＿＿を促すための＿＿＿＿＿＿を提供できる

2) 悪い点

　　　_____を取る他者に同調してしまう

　　例1) 非常ベルが鳴った時、本来なら_____のにもかかわ

　　　らず、避難しない他者に合わせて_____

　　例2) いじめや悪口など_____行為に同調する

 考えを述べる・広げる **Sharing of knowledge**

1. 同調バイアスが働いたことで好ましい結果がもたらされるのはどのような場面ですか。
逆に、好ましくない結果がもたらされるのはどのような場面ですか。それぞれ具体例を
挙げてください。

　　1) 好ましい結果がもたらされる場合の例

　　2) 好ましくない結果がもたらされる場合の例

2. なぜ人間には、周りの人に同調する傾向があるのだと思いますか。

発表する Presentation

わたしたちの日常生活に潜む認知バイアスについて調べて、発表しましょう。

◇発表時間：7分　質疑応答：3分　計：10分
◇スライド：表紙＋5枚程度＋参考文献

 準備 Preparation

1. 興味のある認知バイアスを探して調べてみましょう。

1) どのような認知バイアスですか。自分の言葉でわかりやすく説明してください。

2) その認知バイアスに関して、誰によるどのような実験がありますか。紹介してください。

3) 日常生活でその認知バイアスが望ましい結果につながるのはどのような時ですか。具体的な例を挙げ、その認知バイアスの利点を述べてください。

4) 日常生活でその認知バイアスが望ましくない結果につながるのはどのような時ですか。具体的な例を挙げ、その認知バイアスの欠点を述べてください。

5) その認知バイアスに関して、どのようなことを感じましたか。意見や感想を述べてください。

2. p.40の例を参考に、アウトラインを書きましょう。

3. 「聞く」の例を参考に、スライドを作成しましょう。

4. ストップウォッチを使いながら、7分以内で、スクリプトを読まずに話せるようになるまで、発表の練習をしましょう。

アウトラインの例

	内容	スライド
【はじめに】	挨拶	①表紙
【本論】	1) 紹介する認知バイアスの名前、簡単な説明 ・「同調」とは ・「同調バイアス」とは	②同調バイアスとは
	2) その認知バイアスに関する実験の紹介 ・アッシュの同調実験について、手順の説明（図1・2） ・実験結果（図3：グラフ）	③実験紹介（手順） ④実験紹介（結果）
	3) その認知バイアスの利点 ・社会のルールの維持や望ましい集団行動への促し 　例）災害時の上手な活用法	⑤利点
	4) その認知バイアスの欠点 ・望ましくない行動への同調 　例）災害時の正常性バイアス	⑥欠点
【まとめ】	5) 意見・感想 ・同調バイアスを知っておくことの重要性 挨拶	
【参考文献】	池田朋矢・一川誠（2023）「災害時の危険判断に避難指示文による同調バイアスが及ぼす影響」『日本感性工学会論文誌』22（1），147-154 Asch, S.E.（1955）Opinions and social pressure. *Scientific American. 193 (5)*, 31-35.	⑦参考文献

	内容	スライド
【はじめに】	挨拶	
【本論】	1) 紹介する認知バイアスの名前、簡単な説明	
	2) その認知バイアスに関する実験の紹介	
	3) その認知バイアスの利点	
	4) その認知バイアスの欠点	
【まとめ】	5) 意見・感想	
	挨拶	
【参考文献】		

☆に色をつけましょう

	評価
1．発表が指示通りだったか（時間、内容、構成など）	☆☆☆☆☆
2．適切なスライドが作れたか（巻末 p.234「スライドの作り方」を参照）	☆☆☆☆☆
3．自分の選んだ認知バイアスをわかりやすく説明できたか	☆☆☆☆☆
4．具体例を挙げながら、選んだ認知バイアスの利点と欠点を述べられたか	☆☆☆☆☆
5．話し方（声の大きさ、速さ、発音、流暢さ）	☆☆☆☆☆
6．聞き手への配慮	☆☆☆☆☆
7．表現の正確さ	☆☆☆☆☆
8．表現の豊かさ	☆☆☆☆☆
9．質問にわかりやすく答えられたか	☆☆☆☆☆
10．他の人に質問できたか	☆☆☆☆☆
総合評価	☆☆☆☆☆

コメント

 ## 説明型のレポートを書く

わたしたちの日常生活に潜む認知バイアスに関して、発表の内容を基に説明型のレポートを書きましょう。

◇文のスタイル：だ・である体
◇長さ：1,200 字程度（± 10% = 1,080 字 〜 1,320 字）

 ## 書くときのポイント **Key points**

1. 発表のアウトラインとスライド、質疑応答の内容を振り返り、レポートに必要なことを考えましょう。

    1) なぜこの認知バイアスに興味を持ったか

    2) それはどのような認知バイアスか（自分の言葉でわかりやすく）

    3) その認知バイアスに関する実験（どのような実験で、何がわかったか）

    4) その認知バイアスの利点（具体例とともに）

    5) その認知バイアスの欠点（具体例とともに）

    6) その認知バイアスについてどう感じたか（意見・感想）

2. p.44 の例を参考に、アウトラインを書きましょう。

3. 指定された文のスタイルでレポートを書きましょう。書き上がったら長さを確認して、内容を増やしたり減らしたりしましょう。

4. 文章の内容にふさわしいタイトルを考えましょう。

5. 本文中で引用が適切にできているか確認し、参考文献リストを整えましょう。

アウトラインの例

【序論】	この認知バイアスに興味を持った経緯 ・周囲の人に影響を受けた日常的な行動：流行のファッションやメイク、SNS の「いいね」など このレポートの目的（何について書くのか） ・同調バイアスとその利点と欠点について
【本論】	それはどのような認知バイアスか ・周りの人たちの意見に賛成して同じことを言ったり、周りの人たちの真似をして同じ行動を取ったりする傾向 その認知バイアスに関する実験 ・アッシュの同調実験について（Asch, 1955） その認知バイアスの利点 ・同調バイアスを利用した災害時の適切な避難行動の可能性（池田・一川，2023） その認知バイアスの欠点 ・非常時に周囲を気にして避難が遅れる可能性（日本赤十字社，2021）
【結論】	意見・感想 同調バイアスを知っておくことの重要性
【参考文献】	引用した資料やデータのリスト 池田朋矢・一川誠（2023）「災害時の危険判断に避難指示文による同調バイアスが及ぼす影響」『日本感性工学会論文誌』22（1），147-154. 日本赤十字社（2021）『知ってほしい！避難の妨げになる「正常性バイアス・同調性バイアス」』 https://www.jrc.or.jp/about/publication/news/20210901_020612.html Asch, S.E.（1955）Opinions and social pressure. *Scientific American. 193 (5)*, 31-35.

【序論】	この認知バイアスに興味を持った経緯 このレポートの目的（何について書くのか）
【本論】	それはどのような認知バイアスか その認知バイアスに関する実験 その認知バイアスの利点 その認知バイアスの欠点
【まとめ】	意見・感想
【参考文献】	引用した資料やデータのリスト

上級日本語 2024 年 10 月 20 日

日常生活に潜む認知バイアス
－同調バイアス－

教養学部　１年

JL24-565656　リナ・マイヤー

　人は日常的に周囲の人に影響を受けて行動することが多い。例えば、流行しているファッションやメイクを追いかけ、SNS で「いいね」がたくさんついているとつい自分も「いいね」を押してしまうなどといった行動である。

　その背後には「同調バイアス」という認知バイアスが存在するという。本レポートでは、同調バイアスについて説明し、それが日常生活に及ぼす影響について述べる。

　まず、「同調」とは、周りの人たちの意見に影響されて同じことを言ったり、周りの人たちの真似をして同じ行動を取ったりすることである。つまり、同調バイアスとは、そのように周りの人たちに同調してしまう傾向のことである。

　同調バイアスに関する実験で最も知られたものの一つに、アッシュの同調実験がある（Asch, 1955）。この実験は、7 から 9 名の男子大学生を１グループとして行われた。まず、参加者に長さの違う３本の線が描かれたカード（図１）が提示された後、そのうちの１本と同じ長さの線が描かれたカード（図２）が提示される。参加者は図２で提示された線と同じ長さの線を図１から選んで回答する。実はこの実験では、グループの中に本当の参加者は１人しかおらず、それ以外はサクラであった。サクラはわざと間違った答えを言うように事前に指示されていた。

　実験の結果、図３で示されるように、参加者は１人でテストを受けた時に比べると、サクラと一緒にテストを受けた時に正答率が下がることがわかった。１人でテストを受けた時の正答率はほぼ 100% となっていることから、テストの難易度は低かったことがうかがえる。そのような難易度の低いテストでさえ、人は他人の答えに影響を受け、間違った回答をすることが確認された。

　では、同調バイアスは日常生活にどのような影響を及ぼすのか。まず、利点としては、社会のルールを守ったり、望ましい集団行動を促したりするのに役立つこと

である。例えば、池田ら（2023）の実験では、危険度が低いはずの日常風景の写真でも、「対象地域のほとんどがすでに避難」というキャプションがあると、危険度が高く評価される傾向があったという。このことから、災害時に同調バイアスをうまく利用することで、人々に適切な避難行動を促せる可能性があると言えよう。

　一方、欠点としては、望ましくない行動をとる他者に同調することが挙げられる。例えば、非常ベルが鳴っているにもかかわらず、すぐに避難せずに周囲の人の様子をうかがっているうちに避難が遅れることもあるという（日本赤十字社, 2021）。

　このように、同調バイアスは利点だけでなく、欠点もあることから、このバイアスの存在を知っておくことは人々の行動を促したり自らの行動を決めたりする際に有益だと言える。なぜなら、同調バイアスを利用して望ましい結果を引き寄せたり、あるいは、逆に同調バイアスを理解することで望ましくない結果を回避したりできるかもしれないからである。

（1,206 字）

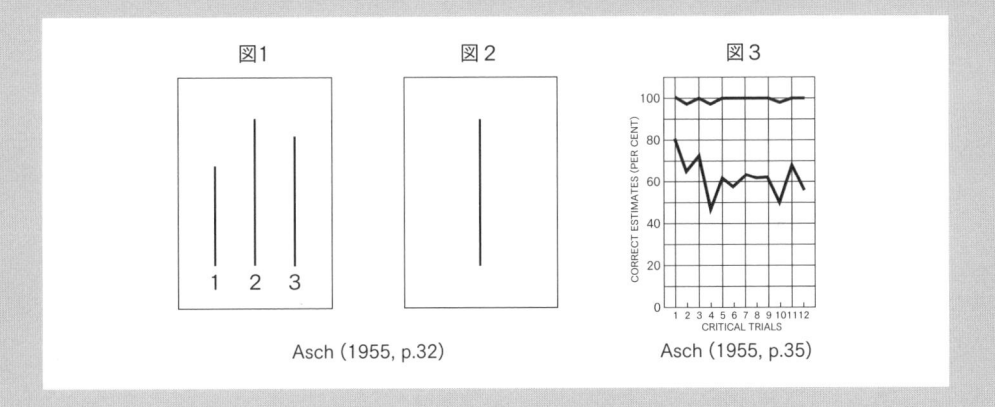

図1	図2	図3

Asch (1955, p.32)　　　　　　　　　　Asch (1955, p.35)

【参考文献】

池田朋矢・一川誠（2023）「災害時の危険判断に避難指示文による同調バイアスが及ぼす影響」
　『日本感性工学会論文誌』22（1）, 147-154

日本赤十字社（2021）『知ってほしい！避難の妨げになる「正常性バイアス・同調性バイアス」』
　https://www.jrc.or.jp/about/publication/news/20210901_020612.html

Asch, S.E. (1955) Opinions and social pressure. *Scientific American. 193 (5)*, 31-35.

- □ 1. 書式と体裁が整っているか。（巻末 p.238「作文の書式と体裁」を参照）
- □ 2. 言語形式が整っているか。（誤字脱字、「だ・である」体など）
- □ 3. 正確な表現が使われているか。
- □ 4. 豊かな表現が使われているか。
- □ 5. 認知バイアスに関する実験がわかりやすく説明されているか。
- □ 6. 認知バイアスの利点と欠点がそれぞれ具体例とともに述べられているか。
- □ 7. 自分の考えと引用の区別ができており、参考文献の内容が適切にまとめられているか。
- □ 8. 本文中で引用した文献を明記し、文章末に参考文献を正しく挙げているか。

Unit 2

化粧の社会学
The Sociology of Makeup

化粧はなぜ議論になるのか
Why is the topic of makeup so controversial?

ていねいに読む　Intensive Reading

1 人はなぜ化粧をするのか
Why do people wear makeup?

2 "ふさわしい" 化粧とは
What is "appropriate" makeup?

すばやく読む　Speed Reading

消えた化粧文化「お歯黒」
The vanished Japanese cosmetic culture of tooth blackening

聞く　Listening

娘を持つ夫婦の会話
Conversation between a couple who have a daughter

話す活動　Speaking Activity

ディベートをする
Debate

書く活動　Writing Activity

意見文を書く
Writing Opinions

このユニットのねらい　Aims of this unit
1) 化粧に関するさまざまな議論を理解することができる。
2) 複数の観点や立場がある議論に関し、問題を整理し、論理的に意見を述べることができる。
3) ある日常的な話題に関して、学問的な視点を取り入れながら議論することができる。

1) To understand various discussions regarding makeup and cosmetics.
2) To organize issues and express opinions logically with regard to arguments with multiple viewpoints and positions.
3) To discuss certain everyday topics while incorporating academic perspectives.

1. 以下の場面で、あなたは化粧をしますか。合うものを選び、その理由を説明してください。ここでの「化粧」とは、主にパウダーや口紅などを使い、顔に色をのせることを指します。

場面	答え	理由
大学に行く	必ずする／ときどきする／しない	
映画館に行く	必ずする／ときどきする／しない	
買い物に行く	必ずする／ときどきする／しない	
結婚式に出席する	必ずする／ときどきする／しない	

2. （　　　）に入る言葉を a. ～ e. から選んでください。

a. 飛鳥　　b. 鎌倉　　c. 古墳　　d. 戦国　　e. 平安

3世紀末～　　（①　　　）時代
6世紀末～　　（②　　　）時代
710年～　　奈良時代
794年～　　（③　　　）時代
1185年～　　（④　　　）時代
1333年～　　南北朝時代
1392年～　　室町時代
1467年～　　（⑤　　　）時代
1568年～　　安土桃山時代
1603年～　　江戸時代

3. （　　　　）に入る言葉を a. ～ g. から選んでください。

a. 必須	**b.** 念頭	**c.** 校則	**d.** 虫歯
e. 暗黙	**f.** 未婚	**g.** 魔除け	

1）結婚せずに親と同居する（　　　　　　）者の割合は、近年は横ばいとなっている。

2）新製品の開発は、売れるかどうかだけでなく、環境への影響も（　　　　　）に置かねばならない。

3）人が生きるためには、水、食料、空気が（　　　　　）である。

4）母が高校生だった頃は、スカートの長さが（　　　　　）で決められていたという。

5）この国では、サービスを受けたらチップを渡すのは（　　　　　）のルールとなっている。

◆1回目：辞書や単語リストを見ないで読んでください。**かかった時間**　＿＿＿＿**分**

◆2回目：辞書や単語リストで調べた言葉を書いておいてください。

人はなぜ化粧をするのか　🎧U2-1

　化粧は衣食住のように生きるために必須のものではない。だが、化粧は古代より世界各地で行われてきた普遍的な行為であり、世界中を探しても化粧をしない民族はいないと言われている。現在では百貨店から薬局、コンビニまで、さまざまな場所で化粧品が売られている。では、人はなぜ化粧をするのだろうか。

5　これまでの研究によると、❶化粧の目的は4つに分類できると言われている。

　一つ目は、宗教的、呪術的な目的の「信仰」である。日本の歴史を見ると、縄文時代の土偶や古墳時代の埴輪など、顔面に赤い顔料で彩色されたものが出土している。1)これは当時の化粧であり、死者の鎮魂や魔除けなど宗教的意味があったとされている。現在でも信仰目的の化粧は行われており、例えば、ヒンドゥー

10　教徒が額に付ける赤い点は自身の宗派を表すと同時に、悪霊から身を守る役目も果たしているという。

　二つ目は、特定の集団への帰属や階級、属性、アイデンティティなどの「表示」の目的である。飛鳥・奈良時代の絵画や、平安時代の宮廷文学には、化粧をした女性が登場するが、2)これは高級品であった化粧品を使える地位にあることを意

15　味する。平安後期には男性も化粧をするようになったと言われており、高い身分や地位を表示するものとして定着した。武家社会においても、身分の高い武将が権威の象徴として化粧を施している。身分制度が厳しかった江戸時代には、階級

によって化粧が細かく決められていたという。

　三つ目は、自然環境や外敵などから自身を保護するなどの「実用」目的である。古代エジプト人は、強い日差しやほこり、虫から目を守るためにアイラインを施 20 していた。狩猟や戦闘時に身を隠すためのペインティングや、あざや傷跡を隠す化粧も実用目的の化粧である。

　四つ目は、人間の持つ「本能」によるものである。美しくなりたい、異性の気を引きたい、変身したいなどの本能的な欲求がこれにあたる。一般的に文明が進化した社会では、化粧は美しく装うことが目的であると言われている。ただし、 25 ②何が美しいとされ、どのような化粧が好まれるかは、その時代によって異なり、それぞれの時代背景に影響される。例えば、欧米に「追いつき追い越せ」とされた高度経済成長期の日本では、彫の深い顔立ちに見えるようにするための「立体化粧」や、目を大きく見せるための華やかなアイメイクが流行した。だが、1970年代後半以降、日本人が国際社会に出ていくようになると、切れ長な目を 30 アピールするなど、③化粧も日本的な美を主張するようになった。

　化粧の目的は上述のような分類があるが、④実際の化粧では複数の目的を持つ場合も少なくない。例えば、傷跡を隠すための化粧は実用目的とされるが、3)それは美しさのためという本能的な目的でもある。このため、⑤化粧の目的を一義的に決めることは難しいが、これまでも、これからも、人間らしく生きる上で 35 欠かせない行為であると言うことはできるだろう。

理解チェック Check your understanding　　　🎧 U2-2

文を聞いて、本文と同じだったら○を、違っていたら×を書いてください。

1)　　　　　2)　　　　　3)　　　　　4)　　　　　5)

内容を読み取る **Reading comprehension**

1. _____ の言葉が示す内容を、本文の言葉を使って答えてください。

1) <u>これ</u>は当時の化粧であり…

_____ は当時の化粧であり…

2) <u>これ</u>は高級品であった化粧を…

_____ は高級品であった化粧を…

3) <u>それ</u>は美しさのためという…

_____ は美しさのためという…

2. ❶化粧の目的は４つに分類できる について、以下の表をまとめてください。

1) それぞれの目的について、本文中の表現を使って説明してください。

2) それぞれの化粧の例を下の a. ～ d. から選んでください。

a. 身を隠すためのペインティング **b.** 高度経済成長期の「立体化粧」
c. ヒンドゥー教徒の額の赤い点 **d.** 身分の高い武将の化粧

化粧の目的	1) 目的の説明	2) 化粧の例
信仰		
表示		
実用		
本能		

3. 1970 年代後半以降に ❸化粧も日本的な美を主張するようになった のはなぜですか。

4. ❺化粧の目的を一義的に決めることは難しい のはなぜですか。

考えを述べる・広げる Sharing of knowledge

1. ❷何が美しいとされ、どのような化粧が好まれるかは、その時代によって異なり につ
いて、ある時代の化粧を本文以外で 1 つ挙げ、どのような化粧だったかを説明してくだ
さい。

2. ❹実際の化粧では複数の目的を持つ場合も少なくない について、本文にあるもの以外
の例を挙げ、説明してください。

ていねいに読む2　Intensive Reading 2

"ふさわしい"化粧とは　🎧 U2-3

　ある日の新聞に、一人の女子大学生から「化粧は義務なのか」との投稿が掲載された。1) これに対し「高校では校則で禁止されているが、大学では校則はないのだから楽しめばよいのでは」「必要に応じて化粧する、しないを使い分ければよい」「自分を表現する手段としてうまく使えばよい」「化粧より内面を充実させるほうが大切」「しろと言われてする必要はない」など、老若男女からさまざまな意
5 見が寄せられた。このように化粧について議論されるのは、化粧には多くの規範があるからだと考えられる。

　規範とは、集団内の大多数の成員が共有する判断の枠組みや思考様式のことであり、「すべきである」「してはならない」という形で表現される。規範は、法律や規則で明文化されるものもあれば、暗黙の了解とされるものもある。では、化
10 粧にはどのような規範があるとされるのだろうか。

　「女だから化粧をするのが当たり前」「男が化粧をするなんて」は、ジェンダー（社会文化的な特徴である性）に関わる規範である。戦国時代の武将やルイ14世などが化粧をしていたように、化粧が富と権力の象徴だった時代には、❶化粧は
15 男性のものだった。だが、労働者階級が生まれ、「男が外で稼ぎ、女が家のことをする」というジェンダーロールが導入されると、男性は働くのに適した装いで働くために化粧をやめ、女性は夫の地位をおとしめない程度の身だしなみを整える

ための化粧が望まれるようになったという。近年、化粧をする男性も増えてきたが、依然として「化粧は女のもの」という考え方は根強いようである。

デートや合コンなど恋愛を意識する場では、セクシュアリティ（生物学上の性）に関わる規範が働いていると言える。自分自身を性的にアピールするには美しくなければならないとして、雑誌では「モテメイク」が特集されたり、「女っぷりを上げる」とされる口紅が売れたりする。「女同士の集まりのほうが化粧に気合が入る」というような、同性の目を意識した化粧もこのセクシュアリティ規範に関わると考えられる。

「中学生に化粧は早い」「若い時と同じメイクではだめ」などは年代に関わる規範である。人は自分の年代に合わせた化粧を選ぶ傾向があるが、現代日本はこの年代規範が強いとされている。美容雑誌が年代によって細分化されており、それぞれに異なる化粧品の広告が掲載されているのは、2)そのためだろう。

「就活メイク」や「葬式に参列する際の化粧」のように、状況に応じて化粧を変えるのは、状況に関わる規範を念頭に置いているためである。人は常に同じ化粧を施すわけではなく、ジェンダーやセクシュアリティ、年代に関わる規範に加え、場面や状況に応じてふさわしい化粧を施すのである。❷アスリートが化粧をすると「ちゃらちゃらするな」と批判されがちなのも、この規範から外れていると判断されるためだろう。

さらに、「○○系メイク」も規範と考えられる。「ギャル系」は目元を強調、「OL系」だったらナチュラルメイク、「キャリアウーマン」は口紅を濃くするなど、「○○だったらこのように化粧せねばならない」というマニュアル的なものが多いのは、こうした規範に基づくものであろう。

このような化粧に関する規範は、ジェンダー規範とセクシュアリティ規範を基にした上で、複雑に影響しあったり、連続したりしているとされている。こうした規範があるため、化粧のあり方や3)その良し悪しなどがいつの時代も議論されるのだろう。

文を聞いて、本文と同じだったら○を、違っていたら×を書いてください。

1)　　　　2)　　　　3)　　　　4)　　　　5)

内容を読み取る Reading comprehension

1. ＿＿＿＿の言葉が示す内容を、本文の言葉を使って答えてください。

1) これに対し…　＿＿＿＿＿＿＿＿＿＿＿＿＿＿＿＿＿＿＿に対し…

2) そのためだろう　＿＿＿＿＿＿＿＿＿＿＿＿＿＿＿＿＿＿ためだろう

3) その良し悪し　＿＿＿＿＿＿＿＿＿＿＿＿＿＿＿＿＿＿＿良し悪し

2. 化粧に関する規範について、以下の表をまとめてください。

1) 本文で挙げられている規範はどのようなものですか。

2) それぞれの規範の例を下の a.～ h. から選んでください。

　a. 中学生が化粧をするのはよくない

　b. 女は化粧をするのが当たり前

　c. OLっぽさを出すためにナチュラルメイクをする

　d. デートの時はいつもと違う化粧をする

　e. お葬式に参列する時は化粧を控えめにする

　f. 同性同士の集まりに参加する時はいつもより丁寧に化粧をする

　g. 男は化粧をしないものだ

　h. 友人の結婚式に出席する時は華やかな化粧をする

1) 規範	2) 規範の例
ジェンダー	

3．❶化粧は男性のものだった について、次の質問に答えてください。

　1) 化粧が男性のものだったのは、どのような時代ですか。

　2) 男性が化粧をやめたのは、社会にどのような変化があったからですか。

　3) 2) の社会の変化により、女性の化粧はどのように変化しましたか。

 考えを述べる・広げる Sharing of knowledge

1．❷アスリートが化粧をすると「ちゃらちゃらするな」と批判されがち とありますが、批判する人はなぜアスリートに化粧がふさわしくないと考えているのか、理由を想像してみましょう。

2．「内容を読み取る」2．2) のような化粧の規範の例には、どのようなものがありますか。本文にある以外の例を挙げ、**2．**1) のどの規範に関わるものかを考えてください。

　例） 年代規範：「子どもは化粧をするべきではない」

すばやく読む　Speed Reading

◆辞書や単語リストを見ないで読んでください。**かかった時間** ＿＿＿＿＿**分**

◆読み終わったら、質問に答えてください。

 内容を読み取る　Reading comprehension

1. お歯黒に関する 1) ～ 6) の説明は、化粧の目的 a. ～ d. のどれに当たりますか。

1)（　　　　）魔除けとして

2)（　　　　）虫歯予防として

3)（　　　　）美しさを引き立てるため

4)（　　　　）平安時代の上流階級の化粧

5)（　　　　）室町時代の天皇や公家の化粧

6)（　　　　）江戸時代の女性の化粧

> **a.** 宗教的な目的
> **b.** 階級や属性を表示する
> 　　目的
> **c.** 自分自身を保護すると
> 　　いう実用的な目的
> **d.** 美しくなりたいという
> 　　人間の本能的な目的

2. 開国をきっかけに廃止の議論が始まった とありますが、なぜ開国がお歯黒の廃止につながったのですか。

 考えを述べる・広げる　Sharing of knowledge

日本のお歯黒のような「伝統的な化粧」について考えましょう。

1) あなたの知っている「伝統的な化粧」を 1 つ挙げ、その歴史や目的について説明してください。

2) 1) の伝統的な化粧は、現代でも見られるものですか。見られるならどのような場面で見られるか、見られないならなぜなくなったのかを説明してください。

消えた化粧文化「お歯黒」

　「お歯黒」とは字の通り、歯を黒く染める化粧である。江戸時代後期の化粧をしている女性が描かれた浮世絵（図）を見ると、その歯は黒く染まっている。これがお歯黒である。

喜多川歌麿「婦人相学拾躰 かねつけ」

提供：アフロ

　お歯黒は日本最古の化粧とも言われており、3世紀の中国の歴史書『魏志倭人伝』や、平安時代に作られた日本最古の漢和辞典『和名類聚抄』にも記述がある。 5
東南アジアや中国などにも見られる化粧で、日本には奈良時代に朝鮮半島から伝わったという説もあるが、それまでの文献資料がなく、成立の過程には謎が多い。
　お歯黒の目的は、当初は、魔除けや虫歯予防だったとも言われているが、やはり美しさのためというところが大きかった。日本の化粧は白・黒・赤が基本で、昔から白い肌が美しいとされており、薄暗い室内で顔の白さ、つまり、美しさを 10
引き立てるためにコントラストとして、黒の化粧であるお歯黒が用いられていたという。また、お歯黒は、年齢や身分などを示す役割があり、上流階級では必須

のものだった。平安後期から鎌倉初期に成立した『堤中納言物語』では、ある姫
<small>つつみちゅうなごんものがたり</small>
は、お歯黒もしないで真っ白な歯を見せて笑うため変わり者だとされ、この姫を
15 見た男性もお歯黒をしていないので色気がないと思ったということが書かれてい
る。

　お歯黒は女性だけの化粧ではない。室町時代には、天皇や公家の男子は元服の
際にお歯黒をしたという。武家の男性も身分の高い武将はお歯黒をしており、室
町時代の第九代将軍足利義尚は、数え９歳で元服し、お歯黒のお祝いをしたとさ
20 れる。豊臣秀吉もお歯黒をしていたという記録もある。江戸時代になると、男性
は天皇や公家を除いてお歯黒をしなくなった一方で、女性は結婚によりお歯黒を
する習慣があり、歯を見れば未婚か既婚かがわかったという。

　このように長い歴史を持つお歯黒だが、開国をきっかけに廃止の議論が始まっ
た。西洋では伝統的に白い歯をよしとしており、わざわざ歯を黒く染めるお歯黒
25 は「非文明的なもの」と見られたからである。明治３年（1870 年）に華族を対
象とするお歯黒禁止令が出され、明治６年には天皇、皇后もお歯黒をやめた。し
かし、庶民の間ではお歯黒は行われており、明治半ばには簡単にお歯黒ができる
商品が発売されている。新聞広告も昭和になるまで見られたという。長きにわた
る習慣は、新たな美意識が輸入されたからといって、簡単には変わらなかったと
30 いうことだろう。

娘を持つ夫婦の会話　🎧 U2-6

ある夫婦の会話を聞いて、次の質問に答えてください。

 内容を聞き取る Listening comprehension

1. 次の化粧に関する規範の例について、母親と父親それぞれの意見はどちらですか。

化粧に関する規範の例	母親	父親
1) 社会人は化粧をするべきだ	賛成／反対	賛成／反対
2) 化粧で違う自分になれる	賛成／反対	賛成／反対
3) 結婚式や葬式では化粧を変えるべきだ	賛成／反対	賛成／反対
4) 化粧をすると恋人ができる	賛成／反対	賛成／反対
5) 周りが化粧をしているのだから、化粧をするべきだ	賛成／反対	賛成／反対

2. この父親の化粧の経験についてまとめましょう。

1) 化粧をしたのはいつですか。

2) 化粧をした理由は何ですか。

3. 母親と父親の最後の発話について考えましょう。

1) 母親の「高校生なんだから…」の後にはどのような表現が入りますか。適切なものを入れ、文を完成させてください。

「高校生なんだから、＿＿＿＿＿＿＿＿＿＿＿＿＿＿＿＿＿＿」とか言わないでよ。

2) 父親の「社会人なんだから…」の後にはどのような表現が入りますか。適切なもの
を入れ、文を完成させてください。

「社会人なんだから、_____」とか言うなよ。

考えを述べる・広げる Sharing of knowledge

この会話に出てくる以下の化粧の規範の例について、あなたの考えを述べてください。

1) 社会人は化粧をするべきだ

2) 化粧で違う自分になれる

3) 結婚式や葬式に参列する際には普段とは違う化粧をするべきだ

4) 化粧をすると恋人ができる

5) 周りが化粧をしているのだから、化粧をするべきだ

6) 高校生の化粧

7) 男性の化粧

 # ディベートをする Debate

化粧に関する規範の例を１つ取り上げ、その是非についてディベートをしましょう。

 準備 Preparation

1. ディベートの論題を決めましょう。

   1)（一人で考えましょう）ディベートをしたい化粧に関する規範の例を考えましょう。

     例）「社会人は化粧をすべきだ」

   2)（クラスメートと考えましょう）どの例を論題とするか決めましょう。ディベートではこの論題に対して「肯定側」と「否定側」がそれぞれ「ジャッジ」を説得します。

2. ディベートのグループを決めましょう。「肯定側グループ」「否定側グループ」「ジャッジ」の３グループを作ります。

3. ディベートの流れ（p.66）を確認しましょう。

4. ディベートで使える表現（巻末 p.228-229）を確認しましょう。

〈ディベートの流れ〉

	肯定側グループ	否定側グループ	ジャッジ
相談（10分）	自分たちのグループの主張を考える		ディベートの流れを予想する
第1ターン（各3分）	①肯定する理由を述べる	②否定する理由を述べる	両グループの発言を聞く
相談（5分）	相手グループの主張を確認して、質問・反論を考える		両グループへの質問を考える
第2ターン（各3分）	③否定側への質問・反論　★自分たちの意見を主張してはいけません。	④肯定側への質問・反論	⑤両グループへのその他の質問
相談（5分）	相手からの質問・反論を確認して、その答えを考える		現時点でどちらが優勢か考える
第3ターン（各3分）	⑦質問・反論に答える　★相手からの質問・反論に答えるだけです。自分たちの意見を主張してはいけません。	⑥質問・反論に答える	両グループの発言を聞く
相談（5分）	相手の答えを確認して、自分たちの最終意見を考える		判定の最終的なポイントを考える
第4ターン（各3分）	⑨最終意見を述べる　★第1ターンと同じではなく、第3ターンの答えも入れて、まとめましょう。	⑧最終意見を述べる	両グループの発言を聞く
相談（5分）	自分たちのディベートを反省する		どちらがよかったか相談する
判定（4分）	ジャッジの判定を聞く		⑩ジャッジによる判定

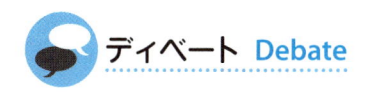 **ディベート** Debate

1. 下の表にメモをしながらディベートをしましょう。

〈ディベートメモ〉相談のメモをしたり、聞き取った内容をメモしたりしましょう。

	肯定側グループ	否定側グループ	ジャッジ
1 最初の意見			
2 質問・反論			
3 質問・反論への答え			
4 最終意見			

2. 客観的にどちらが説得力があったかを考えましょう。

〈ディベート判定表〉

この判定表はジャッジだけでなく、肯定側グループ、否定側グループの人も各自記入してください。

論題「 」	判定者		
	評価の観点	肯定側	否定側
1　最初の意見を述べる	主張の内容がはっきりしていたか 理由・根拠がしっかり述べられていたか 話し方はよかったか（協力して話せたかなど）	／3	／3
2　質問・反論をする	質問や反論の内容ははっきりしていたか いい質問、反論だったか 話し方はよかったか（協力して話せたかなど）	／3	／3
3　最終意見を述べる	理由・根拠を挙げて主張できたか 相手の質問や反論がうまく生かされていたか 話し方はよかったか（協力して話せたかなど）	／3	／3
	合計点	点	点
最終判定	［　肯定側　／　否定側　］のほうがより説得力があった		
最終判定の理由			
コメント			

自己評価

	評価
1．論理的に意見を述べられたか	☆☆☆☆☆
2．相手の話を理解して、適切に対応できたか	☆☆☆☆☆
3．グループで協力できたか	☆☆☆☆☆
4．ディベートに積極的に参加できたか	☆☆☆☆☆
5．話し方（声の大きさ、速さ、発音、流暢さ）	☆☆☆☆☆
6．態度（視線、表情、ジェスチャー）	☆☆☆☆☆
7．表現の正確さ	☆☆☆☆☆
8．表現の豊かさ	☆☆☆☆☆
総合評価	☆☆☆☆☆

コメント	

Unit
2
化粧の社会学

 意見文を書く **Writing Opinions**

ディベートの内容を基に、化粧に関するあなたの主張を述べましょう。

◇文のスタイル：だ・である体
◇長さ：1,200 字程度（± 10% = 1,080 字 ～ 1,320 字）

 書くときのポイント **Key points**

1. ディベートの内容を振り返りましょう。

   1) ディベートの論題

   2) 肯定側の主張

   3) 否定側の主張

   4) 自分の立場

2. 化粧についての自分の主張を考えましょう。

   1) 化粧について最も主張したいこと

   2) 1) の根拠となる自分の経験

   3) 1) の根拠となる事例

3. p.71 の例を参考に、アウトラインを書きましょう。

4. 指定された文のスタイルで意見文を書きましょう。書き上がったら長さを確認して、内容を増やしたり減らしたりしましょう。

5. 文章の内容にふさわしいタイトルを考えましょう。

6. 本文中で引用が適切にできているか確認し、参考文献リストを整えましょう。

【序論】	ディベートの論題 ・社会人は化粧をすべきだ 化粧について　最も主張したいこと ・化粧は個人の自由である
【本論】	自分の主張の根拠 ・「社会人は化粧をすべきだ」は性別による差別がある 　例）姉と父に対する母の対応 ・「社会人は化粧をすべきだ」は明文化されていない 予想される反論 ・社会人が身だしなみを整えるのは当然だ 反駁（反論に対する反論） ・清潔感があればよい 反駁の根拠 　例）化粧を含む身だしなみに関する規則を変える企業が増えている 　　　一定の基準はあるが、自由にしたり、男性も化粧できるようにした 　　　→メリットが多い
【結論】	・今の時代の流れに合わない ・化粧がなくても身だしなみは整えられる 化粧は個人の自由であるべきだ
【参考文献】	「レゴランドは金髪もネイルも OK　多様性重視で働きがい」日経ビジネス 2023 年 7 月 31 日 https://www.nikkei.com/article/DGXZQOUC274690X20C23A7000000/

【序論】	ディベートの論題 化粧について　最も主張したいこと
【本論】	自分の主張の根拠 予想される反論 反駁（反論に対する反論） 反駁の根拠
【結論】	
【参考文献】	引用した資料やデータのリスト

上級日本語　　　　　　　　　　　　　　　　　　2024 年 10 月 30 日

化粧は個人の自由である

教養学部　2年

JL24-789018　リー・ミンジン

Unit
2
化粧の社会学

　化粧にはさまざまな議論があり、「社会人は化粧をすべきだ」もその是非が問われるものの一つである。しかし、この論題は今の時代には合わないのではないだろうか。なぜなら、個人が尊重され、多様性が認められる現在、化粧も個人の自由であるべきだからである。

　まず、「社会人は化粧をすべきだ」の「社会人」は、基本的には女性のことだと考えられる。例えば、筆者の姉は社会人だが、朝の時間がない時や、社外の人と会わない日などは化粧をせず出社することがある。このような時、母は必ず「社会人なんだから化粧ぐらい…」と注意している。一方、化粧をしない父に母は何も言わない。つまり、母の「社会人の化粧」に対する規範は性別により異なっており、女性は「化粧をすべき」であるのに対し、男性は「化粧をする必要はない」というダブルスタンダードがあるわけだ。こうした性別による違いは母に限らず、多くの人が持っているだろう。しかし、これは性別による差別と考えられ、今の時代の流れに反すると言える。

　また、「社会人は化粧をすべきだ」は社会的な規範であり、ルールとして定められているものではない。もちろん、ルールとして定められている場合もある。例えば、食品関係では衛生面から化粧が禁止されていたり、サービス業では客への印象を考え、どのような化粧をすべきかまで決められていたりすることがある。だが、こうした一部を除き、化粧については明文化されていないことが多いのではないだろうか。従うべき規定がない以上、化粧が強制されるべきではないだろう。

　これに対し、社会人が身だしなみを整えるのは当然だという反論もあるだろう。しかし、なぜ身だしなみに化粧が必要なのだろうか。「身だしなみ」とは、相手に不快感を与えないようにすることである。化粧がなくとも清潔感を保ってさえいれば、化粧をするかどうか、どのような化粧をするかは個人が自由に選択すればよいのではないだろうか。

最近では、従業員の化粧を含む身だしなみに関する規則を変える企業が増えている（日経ビジネス, 2023）。狙いは、従業員の多様性を尊重することで、従業員の自主性や働きがいを引き出すことだとされる。ある企業では、安全や衛生への配慮や清潔感、仕事の邪魔にならないなど一定の基準はあるものの、どのような化粧をするかは従業員の判断に任せることにしたという。また、女性のみ可だった化粧が男性にも認められるようになった。これに対し、利用客から否定的な反応はなく、従業員からは肯定的な声が上がっているという。さらに、働きたいという人も増えたとのことである。つまり、化粧が個人の自由であることはメリットが多いのである。

　以上のように、「社会人は化粧をすべきだ」は、性別により基準が異なると同時に、一部を除き明文化されているわけではないことから、今の時代の流れには合わないと言える。化粧をせずとも身だしなみを整えることは可能である。個人が認められ、多様性が尊重される現在、化粧も個人の自由であるべきではないだろうか。

（1,246 字）

【参考文献】
「レゴランドは金髪もネイルも OK　多様性重視で働きがい」日経ビジネス 2023 年 7 月 31 日
　https://www.nikkei.com/article/DGXZQOUC274690X20C23A7000000/

セルフチェック

- ☐ 1. 書式と体裁が整っているか。（巻末 p.238「作文の書式と体裁」を参照）
- ☐ 2. 言語形式が整っているか。（誤字脱字、「だ・である」体など）
- ☐ 3. 正確な表現が使われているか。
- ☐ 4. 豊かな表現が使われているか。
- ☐ 5. 自分の主張が明確に示されているか。
- ☐ 6. 主張と反駁の根拠が適切に提示されているか。
- ☐ 7. 根拠の例に、自分の経験を含む事例が用いられているか。
- ☐ 8. 読み手にわかりやすい構成で意見が述べられているか。
- ☐ 9. 自分の考えと引用の区別ができており、参考文献の内容が適切にまとめられているか。
- ☐ 10. 本文中で引用した文献を明記し、文章末に参考文献を正しく挙げているか。

自然災害
Natural Disasters

自然災害に備えるには
How to prepare for natural disasters

ていねいに読む　Intensive Reading
1 天災は忘れた頃にやってくる
Natural disasters come when we have forgotten about them

2 雨による日本の自然災害
Natural disasters in Japan caused by rain

すばやく読む　Speed Reading
「自助・共助・公助」
Self-help, mutual-help, public help

聞く　Listening
地震の多い国、日本
Japan, a land of earthquakes

話す活動　Speaking Activity
発表する
Presentation

書く活動　Writing Activity
報告文を書く
Writing an Expository Report

このユニットのねらい　Aims of this unit
1) 自然災害に関する説明を読んで、理解することができる。
2) 防災・減災について理解を深め、国や地域ごとの取り組みについて比較できる。
3) データや資料を用い、自身に関連する国や地域の自然災害と防災・減災についてわかりやすく説明できる。

1) To read and understand explanations of natural disasters.
2) To understand disaster prevention and mitigation, and compare the efforts of different countries and regions.
3) To explain natural disasters and disaster prevention/mitigation in personally relevant countries and regions in an easy-to-understand way, using data and documents.

1. あなたが知っている自然災害の事例を 1 つ取り上げ、その自然災害が発生した原因や規模、被害などについて、データを用いて説明してください。

2. あなたの知っている地域や国の自然災害について、質問に答えてください。

　1）どのような自然災害が多く発生しますか。

　2）1）で挙げた自然災害について、どのような対策が取られていますか。国や自治体が行っていることを挙げてください。

3. あなたは自然災害に対してどのような備えをしていますか。あなた自身が行っていることを挙げてください。

4. それぞれの絵に合う言葉を a.～h. から選んでください。

a. 火山	**b.** 暴風雨	**c.** 洪水	**d.** 熱波
e. 干ばつ	**f.** 地震	**g.** 山火事	**h.** 土砂崩れ

1) (　　　)　　2) (　　　)　　3) (　　　)　　4) (　　　)

5) (　　　)　　6) (　　　)　　7) (　　　)　　8) (　　　)

◆1回目：辞書や単語リストを見ないで読んでください。**かかった時間** ＿＿＿＿**分**
◆2回目：辞書や単語リストで調べた言葉を書いておいてください。

天災は忘れた頃にやってくる　🎧 U3-1

「天災は忘れた頃にやってくる」

1) これは、自然災害はその被害の恐ろしさを忘れた頃に再び起こるため、油断をせずに備えておかねばならないという警句で、戦前の物理学者・随筆家の寺田寅彦（1878-1935）によるものだと言われている。

寺田は『天災と国防』（1934）でも「戦争はぜひとも避けようと思えば人間の力で避けられなくはないであろうが、天災ばかりは科学の力でもその襲来を中止させるわけにはいかない」とも述べている。確かに、科学技術が発展した現在においても自然災害は発生している。世界の災害データベースを開発・提供している災害疫学研究センター（CRED）によると、❶2022年の1年間に世界で発生した自然災害は、洪水176件、暴風雨108件、地震31件、干ばつ122件、土砂災害17件、山火事15件、熱波・寒波12件、火山災害5件となっている。そして、被害の規模を見ると、死者数では熱波・寒波（約1.6万人）、洪水（約8,000人）の順に多く、影響を受けた人数では干ばつ（約1.7億人）、洪水（約6,000万人）となっている。経済的損失では暴風雨（約1,300億ドル）、洪水（約450億ドル）となっている。2) この年は、熱波によるヨーロッパ全土での死者数およびアフリカでの干ばつにより影響を受けた人数が多く、ハリケーンによるアメリカでの経済的損失が大きかったという。

自然災害は、寺田が「ある年は災禍が重畳しまた他の年には全く無事な回り合
わせが来るということは、純粋な偶然の結果としても当然期待されうる『自然変
20 異』の現象」だと指摘するように、₃₎その被害は年によって異なる。CRED によ
ると、❷2001–2021 年の 20 年間を振り返ると、経済的損失が最大（約 4,500
億ドル）だったのは日本の東日本大震災があった 2011 年である。一方、死者数
が最大（約 30 万人）であったのはインドネシア・スマトラ島沖地震やミャンマー
を襲ったサイクロンなどがあった 2004 年、影響を受けた人数が最大（約 40 万
25 人）となったのは世界的な干ばつがあった 2002 年である。また、国際協力機構
（JICA）の分析によると、アジア地域では暴風雨や洪水といった風水害による死
者数の割合が他地域に比べて高く、中南米では、死者数が最も高い割合となるの
は地震・津波であり、風水害が₄₎それに続くという。一方、アフリカでは死者数
の 9 割以上が干ばつによるものである。つまり、どのような自然災害が起こるか
30 は年だけでなく、❸地域によっても異なるのである。

　　寺田の指摘は「悪い年回りはむしろいつかは回ってくるのが自然の鉄則である
と覚悟を定めて、良い年回りの間に十分の用意をしておかなければならないとい
うことは、実に明白すぎるほど明白なことであるが、またこれほど万人がきれい
に忘れがちなこともまれである」と続く。したがって、まずは❹自分のいる地域
35 ではどのような自然災害が多いのかを知った上で、「いつか」に備えることが重要
であろう。

理解チェック Check your understanding　　　　🎧 U3-2
文を聞いて、本文と同じだったら○を、違っていたら×を書いてください。

1)　　　　　2)　　　　　3)　　　　　4)　　　　　5)

内容を読み取る **Reading comprehension**

1. 〜〜〜の言葉が示す内容を、本文の言葉を使って答えてください。

1) これは…　＿＿＿＿＿＿＿＿＿＿＿＿＿＿＿＿＿＿＿＿＿＿は…

2) この年は…　＿＿＿＿＿＿＿＿＿＿＿＿＿＿＿＿＿＿＿＿＿は…

3) その被害は…　＿＿＿＿＿＿＿＿＿＿＿＿＿＿＿＿＿＿＿＿被害は…

4) それに続くという　＿＿＿＿＿＿＿＿＿＿＿＿＿＿＿＿＿＿に続くという

2. ❶2022 年の 1 年間に世界で発生した自然災害 について、1) 原因とされる自然災害、2) 被害の大きさを次の表にまとめてください。

		死者数	影響を受けた人数	経済的損失
第1位	1)	熱波・寒波	1)	1)
	2) 約 1.6 万　人		2) 約　　　人	2) 約　　　ドル
第2位	1)		1)	1)
	2) 約　　　人		2) 約　　　人	2) 約　　　ドル

3. ❷2001-2021 年の 20 年間 に世界で発生した自然災害について、次の表にまとめてください。

	死者数	影響を受けた人数	経済的損失
最大だった年	年	年	年
自然災害	地震とサイクロン		
被害の大きさ	約　　　人	約　　　人	約　　　ドル

4. ❸地域によっても異なる について、＿＿＿に適切な言葉を入れてください。

国際協力機構（JICA）によると＿＿＿＿＿＿＿の割合が高い自然災害は、アジア地域では＿＿＿＿＿＿、中南米では＿＿＿＿＿と＿＿＿＿＿、そしてアフリカでは＿＿＿＿＿である。

🗣 考えを述べる・広げる Sharing of knowledge

1. 本文で示された自然災害に関するデータから、あなたが意外に思ったことや、疑問に思ったことを挙げてください。

2. 本文で引用されていた寺田の言葉の中で、あなたが共感できる部分を挙げ、その理由を説明してください。

3. ❹自分のいる地域ではどのような自然災害が多いのかを知った上で、「いつか」に備えることが重要 とありますが、あなたが今いる地域では、どのような自然災害が多いですか。あなたはその自然災害に対して、どのような備えをしていますか。

ていねいに読む2 Intensive Reading 2

◆1回目：辞書や単語リストを見ないで読んでください。**かかった時間** ＿＿＿分
◆2回目：辞書や単語リストで調べた言葉を書いておいてください。

Unit
3
自然災害

雨による日本の自然災害

U3-3

　日本では、暴風、豪雨、洪水、土砂災害、高潮などの気象を原因とする自然災害が毎年のように発生している。気象の中でも、特に雨によるものが多い。1)これは日本の位置、気候、地形などの自然的な条件によるものである。

　日本列島は季節風の影響を受けやすいアジアモンスーン地域に位置し、また、日本列島の中央部には1,000～3,000メートル級の山脈が連なっている。夏5は太平洋高気圧によって湿った空気が列島に入り込み、この山脈にぶつかって雨を降らせるため、太平洋側で雨が多くなる。一方、冬は大陸からの乾いた空気が日本海で湿気を帯び、山脈にぶつかり、日本海側で雪を降らせる。

　また、日本の降水量は季節ごとの変動が激しいのが特徴である。東京の月別平均降水量（1991～2020年）を見ても、最も降水量が多いのは台風期である9 10月から10月にかけて、次いで梅雨期の6月であることがわかる（図1）。夏が近づくと南から暖かく湿った空気を持つ太平洋高気圧が張り出し、北にある冷たい空気を持つオホーツク海高気圧と日本辺りでぶつかる。この2つの高気圧がぶつかるところに梅雨前線ができ、雨を降らせるのである。平年の梅雨の時期は、沖縄では5月中旬～6月中旬、九州から関東では6月上旬～7月中旬、北陸から 15東北では6月中旬～7月下旬に見られる。ただし、北海道では梅雨の季節はない。一方、赤道付近で発生した台風は、暖かい海面からの水蒸気をエネルギーとし

て発達しながら、7月から10月にかけて日本に接近、上陸する。30年間（1991
～2020年）の平均では、年間で約25個の台風が発生し、約12個の台風が日
20 本から300km以内に接近、約3個が日本に上陸している（図2）。このため、梅
雨末期には大雨による洪水や土砂災害が、台風の時期には暴風雨や高潮による被
害が出るのである。

　これらに加え、地形も自然災害の発生に影響している。例えばフランスでは、
河川は平原を流れており、長く、広く、ゆるやかである。国土も広く、上流で雨
25 が降っていても、中流・下流域では降っていないことも多い。2) これに対し、❻日
本列島は国土の幅が狭く、河川は中央部の山脈から海に向かって流れているため、
世界の河川と比較して、短く、狭く、急流となる。したがって、上流だけでなく
下流まで、一河川全域で雨が降る場合が多い。このため大雨になると河川の水位
は急激に上昇し、洪水が起きやすくなる。また、大雨により地盤も緩くなるため、
30 土砂崩れなどの災害が発生しやすくもなる。

　このように、日本は位置、気候、地形から雨による自然災害が多いのである。

　さらに、気候変動の影響により、近年、自然災害のリスクが高まってきている
と言われている。例えば、日本の平均気温は100年あたりで1.3度上昇してお
り、3) これと相関するように全国的に大雨や短時間強雨の発生回数が増加してい
35 る（図3）。梅雨も今後は長期化し、降水量も増えると予想されている。また、日
本近海の年平均海面水温も100年間で1.24度上昇しており、台風の勢力拡大に
影響を与えるとされている。つまり、気候変動により、自然災害のリスクはより
高まっているというわけである。将来予測される自然災害による被害を抑えるた
めには、さまざまな努力が必要だと言えよう。

図1　東京の月別平均降水量 (1991 ～ 2020 年の 30 年平均)

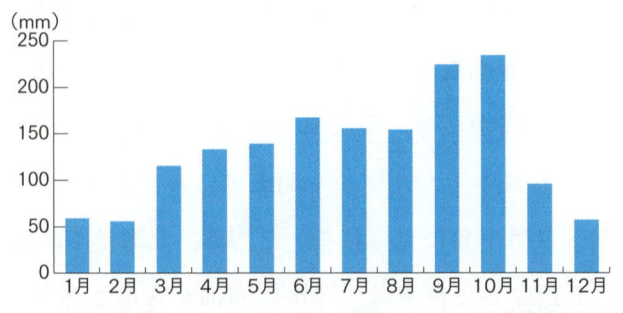

出典：気象庁（n.d.）「過去の気象データ」より転載

図2　月別の台風発生・接近・上陸数の平年値（1991～2020年の30年平均）

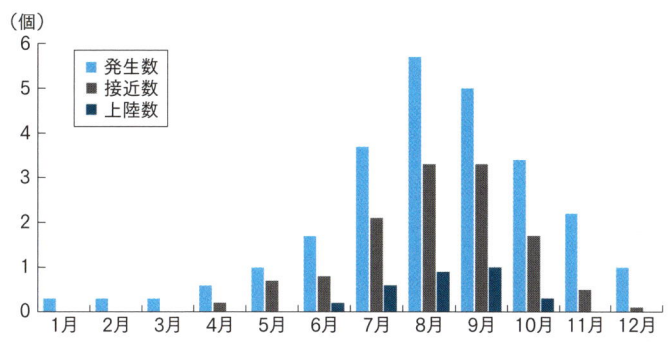

出典：気象庁（n.d.）「台風の発生、接近、上陸、経路」より転載

図3　1時間降水量50mm以上の年間発生回数

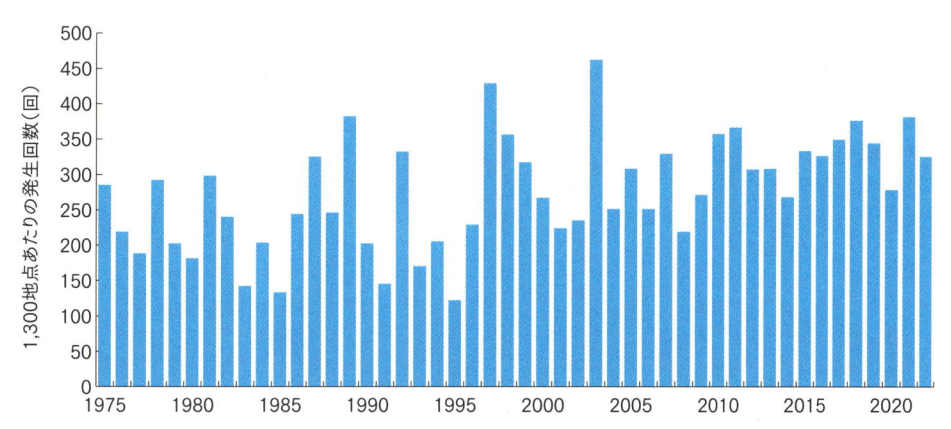

出典：気象庁（n.d.）「大雨や猛暑日など（極端現象）のこれまでの変化」より改変

理解チェック Check your understanding　🎧 U3-4

文を聞いて、本文と同じだったら○を、違っていたら×を書いてください。

1)　　　　2)　　　　3)　　　　4)　　　　5)

内容を読み取る Reading comprehension

1. ＿＿＿の言葉が示す内容を、本文の言葉を使って答えてください。

1) これは日本の位置…

_____は日本の位置…

2) これに対し、日本列島は…

_____に対し、日本列島は…

3) これと相関するように…

_____と相関するように…

2. 本文の❶～❻の説明に合う図を、a.～f. から選んでください。

❶（　　　）❷（　　　）❸（　　　）❹（　　　）❺（　　　）❻（　　　）

a.

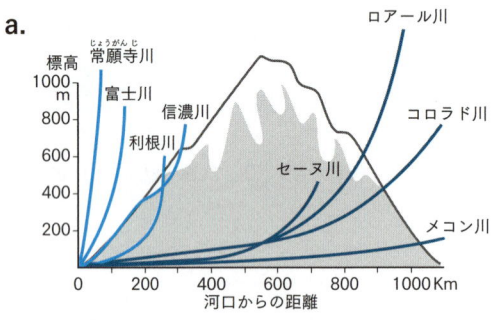

出典：土砂災害防止広報センター（n.d.）「日本に土砂災害が多いわけ」
より転載
https://www.sabopc.or.jp/library/landslides_in_japan/

b.

c.

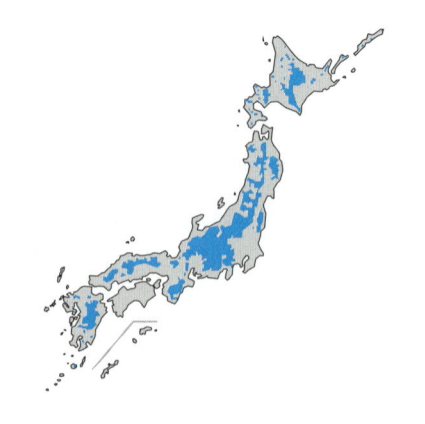

d.

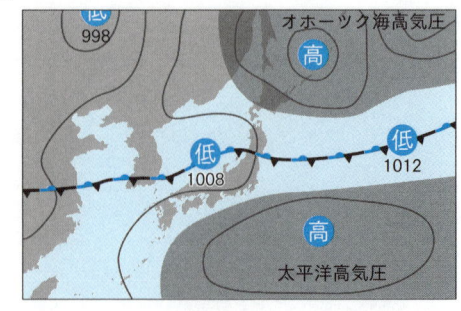

e.

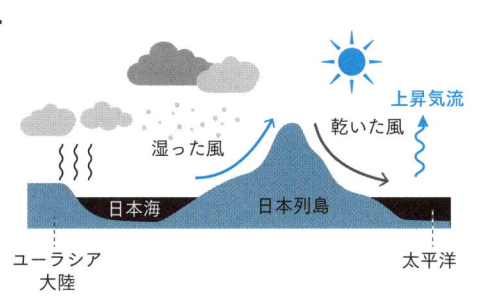

上昇気流
乾いた風
湿った風
日本海　日本列島
ユーラシア
大陸
太平洋

f.

3. 日本での雨による自然災害について、_____に適切な言葉を入れてください。

1) 梅雨

・時期：_____から_____ごろまで

　　※_____によって期間は異なる。_____にはない。

・梅雨前線：_____と_____がぶつかるところに発生し、
　　雨を降らせる。

・梅雨末期には、大雨による_____や_____が多く発生する。

・気候変動の影響：梅雨期の_____と_____の増加が予想される。

2) 台風

・時期：_____から_____にかけて

・_____付近で発生 → _____をエネルギーとして発達 → 日本に接近、上陸

・台風期には、_____や_____による被害が発生する。

・気候変動の影響：台風の_____に影響を与えるとされる。

3) 日本の地形

・日本列島の中央部に_____が連なっている ＋ 国土が_____

　　＝ 河川が_____である

・大雨が降ると水位が急激に上昇するため、_____が起きやすい。

　　また、地盤が緩んで_____なども発生しやすくなる。

4) 気候変動の影響

・気温上昇により、＿＿＿＿＿＿＿や＿＿＿＿＿＿＿の発生頻度が増加

・今後、自然災害のリスクが＿＿＿＿＿＿＿。

 考えを述べる・広げる Sharing of knowledge

1. あなたの国・地域では、どのような自然災害が多く発生しますか。理由と合わせて説明してください。

2. 気候変動の影響によってリスクが高まる自然災害を挙げてください。

◈辞書や単語リストを見ないで読んでください。**かかった時間** ＿＿＿＿＿**分**

◈読み終わったら、問題に答えてください。

内容を読み取る Reading comprehension

1.「自助・共助・公助」について、下の表をまとめましょう。

1) それぞれ取り組むのは誰ですか。

2) a. 〜 i. は、取り組みの具体例です。それぞれ「自助・共助・公助」のどれになりますか。

    a. 連絡方法を決めておく   **f.** 避難所で協力し合う

    b. 自宅の家具を固定する   **g.** 町中の危険な場所の情報を共有する

    c. 避難する時に声をかけ合う   **h.** 防災バッグを準備する

    d. 避難所がどこかを確認する   **i.** 避難所を設置する

    e. ハザードマップを作成する

	1) 取り組む人／主体	2) 取り組みの具体例
自助		
共助		
公助		

2. 非常時は、公助に頼り切るのではなく共助、共助のためには自助 について、次の質問に答えてください。

    1) 非常時に「公助に頼り切る」ことができないのはなぜですか。その理由を本文の表現を使い 30 字以内で説明してください。

    2)「共助のためには自助」が大切なのはなぜですか。その理由を本文の表現を使い 30 字以内で説明してください。

考えを述べる・広げる Sharing of knowledge

1.「自助・共助・公助」という役割分担について、どう思いますか。この役割分担が機能するために何が必要かという点から考えてみましょう。

2.「自助」「共助」について、この文章に挙げられていること以外にできることをそれぞれ考えてみましょう。

    自助：

    共助：

「自助・共助・公助」

🎧 U3-5

　災害時の行動と事前の備えについて、日本では「自助・共助・公助」の３つに分けられるとされている。「自助」は自分および家族によるもの、「共助」は地域やコミュニティなど周囲の人たちによるもの、そして「公助」は市町村や都道府県、消防隊、警察、自衛隊などの公的機関によるものである。

　一般的に非常時には公助が頭に浮かぶが、被害が大きい場合にはそれが間に合わなかったり、十分でなかったりすることがある。そこで必要となるのが自助と共助である。過去の災害では、公助が間に合わなかった時、建物の下敷きになった人を助け出したのは家族や近所の人たちだったという。また、避難の際に声をかけ合うことで取り残される人が出ないようにしたり、避難所で協力し合って物資を配ったりすることも、共助の一つと言える。

　災害への備えでは、自助としては、家族や知人との連絡方法を決めておくことや、地震で家具が倒れないように固定するだけでなく、倒れた場合を考えて家具を低いものにしたり、向きを変えて置いたりすることも挙げられる。近年では、災害時に自宅に倒壊や浸水のおそれがなく、生活を続けることが可能な場合は、「在宅避難」が推奨されている。そのためには、自宅で避難生活が送れるよう必要なものを入れた防災バッグなどを各自が備えておかねばならない。そして、共助では、大雨の時に土砂崩れや冠水などで通れなくなりそうな場所を確認し、住民同士でその情報を共有しておくことが考えられる。そうした場所の整備や、大雨の際に洪水が起きないよう雨水を一時的に貯めておく施設の設置、予想される被害状況を表したハザードマップの作成、配布などは公助である。

　自助・共助・公助ではそれぞれが行うべきことがある一方、防災訓練や防災教育は三者が連携して行う必要がある。例えば防災訓練には、公的機関は実際に災害が発生した時を想定して職員が集まったり、避難所を設置したりする訓練がある。住民は地域で訓練を行ったり、個人で避難所や避難ルートを確認したりする。

25 これをそれぞれが実施するのではなく、非常時を想定し、協力して実施すること

が重要である。

　このように、自助・共助・公助にはそれぞれの役割があり、災害時には連携す

ることが必要である。だが、そのためにはまず一人ひとりが無事でなければなら

ない。「非常時は、公助に頼り切るのではなく共助、共助のためには自助」という

30 ことを忘れてはならないのである。

聞く Listening

地震の多い国、日本　🎧 U3-6

スライドを見ながら発表を聞いて、次の質問に答えてください。

Unit
3
自然災害

---

①

2024秋　上級日本語
ユニット3 発表

地震の多い国、日本

2024年11月15日
JL24-565656
リナ・マイヤー

---

②

日本と地震 1

2011年3月11日　東北沖で地震発生 → 東日本大震災
2001〜2021年の自然災害で最大の被害額 約2530億ドル
＝2008年ハリケーン「カトリーナ」の被害額の2倍

図　マグニチュード6.0以上の地震回数

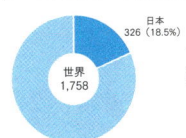

日本
326（18.5%）
世界
1,758

マグニチュード6以上の地震
約2割が日本

『平成26年版防災白書』より転載

---

③

日本と地震 2

図1　日本周辺のプレート　　図2　地震が発生する仕組み

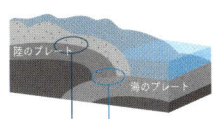

北米プレート
（オホーツク
プレート）
ユーラシアプレート
太平洋プレート
フィリピン海プレート

陸のプレート
海のプレート
活断層で発生する地震
海溝型地震

図1：文部科学省「地震の発生メカニズムを探る」より改変
図2：地震本部「地震をみてみよう」より転載

---

④

日本での地震の歴史

- 「日本書紀」（奈良時代）や「続日本紀」（平安時代）にも記録あり
- 江戸時代　マグニチュード7クラスの地震が各地で発生
- 関東大震災：1923年9月1日　神奈川県沖で地震発生（M7.9）
  →火災、津波、土砂災害 …死者・行方不明者 10.5万人超

東京駅前の焼け跡、日本橋方面
気象庁「関東大震災 写真集」より転載

---

⑤

地震災害への取り組み 1

緊急地震速報
- 気象庁が地震発生直後に揺れの到達時刻や震度を予想
  速報から揺れまで数秒しかないことや誤差もある
  → 列車や工場の機械を停止、台所の火を消す など

緊急地震速報

NHK（2010）「緊急地震速報 地上デジタル放送での迅速化について」より転載

---

⑥

地震災害への取り組み 2

防災訓練　「もし災害が起きたら」を想定
　いざという時の手順や避難場所を確認
　消火器、AEDの使い方
　避難所の設置など
　　・東京都内の学校では年に11回
　　・職場では年に1回以上

⇒実際に地震が起きた場合、すぐに行動に移せる
　その後の混乱にも対応できるようにしておく

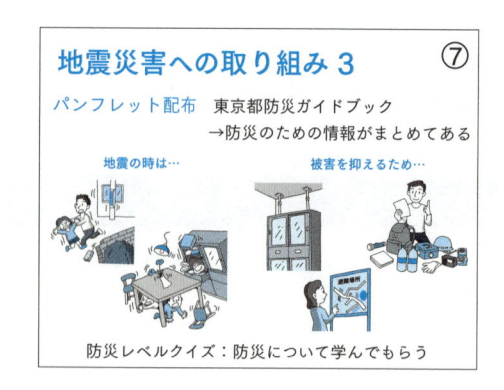

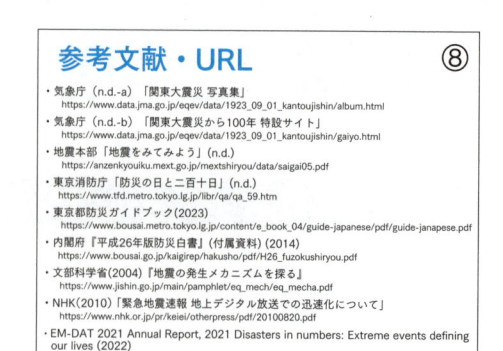

 ## 内容を聞き取る Listening comprehension

1. 発表の内容と合っているものに○、違っているものに×をつけてください。

1)（　　　）東日本大震災は、2001年から2021年の20年間に世界で起きた
自然災害の中で、経済的損失が最も大きかった。

2)（　　　）日本で地震が多いのは、日本列島の周辺で海底プレートが接してい
るためである。

3)（　　　）日本の地震についての記録は、江戸時代から見られる。

4)（　　　）緊急地震速報が出てから地震が来るまでの時間は短いので、被害を
抑えるには役に立たない。

5)（　　　）避難訓練では、災害が起きた際の手順や避難場所、消火器やAEDの
使い方などを確認する。

6)（　　　）日本では多くの自治体が、災害時の行動をまとめたものを配布して
いる。

2. 東京都の「防災ガイドブック」にはどのような情報がまとめてありますか。3つ挙げて
ください。

 **考えを述べる・広げる** **Sharing of knowledge**

1. インターネットで「防災レベルテスト」を検索し、一つを受けてみましょう。

　1) その「防災レベルテスト」は、どの団体が作成したものですか。URL もメモしてください。

　団体名：

　URL：

　2) テストの結果はどうでしたか。

2. あなたがよく知っている地域・国で、自然災害に対してどのような取り組みがあるか調べてみましょう。

発表する Presentation

身近な国・地域の自然災害について調べて、発表しましょう。

◆発表時間：7分　質疑応答：3分　計：10分
◆スライド：表紙＋5枚程度＋参考文献

 **準備** Preparation

1. 身近な国・地域を1つ選んで、次のことを調べましょう。

1) 選んだ国・地域ではどのような自然災害が多く発生するか、データで確認しましょう。

2) **1)** の自然災害が多い理由を調べましょう。

3) **1)** の自然災害の事例を調べましょう。

4) **1)** の自然災害に対する取り組みの例を調べましょう。

5) **4)** の取り組みについて、あなたの意見をまとめましょう。

2. p.95 の例を参考に、アウトラインを書きましょう。

3. 「聞く」の例を参考に、スライドを作成しましょう。

4. ストップウォッチを使いながら、7分以内で、スクリプトを読まずに話せるようになるまで、発表の練習をしましょう。

アウトラインの例

	内容	スライド
【はじめに】	挨拶	①表紙
【本論】	**1)** 多く発生する自然災害とそのデータ ・東日本大震災 2011/03/11 東北沖（M9.0） **2)** 日本で地震が多い理由 プレートが接しているから	②日本と地震1 ③日本と地震2
	3) 自然災害の事例 ・「日本書紀」、「続日本紀」、江戸時代 ・関東大震災 1923/09/01 神奈川県沖（M7.9）	④日本での地震の歴史
	4) 自然災害に対する取り組みの例 緊急地震速報 防災訓練 自治体のパンフレット	⑤地震災害への取り組み1 ⑥地震災害への取り組み2 ⑦地震災害への取り組み3
【まとめ】	**5)** 自分の意見 ・こうした準備は地震以外にも役に立つ ・知っておくことは自分を守るためにも必要 挨拶	
【参考文献】	気象庁（n.d.）「関東大震災から100年 特設サイト」 https://www.data.jma.go.jp/eqev/data/ 　1923_09_01_kantoujishin/gaiyo.html 東京都防災ガイドブック（2023） https://www.bousai.metro.tokyo.lg.jp/content/ 　e_book_04/guide-japanese/pdf/guide- 　janapese.pdf	⑧参考文献

Unit
3
自然災害

	内容	スライド
【はじめに】	挨拶	
【本論】	1) 多く発生する自然災害とそのデータ	
	2) 自然災害が多い理由	
	3) 自然災害の事例	
	4) 自然災害に対する取り組みの例	
【まとめ】	5) 自分の意見	
	挨拶	
【参考文献】		

自己評価

☆に色をつけましょう

	評価
1．発表が指示通りだったか（時間、内容、構成など）	☆☆☆☆☆
2．適切なスライドが作れたか（巻末 p.234「スライドの作り方」を参照）	☆☆☆☆☆
3．自然災害とその事例を、データを用いてわかりやすく説明できたか	☆☆☆☆☆
4．自然災害への取り組みについて論理的に意見を述べることができたか	☆☆☆☆☆
5．話し方（声の大きさ、速さ、発音、流暢さ）	☆☆☆☆☆
6．聞き手への配慮	☆☆☆☆☆
7．表現の正確さ	☆☆☆☆☆
8．表現の豊かさ	☆☆☆☆☆
9．質問にわかりやすく答えられたか	☆☆☆☆☆
10．他の人に質問できたか	☆☆☆☆☆
総合評価	☆☆☆☆☆

コメント

Unit
3
自然災害

 報告文を書く | # Writing an Expository Report

身近な国・地域の自然災害について調べて、報告しましょう。

◇文のスタイル：だ・である体
◇長さ：1,200 字程度（± 10％ ＝ 1,080 字 ～ 1,320 字）

 書くときのポイント Key points

1. 身近な国・地域の自然災害について、次の 4 点を入れて説明してください。

1) その国・地域で多く発生する自然災害のデータ

2) 1) の自然災害が多い理由

3) 1) の自然災害の事例

4) 1) の自然災害に対する取り組み例

5) 4) の取り組みに対する自分の意見

2. アウトラインを書きましょう。

3. 指定された文のスタイルで報告文を書きましょう。書き上がったら長さを確認して、内容を増やしたり減らしたりしましょう。

4. 文章の内容にふさわしいタイトルを考えましょう。

5. 本文中で引用が適切にできているか確認し、参考文献リストを整えましょう。

	内容	文献・データ
【はじめに】	1) 多く発生する自然災害とそのデータ	
【本論】	2) 自然災害が多い理由	
	3) 自然災害の事例	
	4) 自然災害に対する取り組みの例	
【まとめ】	5) 自分の意見	
【参考文献】		

□ 1. 書式と体裁が整っているか。（巻末 p.238「作文の書式と体裁」を参照）

□ 2. 言語形式が整っているか。（誤字脱字、「だ・である」体など）

□ 3. 正確な表現が使われているか。

□ 4. 豊かな表現が使われているか。

□ 5. 自然災害のデータ、事例、取り組みが適切に説明されているか。

□ 6. 自分の意見が適切に述べられているか。

□ 7. 自分の考えと引用の区別ができており、参考文献の内容が適切にまとめられ
     ているか。

□ 8. 本文中で引用した文献を明記し、文章末に参考文献を正しく挙げているか。

Unit 4

笑いとユーモア
Laughter and Humor

人はいつ、なぜ、どのように笑うのか
When, why, and how do people laugh?

ていねいに読む Intensive Reading
1 学問としての笑い
Laughter as an academic discipline

2 笑いを引き起こす「構図のズレ」
The misaligned structure that causes laughter

すばやく読む Speed Reading
漫才によって見えてくる世界共通の笑い
Universal laughter revealed by the art of manzai

聞く Listening
落語「寿限無」
The tale of *Jugemu*

話す活動 Speaking Activity
ディスカッションをする
Discussion

書く活動 Writing Activity
解釈を述べる
Writing an Interpretation

このユニットのねらい　Aims of this unit
1) 抽象的な理論の説明を理解することができる。
2) 笑いの研究理論に基づいて、具体例の特徴を分析することができる。
3) 笑いの研究理論に基づいた具体例の分析をわかりやすく説明することができる。

1) To understand the explanation of abstract theories.
2) To analyze the characteristics of specific examples based on academic theories of laughter.
3) To explain the analysis of specific examples based on academic theories of laughter in an easy-to-understand way.

1. それぞれの絵に合う笑いのオノマトペを a. ～ f. から選んでください。

> **a.** ハッハッハ　　**b.** ニヤニヤ　　**c.** クスクス　　**d.** ニコニコ
> **e.** ゲラゲラ　　**f.** エヘヘ

1) 　2) 　3) 　4) 　5) 　6)

2. 声に出して笑うことからほほ笑みまで、あなたはどのような時に笑いますか。以下の場面について考えてみましょう。

場面	あなたの反応	（笑う場合）どのように
おいしいものを食べている時	笑う ／ 笑わない	例）（「おいしい」と言いながら）ニコニコする
うれしいことがあった時	笑う ／ 笑わない	
おもしろい話を聞いた時	笑う ／ 笑わない	
挨拶の時	笑う ／ 笑わない	
おもしろくないが、他の人が笑っている時	笑う ／ 笑わない	
失敗して恥ずかしい時	笑う ／ 笑わない	
心配や恐怖心を隠したい時	笑う ／ 笑わない	

3. それぞれの説明に合う言葉を a. ～ f. から選んでください。

> **a.** 喜劇　　**b.** なぞなぞ　　**c.** 落語　　　**d.** 風刺
> **e.** ブラック・ユーモア　　**f.** ダジャレ

1)（　　　）言葉遊びによるクイズ

2)（　　　）ある愚かな行動や社会問題を誇張し、皮肉を込めて批判するもの。
　　　　　　また、その批判を笑いで表現するもの

3)（　　　）倫理的な問題やタブー、人間の暗い部分に触れ、笑いで表現するもの

4)（　　　）同音異義語や一部が同音になる語の組み合わせなどによる言葉遊び

5)（　　　）観客を笑わせながら、人生のさまざまな側面を表そうとする演劇

6)（　　　）和服を着た人が座布団に座って一人で複数の役を演じ、聴衆を楽し
　　　　　　ませるもの

4.（　　　）に入る言葉を a. ～ g. から選んでください。

> **a.** 知性　　　**b.** 逸脱　　　**c.** 優越感　　　**d.** 想定
> **e.** 社交辞令　　**f.** 自己防衛　　**g.** ネタ

1) 一般的な常識から（　　　）するような彼の行動に周りの人は驚いてしまった。

2) 彼が相手を非難してばかりいるのは、弱い自分を見せないための（　　　）の
　手段だろう。

3) 人と比較して自分のほうが優れていると（　　　）に浸ることは、幸福感には
　つながらない。

4) 語彙が豊富でさまざまな知識を持っていることがうかがえる彼の話し方には、
　（　　　）が感じられる。

5)「今度家に遊びに来てください」と上司に言われるのだが、本気で言っている
　のか、（　　　）なのか、よくわからない。

6) 英語の授業で毎回週末の話をさせられて、もう（　　　）がない。

7) この商品は購入者を中高生と（　　　）して開発したが、実際には高齢者によ
　く売れた。

◆ 1回目：辞書や単語リストを見ないで読んでください。**かかった時間** _____ **分**

◆ 2回目：辞書や単語リストで調べた言葉を書いておいてください。

学問としての笑い

U4-1

　あなたはどのような時に笑うだろうか。改めて振り返ってみると、人はさまざまな場面でさまざまな笑い方をしていることに気づく。くすぐられてゲラゲラ笑う、試験に合格して笑みがこぼれる、言い間違いを聞いてアハハと笑うなど、数多く思い浮かぶことだろう。人が笑うという日常的な行為については研究も進められており、その中でも盛んに議論されていることの一つが、笑いの分類である。

　笑いの分類の起源として挙げられるのは、1972年にサルから人への笑いの進化を説明したオランダの比較行動学者、ファンホーフによる smile と laughter の区分である。劣位のサルが優位のサルに敵意がないことを示すために無声で歯を見せる表情は、人が挨拶の時に微笑む「社交上の笑い」（smile）へ、一方幼いサルが遊び場で安心して大きな口を開ける遊びの表情は、人の声を伴って笑う「快の笑い」（laughter）へと発展したのだという。

　これを基盤とし、現在笑いは挨拶や社交辞令、自己防衛などの「作為的な笑い」と、うれしさや楽しさ、おかしさの結果として現れる「自然発生的な笑い」に区分されることが多いとされている。現在までの研究によると、冒頭で挙げたさまざまな笑いの例はどれも自然発生的な笑いで、さらに感覚・知覚、感情、知性レベルに分類できる。例えば、言い間違えをした人の間違いをアハハと笑うのは知性レベルの笑いである。間違った言い方を正しい言い方と比べて笑うのだ。

笑いの研究で著名な森下伸也氏は、こうした知性レベルの笑いを生じさせる引き金を「笑い刺激」と名付けた。「笑い刺激」が何かという問いは、笑いの分類と並んで笑いの研究における大きな関心事であり、これまで多くの哲学者が挑んできた。歴史をふり返ると最古の理論とされるのが、ホッブズ（1588–1679）による「優位理論」である。これは他人の失敗や滑稽さなどに対する優越感によって笑いが生じるというものである。この理論で説明できる「笑い刺激」には、風刺やブラック・ユーモア、自虐などがある。風刺やブラック・ユーモアは現代でも映画や小説などの作品でよく見られる手法だ。また、自虐によって他者に優越感を抱かせて笑いを取ったことのある人もいるだろう。 25

「笑い刺激」に関するもう一つの代表的な理論は、ショーペンハウワー（1788–1860）が提唱した「不一致理論」である。これは想定や常識からの逸脱を認知することによって笑いが生じるというものである。例えば、眼鏡を頭にかけながら眼鏡を探し、そのことに気づいて笑ってしまう。この例では、眼鏡をどこかに置いたと思い込み、どこだろうと探していたところ、実は自分の頭の上にあり、予想外だったことで笑いが生じている。 30

こうして考えてみると、笑いは実に奥が深い。また、笑いの分類についても、笑いを引き起こす「笑い刺激」についても、未だ解明されていないことが多いのだという。人がいつ、なぜ、どのように笑うかを探求することは、「人間らしさとは何か」という古くからの大きな問いに関わることなのかもしれない。 35

理解チェック Check your understanding 🎧 U4-2

文を聞いて、本文と同じだったら〇を、違っていたら×を書いてください。

1)	2)	3)	4)	5)

 内容を読み取る **Reading comprehension**

1. _____ の言葉が示す内容を、本文の言葉を使って答えてください。

これを基盤とし…

_____ を基盤とし…

2. 次の 1) ～ 3) の笑いは、それぞれ a.「感覚・知覚レベル」 b.「感情レベル」 c.「知性レベル」のうちどれに分類されますか。1 つ選んでください。

1) くすぐられてゲラゲラ笑う　　　　　[　**a.**　　**b.**　　**c.**　]

2) 試験に合格して笑みがこぼれる　　[　**a.**　　**b.**　　**c.**　]

3) 言い間違えを聞いてアハハと笑う　[　**a.**　　**b.**　　**c.**　]

3. 笑いに関する説明について、_____ に適切な言葉を入れてください。

笑いの分類の起源として挙げられるのは、_____ と

_____ の区分である。現在は_____ と

_____ に分類されている。

このうち、_____ は感覚・知覚、感情、知性という

3 つのレベルに分類できる。そして、知性レベルの笑いを生じさせるものが、

_____ と呼ばれている。

4.「笑い刺激」に関する以下の理論について、それぞれ 40 字程度でまとめてください。

1) 優位理論

2) 不一致理論

考えを述べる・広げる Sharing of knowledge

1. 社交辞令や自己防衛のための「作為的な笑い」は必要だと思いますか。具体例を挙げながら、あなたの考えを述べてください。

2. 「感覚・知覚レベル」「感情レベル」「知性レベル」の笑いは、本文で挙げられているもの以外ではどのような時に発生しますか。本文以外に自分の経験からそれぞれ１つずつ例を挙げてください。

1) 感覚・知覚レベル

2) 感情レベル

3) 知性レベル

3. 「優位理論」と「不一致理論」では、「笑い刺激」を説明するのにどちらのほうがより適していると思いますか。あなたの考えとそう思う理由を書いてください。

◇1回目：辞書や単語リストを見ないで読んでください。**かかった時間**＿＿＿＿分
◇2回目：辞書や単語リストで調べた言葉を書いておいてください。

笑いを引き起こす「構図のズレ」　🎧U4-3

　人の笑いを引き起こす刺激について説明するものとして、研究者に加え、劇作家の鴻上尚史氏など芸能に関わるプロにも広く支持されているのが、「構図のズレ」である。「構図のズレ」とは、ある人が当たり前だと思う前提や期待している予想（「構図」）と、目の前で起こったことの「現実」が一致しない状態を指す。

5　「構図のズレ」による笑いには、2つのパターンがあるという。一つは、「構図」と「現実」との差に対し、「どういうこと？」と一瞬混乱して笑うというものである。もう一つは、これらの差によって混乱した後で、最後に「なるほど」と混乱が解消された安心感によって笑う、というものである。

　「どういうこと？」と思わせる笑いの刺激を「異化のユーモア」という。例え

10　ば、ある動物番組でオウムが昔話を語る様子を見て笑ってしまう。ここでは内容自体のおもしろさではなく、人間の言葉を動物が話している奇妙さが笑いを引き起こしている。行動や様子以外にも、言い間違えや誤変換（例：「ゆで卵」を「ゆでた孫」と変換）などの日常で偶然発生する言葉に関するものがあり、喜劇や漫才では、いかにも起きそうな言い間違えなどを想像してネタを作り、正解から逸

15　脱して人を笑わせる。ただし、「異化のユーモア」は、聞いている人がその「構図」を持っていなければ、笑えない。

　最終的に「なるほど」と思わせる笑いの刺激は「同化のユーモア」と呼ばれる。

これは「どういうこと？」という混乱を前提とするため、「異化のユーモア」の要素を含む。「同化のユーモア」は偶然発生するものではなく、計算して作られたものが多い。代表的な例は、同音異義語や一部が同音になる言葉によるダジャレである。日本語では「布団が吹っ飛んだ」などが古典的で、布団が吹っ飛ぶという現実には想像しにくい状況に「どういうこと？」と思わせた後、音の近さによる関連付けに「なるほど」と思わせている。ダジャレは世界中に存在するようで、英語でも以下のようななぞなぞがある。 20

What do you call a dear with no eyes? 25

No idea.

「同化のユーモア」は「どういうこと？」という意外性が大きくなるほど、納得した時のおかしみが増す。しかし、「なるほど」と笑うためには、一定の知識が必要とされる。上の例では、no eye deer（目のない鹿）と no idea（知らない）をかけているのだが、これらの音が似ていることに気づけなければ、全く笑えない。 30

　このように、「構図のズレ」が笑いの刺激となるには一定の知識が必要なだけでなく、これに加え常識から逸脱して楽しんでよいという「遊戯性」が求められるとされている。ただし、これは常識に囚われずに「構図のズレ」を楽しむことが許される場が条件となる。例えば、葬式などの場面では、故人と親しかった人の思い出話などを除いて笑うべきではないだろう。また、常識が絶対だと信じている場合は不愉快に感じるし、柔軟に考えたり、好奇心が持てたりする場合は小さなことで笑えるかもしれない。したがって、「構図のズレ」で笑えるかは、それが生じる場や受け取る相手に大きな影響を受けるのである。 35

理解チェック Check your understanding　　🎧 U4-4

文を聞いて、本文と同じだったら○を、違っていたら×を書いてください。

1)　　　　2)　　　　3)　　　　4)　　　　5)

1. 本文で書かれている「構図」とは何ですか。25 字以内で説明してください。

2. 以下の言葉を全て使って「異化のユーモア」と「同化のユーモア」をそれぞれ説明してください。

構図	現実	差

1) 異化のユーモア

2) 同化のユーモア

3. 本文の「異化のユーモア」と「同化のユーモア」の例を以下の表に整理してください。

異化のユーモア	同化のユーモア

4. 「布団が吹っ飛んだ」と "What do you call a dear with no eyes?—No idea." の例が、どのように「なるほど」と思わせているかについてそれぞれ説明してください。

1)「布団が吹っ飛んだ」

2) "What do you call a dear with no eyes?—No idea."

5. 「遊戯性」のある場とはどのような場ですか。本文中から 30 字程度で抜き出してください。

考えを述べる・広げる Sharing of knowledge

1. 「異化のユーモア」について考え、本文以外の例を具体的に挙げてください。

2. 日本語のダジャレまたはなぞなぞを調べ、「構図のズレ」がどうなっているか分析してください。

すばやく読む　Speed Reading

◆辞書や単語リストを見ないで読んでください。**かかった時間** _____分
◆読み終わったら、質問に答えてください。

 内容を読み取る Reading comprehension

1. それぞれ「ボケ役」か「ツッコミ役」か、選んでください。

1) Aさん　　　　　　　　　　　　　　[　ボケ役　／　ツッコミ役　]

2) Bさん　　　　　　　　　　　　　　[　ボケ役　／　ツッコミ役　]

3) 非常識なことを言う人　　　　　　[　ボケ役　／　ツッコミ役　]

4) 常識に基づいて非常識さを指摘する人　[　ボケ役　／　ツッコミ役　]

2. 本文にある日本の漫才の例で、「ボケ役」と「ツッコミ役」の役割が最も表れている発話をそれぞれ抜き出してください。

1) ボケ役

2) ツッコミ役

3. 次の文は、Aが「お前と一緒にすんな！」と言った理由を説明したものです。_____を埋めて文を完成させてください。

_____によって不要なケチャップを買ってしまうという

Aの_____な経験と、_____のに、

ドッグフードを買ってしまうというBの経験は、同じではないから。

 考えを述べる・広げる Sharing of knowledge

1. オーストリアの例は何がおもしろいのでしょうか。35字以内で説明してください。

2. 友人同士や医者と患者、店主と客のような2人のやりとりで人を笑わせるユーモアの例を調べ、紹介してください。

漫才によって見えてくる世界共通の笑い  U4-5

　日本の笑い文化を象徴するものとして、漫才が挙げられる。漫才は変なことを言う「ボケ役」とそれを指摘する「ツッコミ役」の2人のやりとりで成り立つもので、2人が協力して「ボケ役」による発言のおかしさを強調し、観る人を笑わせようとする芸能である。漫才は日本独特と言われているが、実際どうなのだろうか。例を見てみよう。5

　A：最近物忘れが激しくて、不要なものを買っちゃうんだよね。
　B：何買ったの？
　A：ケチャップなかったなあって思って、買って帰ったらまだ1本残っててさ。
　B：僕も似た経験あるある。
　A：あ、ある？10
　B：あるよ。僕もドッグフードなかったなあって思って、買って帰ったらまだ
　　　1袋残っててさ。
　A：そういうの困るよな。
　B：犬飼ってないのにドッグフード2個あってもしょうがない。
　A：ちょっと待て！　犬いないのにドッグフード買うのは、1個目買う時点で変15
　　　だろ！
　B：同じの買っちゃうことってあるよねえ。
　A：お前と一緒にすんな！

　この例では、物忘れによって要らないものを買ってしまうという一般的な経験をAとBが共有しているように思える。しかし、AはBの経験が自分の経験とは20異なり、一般的な物忘れではないことを指摘している。
　漫才と似たものは他の国にもあるようだ。オーストリアの例を見てみよう。

C：すごい薬を開発したよ。

D：どんな？

25 C：のどの渇きがなくなる薬さ。

D：何のために？

C：想像してみて。君は砂漠にいて、どこにも水がなくて、とてものどが渇いている。そんな時この薬を飲めば、のどの渇きがなくなるんだよ！

D：すごいね！

30 C：でもこの薬には問題がある。薬を飲むには水に混ぜないといけないんだ。

　日本の漫才なら最後にDがCに対して何らかの指摘をするだろうし、より長いやりとりが続くのだが、この例も似た性質を持っているのがわかるだろう。上のいずれの例も2人の関係性は友人だと推測できるが、医者と患者、店主と客など、組み合わせ次第でさまざまなやりとりが考えられ、このような手法は世界中にあ

35 るという。2人が協力して人を笑わせようとする芸能は、日本に限ったものではなさそうだ。

＊漫才の例は、以下に掲載されているものを一部改編した。

ウラさんのお笑い塾（2022）「ネタを選ぶだけで約3分の漫才が完成！ カスタム漫才台本『健康が1番や』」https://note.com/takeharaworld/n/n8041bfeb121a

ワインガートナー, T.（2009）「予告されるジョーク―日本人とドイツ語圏人のジョーク比較」日本笑い学会（編）『笑いの世紀―日本笑い学会の15年』350-356

 聞く Listening

落語「寿限無」　U4-6
じゅげむ

ラジオの落語を聞いて、次の質問に答えてください。

 ### 内容を聞き取る Listening comprehension

1. 話の内容と合っているものに○を、違っているものに×を書いてください。

1)（　　　）母親は子どもの名前を「寿限無」にした。
じゅげむ

2)（　　　）和尚さんは、子どもが長生きできて幸せになれるような名前をたくさん考えた。

3)（　　　）子どもの名前は、長生きできて幸せになれるという意味の早口言葉から選んだ。

4)（　　　）子どもの名前が長くて呼びにくいので、母親が友達に謝った。

5)（　　　）子どもの名前がとても長いので、名前を呼んでいるうちに友達は殴られたところの痛みを感じなくなった。

2. 寿限無とはどのような意味ですか。
じゅげむ

3. 子どもの名前は、なぜ長くなったのでしょうか。

考えを述べる・広げる Sharing of knowledge

1. この落語のおもしろい点はどこにあると思いますか。説明してください。

2. あなたのよく知る言語の寿限無のような長い早口言葉を紹介してください。
じゅげむ

 **ディスカッションをする** Discussion

自分が皆に紹介したいユーモアを披露し、そのユーモアをグループで分析してみましょう。

 **準備 Preparation**

1. 紹介したいユーモア（喜劇、漫才、落語、風刺、ブラック・ユーモア、ダジャレ、なぞ
なぞなど）を1つ選びましょう。ユーモアの媒体は文字でもいいですし、動画などでも
かまいません。なお、ディスカッションでは「構図のズレ」（「ていねいに読む2」参照）
で分析しますので、そのつもりでユーモアを選んでください。

2. 紹介したいユーモアについて下の表にまとめましょう。

ユーモアの種類	（喜劇、漫才、落語、風刺、ブラック・ユーモア、ダジャレ、なぞなぞなど）
ユーモアの内容 ＊外国語の場合は日本語に訳してください。	
笑いを引き起こす要因／おかしいと思わせる理由	
その他の情報（出典など）	

3. **2.**について、グループの皆に3分程度で話せるように練習しましょう。

4. ディスカッションの表現（巻末 p.230-233）を確認しましょう。

発表とディスカッション **Presantation and discussion**

1. 準備 **2.** でまとめたユーモアについて、1人ずつ発表し、ディスカッションをしましょう。動画などを見せながら発表してもかまいません。

> 発表：1人3分程度
> ディスカッション：20分

1) 3〜4人のグループに分かれて、司会者、書記、報告者を決めてください。その後、1人ずつ発表しましょう。

2) 次の①②についてグループで話し合ってください。

① 紹介されたユーモアのおかしい理由が、「構図のズレ」で説明できるか

②「構図のズレ」の他に、笑いを引き起こす要素がそのユーモアにあるか

2. ディスカッションの内容をクラスで報告しましょう。

1) 自分たちのディスカッションがどのような内容だったかを報告しましょう。（2分程度）

2) 他のグループの報告を聞いて、わからないことを質問しましょう。

3. まとめと振り返りをしましょう。

1) 自分たちのディスカッションの内容や他のグループの報告から発見したこと、気づいたこと、わからないことなどを挙げましょう。

2) ディスカッションを振り返って、よくできたこと、改善したほうがいいことなどを挙げましょう。

☆に色をつけましょう

	評価
1．簡潔にわかりやすく発表できたか	☆☆☆☆☆
2．簡潔にわかりやすく意見を言えたか	☆☆☆☆☆
3．論理的に意見を述べられたか	☆☆☆☆☆
4．相手の話を理解して、適切に対応できたか	☆☆☆☆☆
5．わからないことを聞き返したり確認したりしたか	☆☆☆☆☆
6．ディスカッションを進めるに値するアイデアや視点を積極的に話せたか	☆☆☆☆☆
7．ターンをうまく取ることができたか（割り込まない、持ちすぎない）	☆☆☆☆☆
8．自分の役割（司会、書記、報告者）を果たせたか	☆☆☆☆☆
9．話し方（声の大きさ、速さ、発音、流暢さ）	☆☆☆☆☆
10．態度（視線、表情、ジェスチャー）	☆☆☆☆☆
総合評価	★★★★★

コメント	

 # 解釈を述べる Writing an Interpretation

自分が好きなユーモアに関する紹介文を書きましょう。ディスカッションで紹介したユーモアとは違うものでもいいです。

◇文のスタイル：だ・である体
◇長さ：1,200 字程度（± 10% = 1,080 字 ～ 1,320 字）

 ## 書くときのポイント　Key points

1. ディスカッションの準備**2.**の表を活用して、アウトラインを書きましょう。ディスカッションの内容を追加してもいいでしょう。

 例

【はじめに】	ユーモアの基本情報
	漫才：常識や想定から逸脱したことを言う「ボケ役」とそれを指摘したり、訂正したりする「ツッコミ役」による日本の芸能。2人のやりとりでは「構図のズレ」を活かしている（木村, 2020）。
	レポートの目的
	・ある漫才のネタを紹介し、「構図のズレ」が成立しているか説明する。
【本文1】	ユーモアの内容紹介
	・ある漫才のネタ（ウラさんのお笑い塾, 2022）
	A：最近物忘れが激しくて、不要なものを買っちゃうんだよね。
	B：何買ったの？
	A：ケチャップなかったなあって思って、買って帰ったらまだ1本残っててさ。
	B：僕も似た経験あるある。
	A：あ、ある？
	B：あるよ。僕もドッグフードなかったなあって思って、買って帰ったらまだ1袋残っててさ。
	A：そういうの困るよな。
	B：犬飼ってないのにドッグフード2個あってもしょうがない。
	A：ちょっと待て！　犬いないのにドッグフード買うのは、1個目買う時点で変だろ！

	B：同じの買っちゃうことってあるよねえ。 A：お前と一緒にすんな！
【本文2】	このユーモアにおける「構図のズレ」の説明 ・物忘れのためにケチャップを余計に買ってしまう、というAの一般的な経験にBが共感し、犬を飼っていないのにドッグフードを余計に買ってしまう、という変な経験をAと似た経験としてBが共有しているところに「構図のズレ」が生じている。 ・常識や想定から逸脱したことを言うボケ役：「犬飼ってないのにドッグフード2個あってもしょうがない。」 ・常識や想定からの逸脱を指摘するツッコミ役：「ちょっと待て！ 犬いないのにドッグフード買うのは、1個目買う時点で変だろ！」 ・AがBのおかしな行動を指摘した後も、Bが「同じの買っちゃうことってあるよねえ。」と2人の経験が同じであると思い込んでいる様子に対し、「お前と一緒にすんな！」とAがBの発言を明確に否定している部分も、さらに「構図のズレ」を引き立てている。
【おわりに】	まとめ ・漫才は日本の芸能だが、ボケ役とツッコミ役による「構図のズレ」の強調が理解されれば、世界中の人を笑わせることができるだろう。 ・ただし、漫才によっておかしみを生むには、2人のやりとりのテンポや間の取り方が絶妙である必要がある（木村，2020）。
【参考文献】	ウラさんのお笑い塾（2022）「ネタを選ぶだけで約3分の漫才が完成！ カスタム漫才台本『健康が1番や』」 https://note.com/takeharaworld/n/n8041bfeb121a 木村覚（2020）『笑いの哲学』講談社

2. 指定された文のスタイルで紹介文を書きましょう。書き上がったら長さを確認して、内容を増やしたり減らしたりしましょう。

3. ユーモアの内容や特徴を説明するタイトルをつけましょう。

4. 本文中で引用が適切にできているか確認し、参考文献リストを整えましょう。

【はじめに】	ユーモアの基本情報 レポートの目的
【本文1】	ユーモアの内容紹介
【本文2】	このユーモアにおける「構図のズレ」の説明
【おわりに】	まとめ
【参考文献】	

□ 1. 書式と体裁が整っているか。（巻末 p.238「作文の書式と体裁」を参照）

□ 2. 言語形式が整っているか。（誤字脱字、「だ・である」体など）

□ 3. 正確な表現が使われているか。

□ 4. 豊かな表現が使われているか。

□ 5. 【はじめに】【本文】【おわりに】の構成になっているか。

□ 6. 【本文】でユーモアの内容がわかりやすく表現され、その分析が的確に説明されているか。

□ 7. 自分の考えと引用の区別ができており、参考文献の内容が適切にまとめられているか。

□ 8. 本文中で引用した文献を明記し、文章末に参考文献を正しく挙げているか。

睡眠の謎
The Mystery of Sleep

睡眠について解明されていること、されていないこと
What is and is not clarified about sleep

てい ねい に 読む Intensive Reading
1 眠りのメカニズム
Mechanisms of sleep

2 睡眠と健康
Sleep and health

すばやく読む Speed Reading
体内時計の仕組み
How the biological clock works

聞く Listening
睡眠と成績との関係
Relationship between sleep and academic performance

話す活動 Speaking Activity
発表する
Presentation

書く活動 Writing Activity
説明型のレポートを書く
Writing a Research Report

このユニットのねらい Aims of this unit
1) 脳科学の分野の専門的な話題について理解できる。
2) 調べたいことに対する問いを立てることができる。
3) データを用いて、問いに対する答えを説明することができる。

1) To understand specialized topics in the field of brain science.
2) To pose questions about intended research topics.
3) To explain an answer to a question using data.

1. （　　　）に入る言葉を a.～ e. から選んでください。

a. ぐっすり	b. すっと	c. たっぷり	d. うとうと	e. すやすや

1) 何度も電話がかかってきたようだが、その時は（　　　　）寝ていて、気づかなかった。

2) 遊び疲れたのか、子どもたちがリビングで（　　　　）寝息を立てて眠っているので、起こさないでいてあげよう。

3) 今日は仕事が休みだったので、いつもより（　　　　）寝ることができた。

4) 寝る前に興奮すると、（　　　　）寝つくことは難しい。

5) 昨日は徹夜をしたので、眠気が襲ってきて、会議中に何度も（　　　　）してしまった。

2. あなたは「よい睡眠」を取れていると思いますか。理由とともに説明してください。

3. 睡眠に関する次の 1)～ 6) の言説は正しいと思いますか。正しいと思う場合は○、そうでないと思う場合は×を付けてください。

1)（　　　）睡眠時間は 8 時間が理想である。

2)（　　　）90 分単位で計算して起きると目覚めがすっきりする。

3)（　　　）平日に睡眠時間が短くても週末に「寝だめ」をすれば体は回復する。

4)（　　　）午後 2 時ごろに眠くなるのは、昼食後に血流が胃に集中しているからだ。

5)（　　　）眠っている時は、静かな音楽や、雨音、波の音などを聞き続けるほうがいい。

6)（　　　）睡眠時間が短い人のほうが学業の成績がよい。

4. （　　　）に入る言葉を a. 〜 e. から選んでください。

| a. 覚醒　　 b. 記憶　　 c. 眠気　　 d. 不眠　　 e. 刺激 |

1) 人間は、一度（　　　　）したことをいつまでも覚えていることはできない。

2) （　　　　）とは、眠れない状態のことを言う。

3) 睡眠不足だと昼間でも（　　　　）が襲ってくる。

4) 「睡眠」の反対の状態は、「（　　　　）」と呼ばれる。

5. （　　　）に入る言葉を a. 〜 h. から選んでください。必要があったら形を変えてください。

| a. 蓄積する　　 b. 目覚める　　 c. 徹夜する　　 d. 解消する |
| e. 調節する　　 f. 解明する　　 g. 分泌する　　 h. 溜まる |

1) 脳の記憶の仕組みについては、まだ完全には（　　　　）いない。

2) 昨日の雨で、道路のところどころに水が（　　　　）いる。

3) 昨日は友人とのゲームに夢中になって、朝まで（　　　　）た。

4) この家の周りには木々が多く、鳥の鳴き声で（　　　　）ことがある。

5) このボタンを押せば、温度を（　　　　）ことができる。

◆ 1回目：辞書や単語リストを見ないで読んでください。**かかった時間** _____**分**
◆ 2回目：辞書や単語リストで調べた言葉を書いておいてください。

眠りのメカニズム

U5-1

　睡眠は人生の約3分の1を占めており、生きるため、休息を得るための大切な行為である。しかし、それほど身近で重要な行為であるにもかかわらず、科学的に十分解明されているわけではない。そこで、ここでは、睡眠について現在解明されていることを紹介していきたい。

5　レム睡眠、ノンレム睡眠という言葉を知っている人もいるだろう。レム（REM）とは、睡眠中に目が急速に動く現象（Rapid Eye Movement）で、深い眠りから覚めた浅い眠りの時に起こる。一方のノンレム睡眠は、図1に示すように深さに3段階あり、ステージ1と2の相対的に浅い眠りとステージ3の非常に深い眠りがある。通常、眠りに入ると、まず、ステージ1のノンレム睡眠が始まり、次第に眠りが深まる。そして、ステージ2の眠りを経て、さらに深い眠りのステージ
10　3となり、その後、眠りは浅くなっていく。ステージ1から3までを合わせたノンレム睡眠は60分前後続き、その後、レム睡眠となる。これら2つの睡眠を組み合わせた1サイクルは約90分で、これが一晩に4〜5サイクルほど繰り返される。

15　最初のノンレム睡眠には、脳と体が休息するステージ3が多く含まれるが、次第にその割合は少なくなる。したがって、最初のノンレム睡眠をしっかり取ることがよい睡眠の絶対条件となる。起床については、レム睡眠もしくはノンレム睡

眠のステージ 1 か 2 の最中に覚醒すると、すっきり目覚められる。ただし、必要な睡眠時間は人によって異なる。そのため、睡眠は 8 時間が理想であるといったことや 90 分単位で計算して起きると目覚めがすっきりするといった言説は必ず<u>しも正しいとは言えない</u>。 [20]

図1　睡眠のサイクル

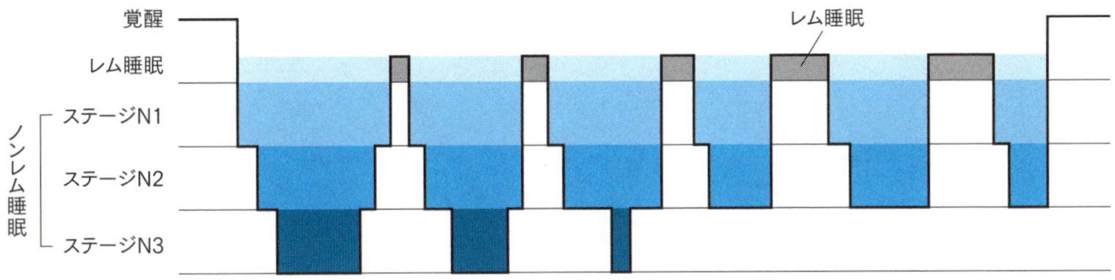

　眠りの深さ以外にも、レム睡眠とノンレム睡眠では脳の活動に違いがあることがわかっている。ノンレム睡眠時は、記憶の固定・消去・学習が行われる。それに対して、レム睡眠時は、記憶との強い関連があるかどうかまではわかっていないが、記憶に重要な役割を果たす脳の「海馬」も活発に活動しているため、記憶 [25] に関し何らかの働きがあるのではないかと考えられている。また、この時、視覚や感情を司る脳の部位が活発に活動し、空を飛ぶなどの奇妙な夢や喜怒哀楽などの感情を伴う夢を見ることがわかっている。

　睡眠と覚醒がどのようなメカニズムで起こるかについては、従来から「ツー・プロセス・モデル」と呼ばれる仮説で説明されてきた。これは、2 つの過程が関 [30] わって睡眠と覚醒が行われるという考え方である。過程の一つは、睡眠の欲求の強さである「睡眠圧（＝眠気）」が溜まっていき、それが十分に蓄積されると、睡眠が始まるというものである（図 2 の上の線 A）。睡眠圧の蓄積と解消は、「ししおどし」に例えられる。ししおどしの中の水は眠気に当たり、これが十分に溜まると睡眠が始まる。もう一つの過程は、約 24 時間周期の「体内時計」である。 [35] 体内時計は、睡眠圧とは独立した覚醒シグナルの波を作っている（図 2 の下の線 B）。覚醒シグナルの波は午後 9 時ごろにピークとなり、その後弱まる。これら 2 つの過程によって、睡眠と覚醒が起こるとされている。

図2　睡眠と覚醒の2つのプロセス

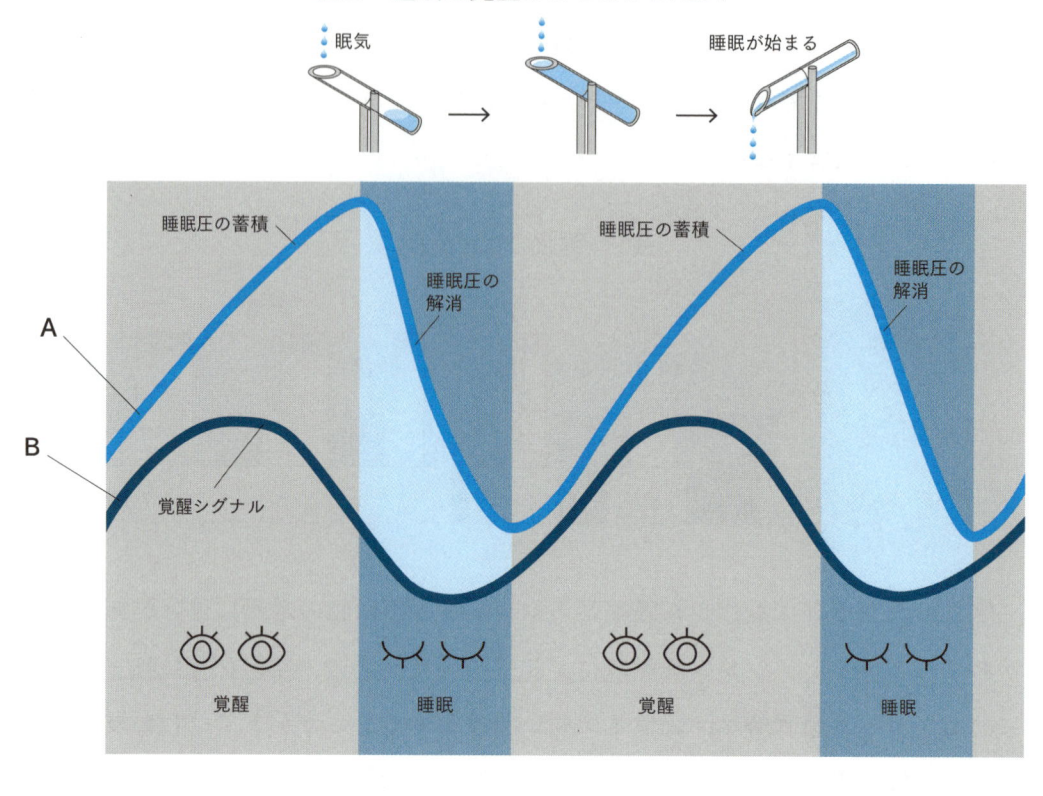

　さて、眠りのもととなる眠気の正体は何かという問題は、神経科学最大のブラックボックスと言われている。しかし、2018年、眠気と関連すると考えられる脳内物質「スニップス」が筑波大学の柳沢正史教授とリウ・チンファ教授らによって発見された。スニップスは、ししおどしの水に当たるものと考えられており、この発見は睡眠と覚醒のメカニズムの解明につながるものと脚光を浴びている。

　未だ多くの謎に包まれている睡眠の今後の解明が待たれる。

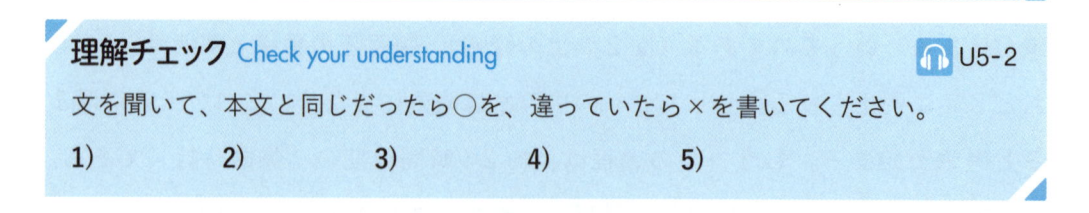

理解チェック Check your understanding　🎧 U5-2
文を聞いて、本文と同じだったら○を、違っていたら×を書いてください。

1)　　　　2)　　　　3)　　　　4)　　　　5)

内容を読み取る Reading comprehension

1. レム睡眠とノンレム睡眠のサイクルについて、_____に適切な言葉を入れてください。

睡眠の 1 サイクルとは、_____

サイクルのことで、約_____である。

入眠すると、まず_____が始まる。次第に眠りは深くな

り、その後また、眠りはだんだん浅くなって、_____と

なる。

2. よい睡眠のためには何が必要ですか。また、それはなぜですか。

3. ノンレム睡眠の時、脳では何が起こっていますか。本文中から 10 字程度で抜き出して
ください。

4. 「ツー・プロセス・モデル」について、次の質問に答えてください。

1)「ツー・プロセス・モデル」の過程の一つが「約 24 時間周期の体内時計」であると
すると、もう一つは何と説明できますか。10 字以内で答えてください。

2)「ツー・プロセス・モデル」とはどのようなものか、25 字程度で表してください。

5. 眠気の正体は解明されていますか。それがわかる部分を本文中から抜き出しながら説明
してください。

考えを述べる・広げる Sharing of knowledge

1. 本文にあった情報の中で、あなたにとって新しい情報は何でしたか。そして、それはあなたの生活の中でどう活かせますか。

2. 睡眠について気をつけたほうがいいと言われていることを挙げてください。また、それは科学的に証明されていますか。

◆1回目：辞書や単語リストを見ないで読んでください。**かかった時間** ＿＿＿＿分
◆2回目：辞書や単語リストで調べた言葉を書いておいてください。

睡眠と健康 　🎧U5-3

　睡眠不足は侮れない。睡眠不足が続けば、昼間に眠気が襲ってきて仕事の効率が落ちるだけでなく、交通事故などの重大な事故につながることもある。睡眠不足は病気との関係も指摘されている。これが続くと、うつ病にかかりやすく、また、うつ病の発症の前兆として不眠になることもある。睡眠不足が続いて慢性化すると、肥満や高血圧、糖尿病をもたらすとも言われており、最近では、がんや　5
認知症にも関係していると考えられている。

　この慢性化した睡眠不足は、専門的には「睡眠不足が何日も続き、数日から数週間の単位で積み重なった睡眠不足」のこととされ、「睡眠負債」と呼ばれる。一般に、休日に平日よりも2時間以上多く眠るなら、それは睡眠負債を抱えた状態であると言われる。そして、溜まった睡眠負債は、2〜3日たっぷり眠った程度　10
では解消できない。逆に、いわゆる「寝だめ」をすることで睡眠負債を防ぐこともできない。睡眠は「貯金」できないのである。

　経済協力開発機構（OECD）がまとめた国別の平均睡眠時間によると、日本人の睡眠は7時間22分だそうだ。OECDに加盟している33カ国の中で最短であり、33カ国の平均の8時間27分より1時間以上も短い（図1）。また、その時　15
間も2016年までは年々短くなっている（図2）。このような状況を鑑みるに、日本には他国より睡眠負債を抱えた人が多いと言えそうだ。

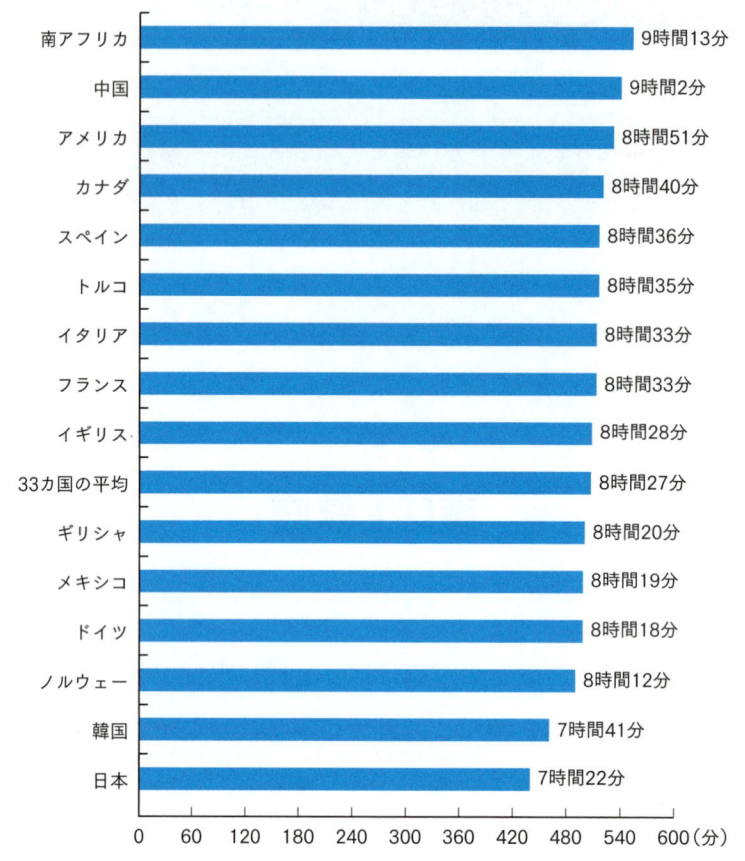

図1　国別の平均睡眠時間

国	平均睡眠時間
南アフリカ	9時間13分
中国	9時間2分
アメリカ	8時間51分
カナダ	8時間40分
スペイン	8時間36分
トルコ	8時間35分
イタリア	8時間33分
フランス	8時間33分
イギリス	8時間28分
33カ国の平均	8時間27分
ギリシャ	8時間20分
メキシコ	8時間19分
ドイツ	8時間18分
ノルウェー	8時間12分
韓国	7時間41分
日本	7時間22分

出典：経済協力開発機構 (OECD) Gender Data Portal 2021: Time use across the world より作成

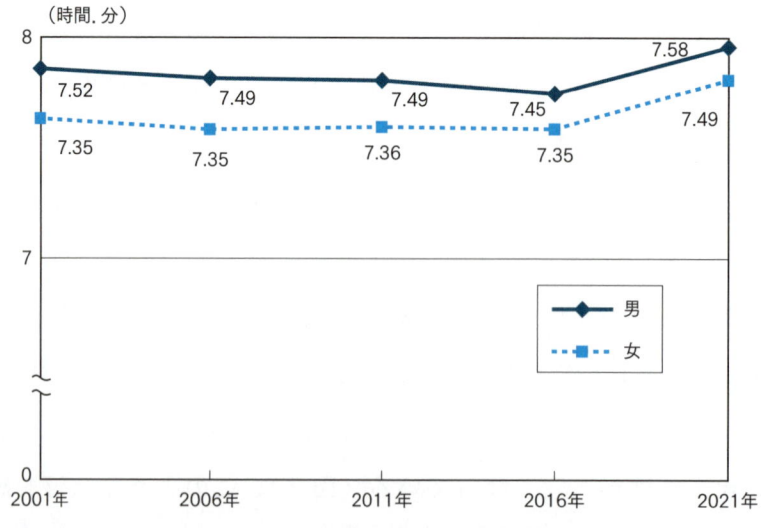

図2　日本人の男女別平均睡眠時間

（時間.分）

男：7.52（2001年）、7.49（2006年）、7.49（2011年）、7.45（2016年）、7.58（2021年）
女：7.35（2001年）、7.35（2006年）、7.36（2011年）、7.35（2016年）、7.49（2021年）

出典：総務省 (2022)「令和3年社会生活基本調査 生活時間及び生活行動に関する結果」より転載

睡眠時間の長さと死亡率の関連も指摘されている。アメリカで、睡眠時間と6年後の死亡率の関連を調べたところ、6.5 ～ 7.4 時間睡眠の場合と比較して、睡眠が短くても長くても死亡率は上昇していたという（図3）。日本においても同様 [20]に、睡眠時間7時間の人の死亡率を1とした場合、4時間以下の睡眠の人は男性で1.62、女性で1.60、一方10時間以上の場合、男性で1.73、女性で1.92と、死亡率が高くなっていたという報告がある。ただし、睡眠時間の長い人の死亡率が高いのは、長く眠ることが死亡率を高めているというより、何らかの病気を抱えているために睡眠時間が長くなっていると考えられている。いずれにせよ、睡 [25]眠時間が短いと死亡率が高まることは間違いのないことのようだ。

図3　米国における睡眠時間と死亡危険率

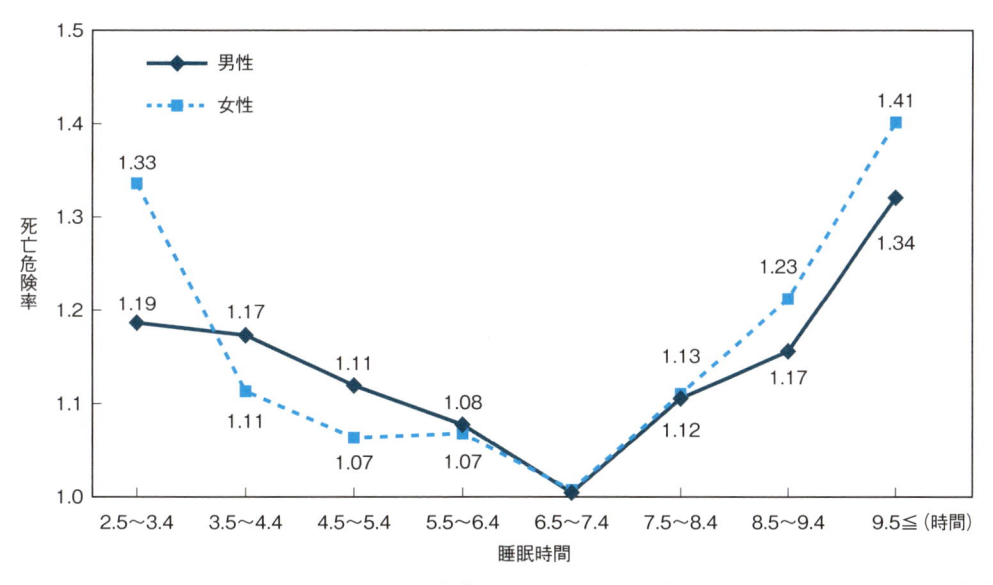

出典：Kripke DF, et al. (2002) 図は岡 (2010) より転載

　適度な睡眠時間は健康にもよいとされるが、重要なのは睡眠時間という「量」だけではない。すっと寝つけてぐっすり眠るという「質」も重要である。この睡眠の質には、寝室の環境が関わっている。

　筑波大学の柳沢正史教授によると、望ましい寝室の環境を作るには、「暗さ」[30]「静けさ」「快適な室温と湿度」の3つの条件があるという。眠る時の照明は最小限の明るさとし、カーテンは朝の光をある程度通すものがよい。音は、睡眠を妨げる刺激となり、特に人の声には覚醒作用があるため注意が必要である。静かな

音楽や、雨音、波の音などを聴いて入眠する人もいるが、その場合も、オフタイ
35 マーを利用するなどして、眠りに入った後は音のない静かな環境にすべきである。
さらに、暑すぎたり寒すぎたり湿度が高すぎたりするのも睡眠に適さない。エア
コンをつけるなどして快適な温度と湿度を保つのがよい。

　このように寝室の環境を整えることで、睡眠の質は一定程度向上する。睡眠環
境を整えつつ、睡眠負債を抱えないよう、自分にとって必要な睡眠を毎日十分取
40 ることが健康には大切である。

 **内容を読み取る** Reading comprehension

1. 睡眠不足とうつ病の関係について、＿＿＿＿に適切な言葉を入れてください。

＿＿＿＿＿＿＿＿＿＿＿＿＿＿＿＿と、うつ病に＿＿＿＿＿＿＿＿＿＿＿＿＿＿＿。

また、うつ病に＿＿＿＿＿＿＿＿＿＿＿＿＿＿＿には、不眠になることがある。

2. 「睡眠負債」について、次の質問に答えてください。

1) 言い換えた表現を本文中から 10 字以内で抜き出してください。

2)「睡眠負債」を抱えると、どうなると考えられていますか。

3. 図1の「国別の平均睡眠時間」からわかることを、本文から挙げてください。

4. 睡眠時間と死亡率の関係についてわかっていることは何ですか。15 字程度で説明して
ください。

5. 人の声はなぜ睡眠によくないのですか。10 字程度で説明してください。

6. 静かな音楽や、雨音、波の音などを聴いて入眠する時に注意すべきことは何ですか。

考えを述べる・広げる Sharing of knowledge

1. あなたは「睡眠負債」を抱えていますか。なぜそう言えますか。

2. 本文中のグラフを見てあなたが興味深いと思った結果について挙げ、その結果の原因も
推測して書いてください。

すばやく読む Speed Reading

◇辞書や単語リストを見ないで読んでください。**かかった時間** _____**分**
◇読み終わったら、問題に答えてください。

内容を読み取る Reading comprehension

1. 体内時計と睡眠について、_____に適切な言葉を入れましょう。

体内時計とは_____のことである。体内時計

によって人は_____ができている。

メラトニンは_____と言われている。メラトニンの分泌が

多くなると深部体温が_____て、_____を感じる

ようになる。

夜中に強い照明の中にいると、メラトニンの分泌が_____。そうする

と体内時計のリズムが乱れる。_____生活や_____生活に

よって、睡眠と覚醒のリズムが乱れ、そのために不眠症になることがある。

2. 筆者は体内時計についてどのようにすべきだと考えていますか。

考えを述べる・広げる Sharing of knowledge

1. あなたはどのような時に体内時計が狂ったと感じますか。

2. 体内時計を整えるために実行するといいと思うことは何ですか。

体内時計の仕組み

🎧 U5-5

　陽が上ると目が覚め、夜になると眠くなる。人間は、本来、目覚まし時計を鳴らさなくても、決まった時間に目が覚める。これは、わたしたちが「体内時計」を持っているからである。体内時計とは、わたしたちの体の中で1日約24時間のリズムを生み出している仕組みのことで、人間の体内時計の中心は、脳の「視交叉上核」というところにある（図参照）。体内時計の働きで人は通常夜になると 5 自然と眠くなり、朝、光を浴びることで体内時計はリセットされ、毎日同じリズムで生活ができている。実は人の体内時計の周期は約25時間で地球の周期と約1時間のずれがあるが、光をはじめとした外界の周期に同調してこのずれが修正（リセット）され、その結果、約24時間周期となっている。

　体内時計に深く関わっているのが睡眠を促すホルモンと言われるメラトニンで 10 ある。前述のように、朝、体内時計がリセットされて活動状態になると、体内時計からの信号により、メラトニンの分泌は止まる。日中は、目から入る光によってメラトニンの分泌はずっと抑えられており、目覚めてから14～16時間ほど経過すると体内時計から指令が出て、再びメラトニンが分泌される。徐々にメラトニンの分泌は高まり、その作用で深部体温が低下して、休息に適した状態に導 15 かれ、眠気を感じるようになる。

図　体内時計とメラトニン

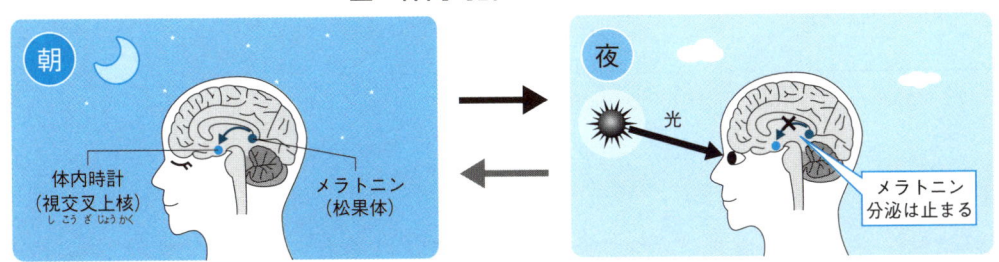

朝　体内時計（視交叉上核）　メラトニン（松果体）

夜　光　メラトニン分泌は止まる

出典：アリナミン製薬「健康サイト」より転載
https://alinamin-kenko.jp/

メラトニンの分泌は、主に光によって調節されているため、夜中に強い照明の中にいると体内時計の働きが乱れてメラトニンの分泌が抑えられてしまい、体内時計のリズムを乱す原因となる。特にスマートフォンから発せられるブルーライトは、体内時計の針を１〜２時間遅らせ、メラトニンが放出されるタイミングを遅らせてしまうという。また、昼夜メリハリのない不規則な生活や夜型生活を送ったりしていると、夜間のメラトニンの分泌の低下を招く。これが引き金となって睡眠と覚醒のリズムが乱れ、不眠症となることもある。

　体内時計のリズムを整えることは、質のよい睡眠を十分確保するためにも重要である。夜、寝る時の光に気をつけたり規則正しい生活を心がけたりして、体内時計のリズムを損なわないようにしたいものだ。

睡眠と成績との関係

🎧 U5-6

スライドを見ながら発表を聞いて、次の質問に答えてください。

---

①
2024 秋　上級日本語
ユニット 5 発表

睡眠と成績との関係

2024 年 11 月 25 日
JL24-232323　テイ・ハン

---

②
徹夜が成績に与える影響
（睡眠と成績は関係があるのか）

徹夜は

効果がある　vs　学習効率が悪い

覚えたこと
が活かせる

睡眠による記憶の整理
や定着が行われない

---

③
Okano 他（2019）の研究の概要

参加者：MIT で「化学入門」を履修する 100 名（実験完了者　88 名）

測定：睡眠の長さ、睡眠の質、睡眠の一貫性

成績：小テスト 9 回、中間試験 3 回、期末試験 1 回

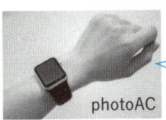

活動量計　photoAC

活動量計による
データ収集

---

④
Okano 他（2019）の研究結果

Q1. 徹夜は成績にどう影響するのか

A1. 前日の睡眠の長さと質と、中間試験（3 回）の点数は相関がない

↓

徹夜はしてもしなくても点数は変わらない

---

⑤
Okano 他（2019）の研究結果

Q2. 睡眠と試験の点数にはどのような
　　関係があるか

A2. 睡眠が長い人
　　睡眠の質がよい人 ｝のほうが成績
　　がよい

● 中間試験 1 ヶ月前の睡眠（長さと質）と中間試験の点数
● 小テスト 1 週間前の睡眠（長さと質）と小テストの点数

---

⑥
Okano 他（2019）の研究結果

Q3. 睡眠と 1 学期の成績にはどのような
　　関係があるか

A3. 睡眠が長い人
　　睡眠の質がよい人 ｝のほうが成績
　　がよい

図1　1日の睡眠の長さと1学期の成績　　図2　睡眠の一貫性と1学期の成績

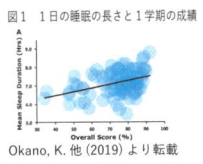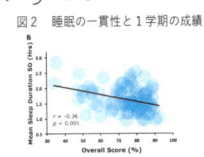

Okano, K. 他（2019）より転載

Unit 5 睡眠の謎

<table>
<tr><td>

結論　⑦

・徹夜は成績に影響がない
・よい睡眠は成績に影響を与える

その他の研究

▶長い睡眠（6時間）は短い睡眠（3時間）と比べ、翌日の認知・運動機能に良い影響を与える（瀬尾他, 2008）
▶学習の後に睡眠を取ると、宣言的記憶・手続き的記憶・感情的記憶を促進する（Diekelmann et al., 2009）

</td><td>

参考文献　⑧

瀬尾明彦・砂川久弥・土井幸輝・鈴木哲 (2008)「睡眠が翌日終日の認知・運動機能に与える影響」『IT ヘルスケア』33 (22), 96-105

Diekelmann, S. , Wilhelm, I. & Bornm J. (2009) The whats and whens of sleep-dependent memory consolidation. *Sleep Medicine Reviews*. 13, 309-321.

Okano, K., Kaczmarzyk, J.R., Dave, N., Gabrieli, J.D.E., Grossman, J.C. (2019) Sleep quality, duration, and consistency are associated with better academic performance in college students. *npj Science of Learning*. 4, 16
https://doi.org/10.1038/s41539-019-0055-z

</td></tr>
</table>

 内容を聞き取る　**Listening comprehension**

1. 発表の内容と合っているものに○、違っているものに×をつけてください。

1)（　　　）Okano 他（2019）の研究は、客観的ではないと考えられている。

2)（　　　）この研究の睡眠の質とは、活動量計が測定する数値のことである。

3)（　　　）入眠や起床時間のばらつきがない場合は睡眠に一貫性があると言える。

4)（　　　）試験の前の日にあまり寝なかった人のほうが成績が高いという結果になった。

5)（　　　）睡眠時間が長い人のほうが、試験やテストの点数が高かった。

2. 睡眠と成績の結果について、相関があるかないかを選んでください。

	睡眠の長さ	睡眠の質	睡眠の一貫性
前日の睡眠と中間試験の成績	相関が [ある ・ ない]	相関が [ある ・ ない]	
1週間前や1ヶ月前の睡眠と成績	相関が [ある ・ ない]	相関が [ある ・ ない]	
睡眠と1学期の成績	相関が [ある ・ ない]		相関が [ある ・ ない]

3．Okano 他（2019）以外の研究からどのようなことがわかりましたか。

考えを述べる・広げる　Sharing of knowledge

1．この発表を聞いて、自分の勉強の仕方や睡眠の取り方に活かせることはどのようなこと
ですか。

2．この発表について何か質問やコメントを考えてください。

 # 発表する Presentation

睡眠に関する言説や疑問について調べて、発表しましょう。

> ◇発表時間：7 分　質疑応答：3 分　計：10 分
> ◇スライド：表紙＋ 5 枚程度＋参考文献

 準備 Preparation

1. 問いを立てましょう。

1) 睡眠に関して、知りたいと思うことを「問い」の形で挙げましょう。

例） 徹夜は成績にどのような影響があるか

カフェインは睡眠によくないというのは本当か

2) 立てた問いについて、以下のことを確認しましょう。

□問いは睡眠に関係がある

□問いは具体的である

□問いの対象は 1 つである

□問いは調べることができる

□問いの答えはみんなの役に立つ

2. 問いに対する答えについて調べて、考えましょう。

1) 本や論文など、問いの答えとなるデータを調べましょう。

2) 同じ結果、または逆の結果となるデータがないか調べましょう。

3) 問いと答えについて、あなたの意見（結論）をまとめましょう。

2. アウトラインを書きましょう。

 例

	内容	スライド
【はじめに】	挨拶	①表紙
【本論】	問い ・徹夜は成績にどのような影響があるか ・睡眠と成績は関係があるか 問いの理由 ・覚えたことをすぐに試験に活かせるので徹夜は効果があると思う ・徹夜は、睡眠による記憶の整理や定着が行われないので、学習効率が悪いという意見もある	②問い
	問いの答えに関連するデータの提示 ・研究の概要　・研究の結果　・グラフ	③研究概要 ④〜⑥研究結果
	問いに対する答え ・徹夜は成績に影響がない ・睡眠は成績に影響を与える 他の研究 ・長い睡眠は翌日の認知機能によい影響を与える ・学習後の睡眠は記憶を促進させる	⑦結論
【まとめ】	聞き手へのメッセージ ・いつも十分に寝たほうがいい	
【参考文献】	瀬尾明彦・砂川久弥・土井幸輝・鈴木哲（2008）「睡眠が翌日終日の認知・運動機能に与える影響」『ITヘルスケア』33（22），96-105 Diekelmann, S. , Wilhelm, I. & Bornm J. (2009) The whats and whens of sleep-dependent memory consolidation. *Sleep Medicine Reviews. 13*, 309-321. Okano, K., Kaczmarzyk, J.R., Dave, N., Gabrieli, J.D.E., Grossman, J.C. (2019) Sleep quality, duration, and consistency are associated with better academic performance in college students. *npj Science of Learning. 4*, 16	⑧参考文献

	内容	スライド
【はじめに】	挨拶	
【本論】	問い	
	問いの理由	
	問いの答えに関連するデータの提示	
	問いに対する答え	
	他の研究	
【まとめ】	聞き手へのメッセージ	
【参考文献】		

3. 「聞く」の例を参考に、スライドを作成しましょう。

4. ストップウォッチを使いながら、7分以内で、スクリプトを読まずに話せるようになるまで、発表の練習をしましょう。

☆に色をつけましょう

	評価
1．発表が指示通りだったか（時間、内容、構成など）	☆☆☆☆☆
2．適切なスライドが作れたか（巻末 p.234「スライドの作り方」を参照）	☆☆☆☆☆
3．問いと答えについてわかりやすく説明できたか	☆☆☆☆☆
4．説明に説得力があったか	☆☆☆☆☆
5．話し方（声の大きさ、速さ、発音、流暢さ）	☆☆☆☆☆
6．聞き手への配慮	☆☆☆☆☆
7．表現の正確さ	☆☆☆☆☆
8．表現の豊かさ	☆☆☆☆☆
9．質問にわかりやすく答えられたか	☆☆☆☆☆
10．他の人に質問できたか	☆☆☆☆☆
総合評価	☆☆☆☆☆

コメント	

Unit 5 睡眠の謎

説明型のレポートを書く　Writing a Research Report

睡眠に関する言説や疑問について調べて、レポートを書きましょう。

◇文のスタイル：だ・である体
◇長さ：1,200字程度（±10% ＝ 1,080字 ～ 1,320字）

 書くときのポイント　Key points

1. 発表のアウトラインとスライド、質疑応答の内容を振り返り、レポートに必要なことを考えましょう。

2. アウトラインを書きましょう。

【序論】	その言説や疑問を選んだ動機 このレポートで述べること
【本論】	調査・研究の概要 調査・研究の結果 考察
【結論】	結論 調査・結果をサポートする、または反対の結果を示す調査・研究 意見・感想など
【参考文献】	参考にした資料やデータのリスト

3. 次の表現を参考にして、指定された文のスタイルでレポートを書きましょう。

レポートの表現

1) このレポートで述べること

◆ そこで、本レポートでは、＿＿＿Okano 他（2019）の研究を取り上げ、睡眠と成績は関係があるのか、中でも特に、徹夜は成績にどのような影響があるの＿＿＿かについて、検証する。

2) 調査・研究の結果と考察

◆ 調査の結果によると、次の３点が明らかとなった。

◆ まず、＿＿＿徹夜と成績の影響＿＿＿について、＿＿＿３回の中間試験の点数と、前日の睡眠の長さと質＿＿＿を調べたところ、相関が見られなかった。つまり、この研究からは＿＿＿徹夜はしてもしなくても点数は変わらない＿＿＿ということであった。

◆ 次に、〜〜。この結果から、〜〜ということがわかった。

◆ 最後に、〜〜については〜〜という結果が出た。

3) 結論

◆ 以上、これらの結果を総合すると、＿＿＿試験前日の徹夜は成績に影響を与えないが、長期的に見ると、より長い睡眠時間、より一貫性のある睡眠、より質の高い睡眠は、よい点数や学期を通してのよい成績と関係する＿＿＿と結論づけることができる。

4) 調査・結果をサポートする、または反対の結果を示す調査・研究

◆ なお、この研究のほかに、＿＿＿長い睡眠は短い睡眠と比べて翌日の運動や認知機能によい影響を与える（瀬尾他，2008）＿＿＿という研究があった。この研究は、＿＿＿Okano 他の研究結果をサポートするもの＿＿＿と考えられる。

4. 指定された長さに合わせて、内容を増やしたり減らしたりしましょう。

5. 本文中で引用が適切にできているか確認し、参考文献リストを整えましょう。

☐ **1.** 書式と体裁が整っているか。（巻末 p.238「作文の書式と体裁」を参照）

☐ **2.** 言語形式が整っているか。（誤字脱字、「だ・である」体など）

☐ **3.** 正確な表現が使われているか。

☐ **4.** 豊かな表現が使われているか。

☐ **5.** このレポートで述べることが序論で書かれているか。

☐ **6.** 調査研究の結果と考察が適切に説明されているか。

☐ **7.** 自分の考えと引用の区別ができており、参考文献の内容が適切にまとめられているか。

☐ **8.** 本文中で引用した文献を明記し、文章末に参考文献を正しく挙げているか。

Unit 6

AI 時代における人の死
Human Death in the Era of AI

AI 技術の進歩が倫理観に与える影響とは
What is the impact of advances in AI technology on ethics?

ていねいに読む　Intensive Reading
1 AI でよみがえる昭和の歌姫
A Showa-era diva brought back to life by AI

2 故人との対話のあり方
How to communicate with the deceased

すばやく読む　Speed Reading
死後の個人データの扱い方
How to handle personal data after death

聞く　Listening
抵抗感の正体
The source of discomfort

話す活動　Speaking Activity
ディベートをする
Debate

書く活動　Writing Activity
意見文を書く
Writing Opinions

このユニットのねらい　Aims of this unit

1）AI 技術の進歩がもたらす倫理観（死生観）への影響について理解することができる。
2）AI 技術による死者の再現がどのような点において問題となり得るのか、整理して考えることができる。
3）AI 技術により死者を再現させることの是非について、根拠を示しながら意見を述べることができる。

1) To understand the impact of advances in AI technology on ethics (perspectives on life and death).
2) To express an opinion, along with evidence, on the pros and cons of using AI technology to recreate the dead.
3) To express an opinion on the pros and cons of using AI technology to recreate the dead with evidence.

1. 家族など大切な人を亡くした後、どのような形で、その人のことを偲びますか。あなた自身、または、あなたの馴染みのある文化・習慣について考えましょう。

2. 亡くなったアーティストやその人の作品を、AI 技術を用いて再現させるプロジェクトの事例を調べてみましょう。その中から興味があるものを 1 つ選んで、簡単に説明してください。また、それについてどう思うか述べてください。

選んだ事例：

制作年もしくは発表年：

制作に関わった人物や団体など：

用いられた技術やデータ：

どのような作品か：

それについてどう思うか：

3. （　　　）に入る言葉を a. ～ f. から選んでください。

a. 得る　　**b.** 負う　　**c.** 及ぼす　　**d.** 脅かす **e.** 浮き彫りにする　　**f.** 巻き起こす

1) 短期間で大きな利益を得るために、多少はリスクを（　　　　）覚悟が必要だ。

2) 社長の新しい経営方針は、社内で賛否両論を（　　　　）可能性が高い。

3) 顔写真をホームページに掲載したいなら、本人の同意を（　　　　）必要がある。

4) 災害などの非常事態は、普段の生活では気がつきにくい社会的課題や問題点を（　　　　　）ことがある。

5) 幼少期からのスマホやタブレットへの依存は、子どもの発達を（　　　　　）危険性があるのではないだろうか。

4.（　　　　）に入る言葉を a.〜l. から選んでください。

a. 不気味	b. 法的	c. 死亡	d. 死別	e. 死者	f. 没後
g. 違和感	h. 倫理的	i. 喪失感	j. 故人	k. 生前	l. 生存

1) その地震による（　　　　　）数は、1万5千人を上回った。

2) 子どもの頃の親との（　　　　　）の経験が、その後の人生に大きな影響を与えることもある。

3) AI に書かせたこの文章は、おおむねよく書けているが、部分的に（　　　　　）がある。

4) 真夜中の学校というのは、昼間の明るく賑やかな様子と違って、どことなく（　　　　　）だ。

5) 2020 年に（　　　　　）130 年を迎えたその画家は、（　　　　　）なかなか絵が評価されなかったという。

6) 友達の許可を得て、友達の宿題を写させてもらうのは、（　　　　　）には禁じられていないので合法だが、（　　　　　）には問題である。

◆1回目：辞書や単語リストを見ないで読んでください。**かかった時間**　_____ **分**
◆2回目：辞書や単語リストで調べた言葉を書いておいてください。

AIでよみがえる昭和の歌姫 🎧 U6-1

　2019年9月、NHKのテレビ番組「NHKスペシャル」で、昭和を代表する歌手の一人である美空ひばりが新曲「あれから」を披露した。もとい、「AI美空ひばり」が披露した。美空ひばり本人であるはずがない。なぜなら、彼女はその年にちょうど没後30年を迎えた故人だからだ。「AI美空ひばり」は、NHKが過去

5　の美空ひばりの音源や映像をもとにその歌声と姿を再現したプロジェクトである。再現には深層学習という手法を使ったヤマハの歌声合成技術「VOCALOID:AI®」が用いられ、新曲「あれから」の作詞とプロデュースは、彼女の生前最後のシングル曲「川の流れのように」を作詞した秋元康が手掛けた。

　この「AI美空ひばり」の新曲披露は大きな反響を呼んだ。当初CD化の予定は

10　なかったものの、視聴者やファンの要望を受け、CD発売に加えデジタル配信も実現した。さらに、大晦日恒例のテレビ番組「NHK紅白歌合戦」でも披露され、より多くの人々の耳目に触れることとなった。

　新曲を聴いた人たちからは、「かなり自然だ！」「AIの声なのか。すげー！」といったAI技術そのものを賞賛する声に加えて、「涙が出ます」「胸を打たれまし

15　た」といった感動のコメントが相次いだ。一方で、「違和感は残る」「せっかくあの世に行って楽になったお方をこっちの世界に呼び戻してしまったみたいで少しかわいそうに感じます」という戸惑いの声や、シンガーソングライターの山下達

郎が自身のラジオ番組で発した「一言で申し上げると、冒涜です」という批判的な意見もある。

　このように賛否両論を巻き起こした「AI美空ひばり」だが、少なくとも法的な問題は何もない。AIによる再現に必要な音声や画像といったデータは、個人情報として法律により保護される対象ともなり得るが、現行の日本の個人情報保護法の対象はあくまで生存する人間の情報であり、死者のものは保護の適用外とされている。また、肖像権やパブリシティ権といった人格権の一種と考えられる権利も、通常本人の死亡とともに消失するという。しかも、「AI美空ひばり」は、美空ひばりが残した作品の著作権を管理する株式会社の代表取締役であり、彼女の息子である加藤和也が全面協力しており、遺族の同意を得た上で実現したものだ。

　では、法的な問題さえなければ好きなようにAIを用いて故人を再現させてよいのだろうか。生前、美空ひばりと親友であったという俳優中村メイコは、2019年12月にラジオ番組で「AI美空ひばり」について「怖い」「嫌だ」と語り、AIの歌声を聴くことで彼女が自分から「離れる気がする」と述べた。もしかすると、中村メイコにとって美空ひばりは死後も心の中で生き続けている存在であり、「AI美空ひばり」が自身の心の中の美空ひばりの存在を脅かすが故に「怖い」のかもしれない。今後ますますAI技術が発展していくであろう世界で、わたしたちは人の死をどう受け止め、どう受け入れるのか。死者との関係性をどう保つのか。AIによる故人の再現は、法的な問題だけでなく、倫理的な課題を浮き彫りにしている。

理解チェック Check your understanding　🎧 U6-2
文を聞いて、本文と同じだったら○を、違っていたら×を書いてください。
1)　　　　　2)　　　　　3)　　　　　4)　　　　　5)

内容を読み取る **Reading comprehension**

1.「AI 美空ひばり」について、まとめてください。
　　　　みそら

　製作に関与した人および団体：

　使用したデータ：

　使用した技術：

2. 次の 1) ～ 4) は、「AI 美空ひばり」による新曲「あれから」を聴いた人たちの反応です。
　　　　　　　　　　　みそら
本文ではそれぞれ a. ～ d. のうちどれに当たるとされていますか。

　　1) (　　　　) 「AI の声なのか。すげー！」

　　2) (　　　　) 「一言で申し上げると、冒涜です」

　　3) (　　　　) 「胸を打たれました」

　　4) (　　　　) 「せっかくあの世に行って楽になった
　　　　　　　　　　お方をこっちの世界に呼び戻してし
　　　　　　　　　　まったみたいで少しかわいそうに感じます」

> **a.** 批判的な意見
> **b.** 感動のコメント
> **c.** 戸惑いの声
> **d.** AI 技術そのも
> 　　のを賞賛する声

3. AI を用いて故人を再現させることに関する「法的な問題」について、＿＿＿＿に適切な
言葉を入れてください。

　現行の日本の個人情報保護法は、＿＿＿＿＿＿＿＿＿＿＿のみを保護の対象として

いる。また、＿＿＿＿＿＿＿権や ＿＿＿＿＿＿＿権などの人格権の一種と考え

られる権利も、通常本人が ＿＿＿＿＿＿＿＿＿間しか認められない。つまり、

2024 年現在の日本では、＿＿＿＿＿＿＿＿に関する法律が整備されていない

のである。したがって、AI を用いて死者を再現させることに関しては、法的な問

題が＿＿＿＿＿＿＿＿と言える。

4. 本文によると、なぜ俳優の中村メイコは、「AI 美空ひばり」のことが「怖い」のですか。

 考えを述べる・広げる Sharing of knowledge

1. 賛否両論を巻き起こした「AI 美空ひばり」について、あなたはどう思いますか。なぜそう思いますか。

2. AI による故人の再現は、法的な問題だけでなく、倫理的な課題を浮き彫りにしているという点について、考えてみましょう。

1) AI による故人の再現は、どのような倫理的な問題を引き起こすと思いますか。

2) AI による故人の再現に関して、法的にどのようなルールを整備する必要があると考えられますか。理由とともに述べてください。

ていねいに読む2　Intensive Reading 2

故人との対話のあり方

U6-3

　岩手県大槌町。太平洋を望む丘に色とりどりの花が咲く庭園がある。その奥にたたずむ白い電話ボックスの中には、「風の電話」と呼ばれるダイヤル式の黒電話が置かれている。実は、この電話は通信機能が備わっていない。それでも、訪れた人はその受話器を手に語りかける。亡くなった大切な人に自分の想いを伝える
5　ために。「亡くなった人は見えない、声も聞こえない。でも電話の向こうに感じることができる。亡くなってもつながれる。それが生きる希望になり心の再生力になる」と、庭園を作った佐々木格氏は言う。

　では、もし受話器の向こうから亡くなった人の声が本当に聞こえてきたとしたら、しかも、ただの録音再生ではなく、問いかけに応じた生前のその人らしい返
10　事が返ってきたとしたら、どうだろう。実は、そのようなサービスはすでに存在する。例えば、米国カリフォルニアに拠点を置く企業が提供する HereAfter AI というアプリがある。まず、事前にアプリを通してインタビュー形式で生い立ちや人生におけるさまざまな出来事に関する質問に本人が音声で答えておき、その録音データや提供した画像をもとにアバターが作られる。後日、家族がそのアバ
15　ターとパソコンやスマホを通して音声で「会話」ができるという仕組みだ。

　HereAfter AI の創業者ジェームズ・ブラホス氏は、自身の父親がステージ4の肺がんと診断されてから数ヶ月にわたり、父親の語る人生の思い出話を録音し

た。そして、その音源をもとに父親の声で会話する会話型チャットボット Dadbot を開発した。HereAfter AI には、この技術が引き継がれている。ブラホス氏は、Dadbot が自分と家族にとって大きな慰めをもたらし、「父の代わりには [20] ならなかったが、父を偲ぶための実に豊かな方法を与えてくれた」と言う。

　死生学が専門の山崎浩司教授によると、大切な存在との死別は、大きな喪失感をもたらし、悲しみなどの感情的・心理的反応のほか、時には睡眠障害や引きこもりなど身体的・行動的反応まで引き起こすことがある。大きな困難をもたらし得る死別体験は、時間の経過とともに死別の現実を受け入れ、やがて適応するこ [25] とで変化していくという。ただし、ウェブスター大学のデニス・クラス名誉教授によると、その過程において、残された者は故人のことを忘れてしまうのではなく、心の中で「continuing bonds」と呼ばれる故人との継続的な絆を保つと言われている。

　故人を再生する AI は、「風の電話」のように故人との継続的な絆を保ち、良好 [30] な精神状態を維持する役割が期待されるとの見方もある一方で、精神面に悪影響を及ぼし得る危険性も指摘されている。コンピューター科学者のメリディス・モリス氏らによると、このような AI サービスの利用により死別という現実がなかなか受け入れられなかったり、AI への過度な依存が起こったりして、精神的なリスクを負う恐れがあるという。 [35]

　従来の故人との継続的な絆は、「風の電話」に見られるように、あくまでも心の中での関係性である。HereAfter AI のようなサービスは、この関係性をより健全な形で保ち、安定した精神的拠り所にしてくれるのか。あるいは、逆にその関係性の構築を阻害し、精神状態、ひいては日常生活に害を及ぼす存在となるのか、今後の研究が期待される。 [40]

理解チェック Check your understanding　　🎧 U6-4

文を聞いて、本文と同じだったら○を、違っていたら×を書いてください。

1)　　　　2)　　　　3)　　　　4)　　　　5)

内容を読み取る Reading comprehension

1. 「風の電話」はどのような電話ですか。90字程度で説明してください。

2. HereAfter AI とはどのようなアプリですか。70字程度で説明してください。

3. 専門家によると、人は大切な人を亡くした時、どのような状態になる可能性があると言っていますか。

4. 「continuing bonds」とは何ですか。本文中の言葉を使って、30字程度で説明してください。

5. 本文によると、HereAfter AI のような故人を再生する AI については、残された遺族に対してどのような影響があり得ると指摘されていますか。

1) 考えられる好影響

2) 考えられる悪影響

考えを述べる・広げる Sharing of knowledge

1. HereAfter AI のようなサービスと「風の電話」は、同じ役割を果たすと思いますか。両者の共通点と相違点を踏まえた上で、どちらのほうがより自分に適していると思うかについて、理由とともに意見を述べてください。

共通点：

相違点：

どちらが自分に適しているか：

2. HereAfter AI のように、残された家族のための AI を活用したサービスを他に知っていますか。調べて１つ例を挙げてください。それはどのようなサービスですか。それについてどう思いますか。

サービスの名前：

サービスの内容：

あなたの意見・感想：

すばやく読む　Speed Reading

内容を読み取る　Reading comprehension

1. 次の 1) ～ 4) のメッセージは、何を用いて伝えますか。a. ～ e. から選んでください。

1) 遺産や相続に関すること　（　　　　）

2) 家族への思いなど　　　　（　　　　）

3) 臓器提供の意思　　　　　（　　　　）（　　　　）

4) 個人データの扱い　　　　（　　　　）

> a. 運転免許証
> b. 遺言書
> c. 遺書
> d. マイナンバーカード
> e. 公式のものはない

2. 2020 年に Whatever 社が行ったウェブアンケート調査によると、どのようなことがわかりましたか。_____に適切な言葉を入れてください。

家族や信頼できる知人が自分の個人データを_____してもよいという人の割合は、_____だった。しかし、死後に_____などを活用して自分が_____させられてもよいという人の割合は_____にとどまる。この結果から、_____と思われる。

3. Whatever 社が公開しているツールは、何をするためのものですか。また、このツールの課題は何ですか。

考えを述べる・広げる　Sharing of knowledge

1. あなたの死後に、あなたの個人データを家族や信頼できる知人が取得・閲覧するのを許可しますか。それはなぜですか。

2. あなたは、死後に自分の個人データとAIやCGなどを活用して自分が「復活」させられることを許可しますか。それはなぜですか。

3. 死後の個人データの扱い方に関する法規制や意思表示の仕組みは、あったほうがいいと思いますか。なぜそう思いますか。

Unit 6　AI時代における人の死

死後の個人データの扱い方

　人は死後も自らの思いを表明するために、何らかのメッセージを残すことがある。例えば、遺産や相続に関する事項を遺言書に書いたり、家族への思いを遺書に残したりする。また日本では、運転免許証やマイナンバーカードに臓器提供の意思を記入する箇所が設けられており、これも死後に思いを伝えるものの一種である。当然ながら、人は死後に発言をすることができない。そのため、このようなメッセージは、遺族が本人の意向を最大限尊重するにあたって、その意思を確認できる有益なものである。

　近年では、遺産や臓器に加え、本人が生前に残した個人データについても扱い方を考えるべきかもしれない。というのも、深層学習や生成 AI などの新たな技術の出現により、残されたデータを利用し亡くなった人の言動をある程度再現できるようになったからだ。現状のように、死後の個人データの扱い方に関する法規制や意思表示の仕組みがない限り、死後に自分の残したデータが深層学習に利用され、生成 AI により再現されてしまう可能性は誰にでもある。

　2020 年に日本とアメリカを対象に Whatever 社が行ったウェブアンケート調査によると、死後に自分の個人データと AI や CG などを活用して自分が「復活」させられることを許可するかという質問に対して、YES の回答は 36.8%、NO は 63.2% であった。死後に「復活」させられることを望まない人が多いことがわかる。一方、家族や信頼できる知人が個人データを取得・閲覧するのを許可する人は 63.7% であることから（図 1）、個人データは「誰に」「どのように」利用されるのかによって、許容度が変わってくると言える。

　上記アンケートを行った Whatever 社は、オンライン上で表明書を作成できるツールを公開している。このツールを使うと、自分の死後、個人データと AI や CG などを活用して「復活」させられることを許可するか否かについて記入したものを PDF にして残すことができる（図 2）。ただし、この文書には 2024 年現在、

法的効力は保証されていない。<u>とはいえ</u>、今後 AI 技術のさらなる進歩に伴って、[25]
このような文書が法的効力を発揮する仕組みがやがて整備されていくのではない
だろうか。もしかすると、運転免許証やマイナンバーカードに、臓器提供に加え
て、個人データ提供の意思を確認する箇所が追加される日が来るかもしれない。

図１　死後のデータの扱い方についての意識調査結果

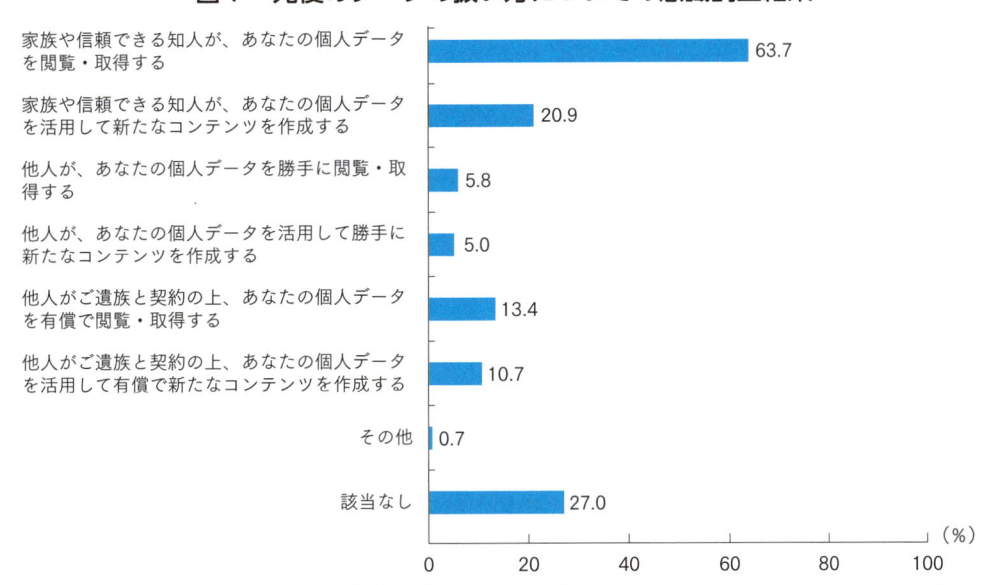

出典：Whatever Co. (2020)「D.E.A.D. Digital Employment After Death SURVEY」
https://dead.work/assets/dead_survey_ja.pdf　© Whatever Co.

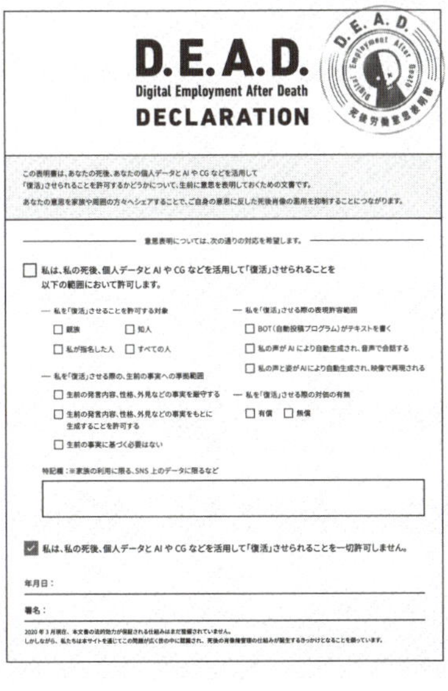

図２
Whatever 社のツールで作成した表明書

出典：D.E.A.D. Declaration
https://dead.work/#　© Whatever Co.

抵抗感の正体  U6-6

2人の大学生が話しています。日本文学専攻の男子学生と、機械情報工学専攻の女子学生です。会話を聞いて、次の質問に答えてください。

内容を聞き取る Listening comprehension

1. 会話の内容と合っているものに○、違っているものに×をつけてください。

1)（　　　　）この男子学生は「AI 美空ひばり」の歌声が不自然でぎこちないため、気持ち悪いと思った。

2)（　　　　）この女子学生は普段テレビを見ないので、「AI 美空ひばり」のことを知らなかった。

3)（　　　　）「不気味の谷」という概念は、「AI 美空ひばり」を含む最近の AI ブームが起こる前にすでに提案されていた。

4)（　　　　）なぜ「不気味の谷」現象が見られるかについては、まだ完全にはわかっていない。

5)（　　　　）この2人の学生は、今後 AI 技術が進めば、亡くなった人を再現させた AI に対する抵抗感はなくなると思っている。

2. 「不気味の谷」について、まとめてください。

提案した人：森政弘という＿＿＿＿＿＿人の＿＿＿＿＿＿者

提案した年：＿＿＿＿＿＿年

どのような現象か：＿＿＿＿＿ではないものが＿＿＿＿＿に似てくるにつれて、

＿＿＿＿＿＿＿＿が高まるが、似すぎると、ある時点で突然

＿＿＿＿＿＿＿＿を感じる現象

3. 男子学生が、亡くなった人にセリフを言わせることに抵抗感を持っているのはなぜです
か。

考えを述べる・広げる Sharing of knowledge

1. 今後 AI 技術を高めて「不気味の谷」を解消すべきだと思いますか。理由とともに意見
を述べてください。

2. もし今後、技術が発展して「不気味の谷」が解消されたら、亡くなった人を再現した
AI が自然なものとして人々に受け入れられるようになると思いますか。理由とともに
意見を述べてください。

 # ディベートをする Debate

「AI 技術を用いて死者を再現させることの是非」でディベートをしましょう。

 **準備 Preparation**

1. （一人で考えましょう）「AI 技術を用いて死者を再現させることの是非」に関して、肯定派と否定派の両方の意見を根拠とともに考えてみましょう。（ディベート直前までどちらのグループになるかはわからないので、両方の意見を想定しておきましょう）

	肯定側	否定側
どのような意見か		
根拠となる事柄		

2. （クラスメートと考えましょう）自分たちが考えてきた肯定側と否定側の両方の根拠を共有し、その中から根拠として最も説得力のあるものをそれぞれ選びましょう。

3. ディベートのグループを決めましょう。「肯定側グループ」「否定側グループ」「ジャッジ」の 3 グループを作ります。

4. ディベートの流れ（p.167）を確認しましょう。

5. ディベートで使える表現（巻末 p.228-229）を確認しましょう。

〈ディベートの流れ〉

	肯定側グループ	否定側グループ	ジャッジ
相談 （10分）	自分たちのグループの主張を考える		ディベートの流れを 予想する
第1ターン （各3分）	①肯定する理由を述べる	②否定する理由を述べる	両グループの 発言を聞く
相談 （5分）	相手グループの主張を確認して、質問・反論を考える		両グループへの 質問を考える
第2ターン （各3分）	③否定側への質問・反論 ★自分たちの意見を主張してはいけません。	④肯定側への質問・反論	⑤両グループへの その他の質問
相談 （5分）	相手からの質問・反論を確認して、その答えを考える		現時点でどちらが 優勢か考える
第3ターン （各3分）	⑦質問・反論に答える ★相手からの質問・反論に答えるだけです。 自分たちの意見を主張してはいけません。	⑥質問・反論に答える	両グループの 発言を聞く
相談 （5分）	相手の答えを確認して、 自分たちの最終意見を考える		判定の最終的な ポイントを考える
第4ターン （各3分）	⑨最終意見を述べる ★第1ターンと同じではなく、第3ターンの答えも入れて、 まとめましょう。	⑧最終意見を述べる	両グループの 発言を聞く
相談 （5分）	自分たちのディベートを反省する		どちらがよかったか 相談する
判定 （4分）	ジャッジの判定を聞く		⑩ジャッジによる 判定

Unit **6** AI時代における人の死

 **ディベート** Debate

1. 下の表にメモをしながらディベートをしましょう。

〈ディベートメモ〉相談のメモをしたり、聞き取った内容をメモしたりしましょう。

	肯定側グループ	否定側グループ	ジャッジ
1 最初の意見			
2 質問・反論			
3 質問・反論への答え			
4 最終意見			

2. 客観的にどちらが説得力があったかを考えましょう。

〈ディベート判定表〉

この判定表はジャッジだけでなく、肯定側グループ、否定側グループの人も各自記入してください。

論題「AI 技術を用いて死者を再現させることの是非」		判定者	
	評価の観点	肯定側	否定側
1 最初の意見を述べる	主張の内容がはっきりしていたか 理由・根拠がしっかり述べられていたか 話し方はよかったか（協力して話せたかなど）	／3	／3
2 質問・反論をする	質問や反論の内容ははっきりしていたか いい質問、反論だったか 話し方はよかったか（協力して話せたかなど）	／3	／3
3 最終意見を述べる	理由・根拠を挙げて主張できたか 相手の質問や反論がうまく生かされていたか 話し方はよかったか（協力して話せたかなど）	／3	／3
	合計点	点	点
最終判定	[　肯定側　／　否定側　] のほうがより説得力があった		
最終判定の理由			
コメント			

	評価
1．論理的に意見を述べられたか	☆☆☆☆☆
2．相手の話を理解して、適切に対応できたか	☆☆☆☆☆
3．グループで協力できたか	☆☆☆☆☆
4．ディベートに積極的に参加できたか	☆☆☆☆☆
5．話し方（声の大きさ、速さ、発音、流暢さ）	☆☆☆☆☆
6．態度（視線、表情、ジェスチャー）	☆☆☆☆☆
7．表現の正確さ	☆☆☆☆☆
8．表現の豊かさ	☆☆☆☆☆
総合評価	☆☆☆☆☆

コメント

 # 意見文を書く Writing Opinions

「AI 技術を用いて死者を再現させることの是非」について、ディベートの内容を基に、あなたの意見を根拠とともに書きましょう。

◈文のスタイル：だ・である体
◈長さ：1,200 字程度（± 10％ = 1,080 字 〜 1,320 字）

 ## 書くときのポイント **Key points**

1. ディベートの内容を振り返りましょう。

   1) 肯定側の意見・根拠

   2) 否定側の意見・根拠

2. 意見文に必要なことを考えましょう。

   1) この意見文における自分の立場（AI 技術を用いて死者を再現させることに賛成か反対か）

   2) 1) を主張するための具体的な根拠（どのような観点から賛成・反対なのか）

   3) 想定される反論（自分の意見と反対の人からはどのような反論が想定されるか）

   4) 3) に対する反論についてどのような反駁をするか

3. p.172 の例を参考に、アウトラインを書きましょう。

4. 指定された文のスタイルで意見文を書きましょう。書き上がったら長さを確認して、内容を増やしたり減らしたりしましょう。

5. 文章の内容にふさわしいタイトルを考えましょう。

6. 本文中で引用が適切にできているか確認し、参考文献リストを整えましょう。

アウトラインの例

【序論】	議題の提示・問題点の背景
	・議題：AI 技術を用いて死者を再現させることの是非
	・背景：近年の AI 技術の飛躍的な進歩により、死者の残したデータを もとに映像や音声などさまざまな形で死者を再現させることが 技術的に可能となっているが、賛否両論あり。
	自分の立場と根拠（一言で）
	・立場：賛成
	・根拠：優れた芸術を後世に伝える手段の一つとして役立つから
【本論】	根拠の説明
	・「AI 美空ひばり」のように過去のアーティストのデータをもとに AI で 新作を作ることで、その人のすばらしさを後世に伝えられる。
	想定される反対意見
	・死者本人への冒涜ではないか。不快に思うようなクオリティの作品が あふれる危険性がある。
	想定される反対意見に対する反駁
	・アーティスト本人を深く理解し尊敬している人が、明確な目標を持っ て再現にあたっている。
	・AI 技術が高まれば、より質の高い再現が可能になる。
【結論】	・再現の目的が明確であり、かつ誰かを傷つけるものではなく倫理的に 納得できるものである限り、制限の必要はない。これは AI 技術によ る死者の再現に限らず、どのような科学技術の利用についても言える。
【参考文献】	江間有沙（2021）『絵と図でわかる AI と社会─未来を開く技術との関 わり方』技術評論社
	谷井将人（2019）「「AI 美空ひばり」の舞台裏 「冗談でやっていいこと ではない」─故人をよみがえらせたヤマハの技術者の思い」ITmedia https://www.itmedia.co.jp/news/articles/1910/02/news076.html

【序論】	議題の提示・問題点の背景 ・議題：AI 技術を用いて死者を再現させることの是非 ・背景： 自分の立場と根拠（一言で） ・立場： ・根拠：
【本論】	根拠の説明 想定される反対意見 想定される反対意見に対する反駁
【結論】	
【参考文献】	引用した資料やデータのリスト

- ☐ 1. 書式と体裁が整っているか。（巻末 p.238「作文の書式と体裁」を参照）
- ☐ 2. 言語形式が整っているか。（誤字脱字、「だ・である」体など）
- ☐ 3. 正確な表現が使われているか。
- ☐ 4. 豊かな表現が使われているか。
- ☐ 5. この意見文における自分の意見・立場が根拠とともに明確に書かれているか。
- ☐ 6. 想定される反対意見とそれに対する反駁が明確に書かれているか。
- ☐ 7. 全体を通して論理的なつながりが明確で、一貫性があり、整合性が取れているか。
- ☐ 8. 自分の考えと引用の区別ができており、参考文献の内容が適切にまとめられているか。
- ☐ 9. 本文中で引用した文献を明記し、文章末に参考文献を正しく挙げているか。

文学の意義
Significance of Literature

社会における文学の意義・役割とは
What is the significance and role of literature in society?

ていねいに読む　Intensive Reading
1 文学の役割
The role of literature

2 文学における越境
Border crossing in literature

すばやく読む　Speed Reading
『本心』書評—文学が問うもの—
Review of *Honshin*—What does literature ask?

聞く　Listening
小説『コンビニ人間』
Novel *Convenience Store Woman*

話す活動　Speaking Activity
発表する
Presentation

書く活動　Writing Activity
ブックレポートを書く
Writing a Book Report

このユニットのねらい　Aims of this unit
1）文学とはどのようなものかを理解することができる。
2）文学作品の意義・社会的役割を見出すことができる。
3）文学作品の概要と意義を簡潔かつ論理的に説明することができる。

1) To understand the nature of literature.
2) To discover the significance and social role of literary works.
3) To give an overview of a literary work and explain its significance in a concise and logical manner.

1. あなたは小説を読みますか。それはどうしてですか。a. ～ j. からあてはまる理由を全て選んでください。a. ～ j. 以外の理由があれば、k. に書いてください。読まないという人は、小説を読む人の考えを想像して答えてください。

a.（　　　　）好きな作家がいるから

b.（　　　　）子どもの頃から本に慣れ親しんできたから

c.（　　　　）小説の世界に没頭できるから

d.（　　　　）違う自分になれる気がするから

e.（　　　　）想像力を働かせることができるから

f.（　　　　）読解力を身につけることができるから

g.（　　　　）語彙力を身につけることができるから

h.（　　　　）新しい知識を得ることができるから

i.（　　　　）自分にはなかった考え方に触れることができるから

j.（　　　　）心が豊かになるから

k.（　　　　）その他　_____

2. 次に挙げたものは、文学だと思いますか。そう思う理由も書いてください。他にも文学だと思うものがあれば、書いてください。

種類	答え	そう思う理由
SF 小説	はい　／　いいえ	
漫画	はい　／　いいえ	
歌詞	はい　／　いいえ	
辞書	はい　／　いいえ	
教典	はい　／　いいえ	

3. それぞれの説明に合う言葉を a. ～ f. から選んでください。

a. 随筆	b. 小説	c. 戯曲	d. 評論	e. 文学批評	f. 詩

1) (　　　　) 言葉のリズムや響きを重視し、感情やイメージを凝縮して表現したもの

2) (　　　　) 架空の物語を通じて人物や社会の状況を描き、読者に娯楽や深い思考をもたらす作品

3) (　　　　) 演劇の上演を目的に書かれた対話形式の作品

4) (　　　　) 社会のさまざまな問題や事象、作品などについて批判的に考察し、意見を述べる文章

5) (　　　　) 文学作品のテーマや技法を分析し、その価値や意図を評価・解釈する文章

6) (　　　　) 筆者が日常の出来事や感情、考え方について自由に表現する文章

4. (　　　) に入る言葉を a. ～ h. から選んでください。必要なら形を変えてください。

a. 抗う	b. 問いかける	c. 的中する	d. 警鐘を鳴らす
e. 飛び交う	f. 派生する	g. 掘り下げる	h. 拒絶する

1) 試験前の予想が (　　　　　)、思っていた通りの内容が試験に出た。

2) 世界各国から来た留学生が住む学生寮では、さまざまな言語が (　　　　　)。

3) 国連は、気温上昇が続けば、破壊的な気候変動が起こると (　　　　　)。

4) 彼女は運命に (　　　　　) のをやめて、それに従った。

5) 調査の分析が不十分な部分があるため、さらに (　　　　　) 分析したほうがいい。

ていねいに読む1　Intensive Reading 1

文学の役割　U7-1

　文学の役割を尋ねられたら、あなたは何と答えるだろうか。文学の重要性や興味深さを否定しないまでも、その社会的な役割について具体的に論じられる人は少ないかもしれない。役に立つ知識を「実学」と呼ぶ時、文学はそうでない「虚学」とみなされることもある。しかし、そのように結論付けるのは早計かもしれ

5 ない。

　「文学」を辞書で調べると、どの辞書でも、①詩歌・小説・戯曲・随筆・評論などの言語を媒介とした芸術作品、②①を研究する学問、③学芸・学問、④自然科学・政治学・法律学・経済学などを除く、史学・社会学・哲学・心理学・宗教学といった諸学問が主な意味として並ぶ。これらの中で注目したいのが、③と④で

10 ある。①の韻文・散文で構成される作品と②の代表である文学批評は想像しやすいかもしれないが、③④は①②の範囲をはるかに超えている。これらは、18世紀以前のヨーロッパでの捉え方を反映するもので、古くは文学がリベラルアーツ自由七科における修辞学の下位分類だったことに由来する。弁論や説得のためにことばの技法を学ぶ修辞学は、さまざまな学問の基本とされていた。つまり、修

15 辞学の一部に位置付けられていた文学は、学問を追究する上でその土台となる役割を果たしていたと言えるだろう。

　❶現代につながる文学の捉え方は、18世紀以降に広まった。貴族などの特権階

級に限られていた文学は、新聞・雑誌などのメディアの発達と需要・流通の拡大、教育の普及と識字率の増加、余暇の伸長などの要因により、中流階級が主な担い手となり、19世紀には大衆文学も派生した。では、幅広く親しまれるようになった文学は学問追究の基礎をなすような重要性を失い、もはや余暇を埋める娯楽に過ぎないのだろうか。 20

　この問いを掘り下げるために、よい文学とは何かを考えてみたい。フランス文学研究者の桑原武夫氏はよい文学の条件を考える際、英語の「小説」という語が「新しい」を語源とする novel であることに着目し、惰性的な因習にのまれやすい人間に文学は新たな生き方を示すと述べた。ここでいう新しさは、これまで無 25 自覚だった見方や概念の発見も含むのだという。つまり、よい文学は、人生における新しい題材、あるいは古くて新しい題材を読者に突き付けるのである。このことこそが文学の役割だと考えられないだろうか。

　戦争や自然災害などの有事が起こると、②文学の不要論がよく議論される。ロ 30 シア東欧文学研究者の沼野充義氏は、2011年3月11日の東日本大震災による福島第一原子力発電所の事故後、「今は文学どころではないのでは」と疑念を覚えたと著書で述べている。しかしながら、クマと人間が散歩するという非日常における穏やかな時の流れを描いた『神様』（1999年作）を、作家の川上弘美が原発事故後に『神様2011』として自ら書き改めたことを高く評価した。また、沼野 35 氏自身も1950年代にポーランド人が書いた原爆や原発を生み出す文明の批判を主題とする短編『原子村の婚礼』を2011年の設定にして新訳の形で出版した。沼野氏らの試みは、放射線の怖さに対する想像力の必要性を改めて示唆するものであり、③有事に際して、既存の題材を新たな問題意識から提示する文学の役割を示したと考えられる。 40

　このように、④文学が指すものは時代とともに変化してきた。しかし、⑤人間が生きるために思考することを支える役割を担ってきたことは、時代を超えて共通していると言えるだろう。

内容を読み取る Reading comprehension

1. 本文で「虚学」はどのような意味で使われていますか。10字程度で説明してください。

2. 文学に③と④の意味があるのはなぜですか。本文に基づいて50字程度で説明してください。

3. ❶現代につながる文学の捉え方 は、辞書の意味①②③④のうちどれですか。

4. よい文学について、_____に適切な言葉を入れてください。

桑原氏の考えるよい文学とは、_____題材、あるいは

_____題材を読者に突き付けるものであり、これまで

_____だった見方や概念について考えさせるものである。

5. 『神様』と『原子村の婚礼』は、なぜ❸有事に際して、既存の題材を新たな問題意識から提示する文学の役割を示した と言えるのでしょうか。30字程度で説明してください。

6. ❹文学が指すものは時代とともに変化してきた とありますが、その変化を説明する次の文章について、＿＿＿に適切な言葉を入れてください。

18世紀以前のヨーロッパにおいて、文学は＿＿＿＿＿＿＿＿＿＿＿＿＿＿＿＿＿＿

と考えられていた。これは、文学が＿＿＿＿＿＿＿＿＿＿＿＿＿＿＿＿＿を学ぶ修

辞学の一部に位置付けられていたためである。18世紀以降、詩歌・小説・戯曲・

随筆・評論などの＿＿＿＿＿＿＿＿＿＿や＿＿＿＿＿＿＿＿＿という現代につなが

る文学の捉え方が広まり、19世紀には＿＿＿＿＿＿＿＿＿も生まれた。

🗣 考えを述べる・広げる Sharing of knowledge

1. ❷文学の不要論がよく議論される のはなぜだと思いますか。あなたの考えを述べてください。

Unit 7 文学の意義

2. 文学が❺人間が生きるために思考することを支える役割を担ってきたことは、時代を超えて共通している という点についてどう思いますか。あなたの考えを述べてください。

◆1回目：辞書や単語リストを見ないで読んでください。**かかった時間**　＿＿＿＿＿**分**
◆2回目：辞書や単語リストで調べた言葉を書いておいてください。

文学における越境　🎧 U7-3

　文学では、ある国の国民性や文化を反映する自国特有の作品を国民文学、そして他国から輸入され、翻訳などを通して流通する作品を世界文学と呼ぶことがある。例えば、ノーベル文学賞を受賞した川端康成の作品は日本を代表する国民文学であり、かつ世界中で愛される世界文学としても位置付けられるというわけだ。
5　そして、現代を生きるわたしたちは、さまざまな国・地域からやってきた世界文学を読むことができる。

　ところで、「世界文学」という語や概念が近代ヨーロッパにおいて使用され始めたのは、19世紀前半以降だという。ゲーテが1827年に「特有の国民文学はもはや意味をなさず、世界文学の時代が到来する」と予言した逸話が、よく知られ
10　ている。そして日本では、まさに予言が的中したかのように、鎖国を終えた19世紀後半の明治時代から、古典から近代にわたる西洋の文学を一気に輸入することとなり、現在の多様な世界文学の普及に至る。

　ゲーテの言葉にあるように、❶世界文学が普及すると、純粋に国民文学と呼べる文学は存在しにくくなるのかもしれない。日本の国民文学、つまり日本文学を
15　代表する作家、森鴎外による短編小説『高瀬舟』（1916年作）は、その端的な例だろう。これは、自死に失敗した病気の弟に懇願されて弟の自死を助けた兄の話で、日本に初めて「安楽死」という概念を紹介したとして知られる。森鴎外は軍

医としてドイツに留学した後、執筆活動を始めた作家である。『高瀬舟』を書く前に、ドイツの医師による「消極的安楽死」を否定しないという論文を日本に紹介しており、この論文が森鷗外の「安楽死」に対する考え方に影響を与えたという 20 見方もある。こうして考えると、『高瀬舟』には森鷗外がドイツに渡り、ドイツ語で医学を学ぶ過程で得た新たな概念が盛り込まれており、日本独自の国民文学と言いきれるかは議論の余地がありそうだ。

　加えて、現代のように海外からの文学が流通すると、その影響を受けた作風の小説が誕生するようになる。現代日本を代表する作家の一人、村上春樹も、ロシア 25 の作家ドストエフスキーに強い影響を受けたと言われている。このように、❷人と文学が越境すると、ある国特有の国民性や文化を反映する国民文学が国ごとに存在するというよりは、多様な国・地域の人々の経験や観念がハイブリッドに入り混じった文学が生まれるのではないだろうか。

　このことをさらに裏付けるのが、90 年代以降の「日本語文学」だろう。ユダ 30 ヤ系アメリカ人のリービ英雄など海外出身で日本語を母語としない作家と、ドイツへと渡った多和田葉子など日本出身で異文化体験を経た作家による「日本語文学」が注目されるようになった。多和田葉子の代表作の一つ『地球にちりばめられて』（2018 年作）では、留学中に島国の母国が消滅した主人公 Hiruko が、欧州で自分の母語を話す人を探す旅に出る。Hiruko は旅の中で多様な言語文化背景 35 を持つ人々と出会い、彼らの会話では Hiruko が開発した人工語「パンスカ」に加え、デンマーク語、ドイツ語、英語、日本語が飛び交う。この小説をはじめとして多和田葉子は、母語を外から眺めた時に見えてくる新たな側面をあぶり出し、言語とは、文化とは、国境とは、などの根源的な問いを読み手にもたらす。

　このように、❸文学における越境は、読者にこれまで考えもしなかった概念や 40 事柄に対する新たな見方を示す。そして、自国、他国といった境界が実に曖昧なものであるということを読者に気づかせてくれるのではないだろうか。

理解チェック Check your understanding　🎧 U7-4

文を聞いて、本文と同じだったら○を、違っていたら×を書いてください。

1)　　　2)　　　3)　　　4)　　　5)

1. 以下の言葉の意味を説明する部分を本文から抜き出してください。

　1）国民文学

　　_____作品

　2）世界文学

　　_____作品

2. 森鴎外の『高瀬舟』が国民文学と言えるかについて、議論の余地がありそうなのはなぜですか。本文に基づいて70字程度で説明してください。

3. ❷人と文学が越境する ことについて、_____に適切な言葉を入れてください。

　森鴎外は、_____が越境した例であり、越境先で学んだ新たな

_____が彼の作品に反映されている。一方、ドストエフスキー

は、_____が越境した例であり、村上春樹の_____

に強い影響を与えたとされている。

4. 日本語文学の作家とはどのような作家のことですか。本文から2つ抜き出して答えてください。

　1）_____作家

　2）_____作家

5. ❸<u>文学における越境は、読者にこれまで考えもしなかった概念や事柄に対する新たな見方を示す</u> という例を本文から挙げてください。

 ## 考えを述べる・広げる　Sharing of knowledge

1. ❶<u>世界文学が普及すると、純粋に国民文学と呼べる文学は存在しにくくなるのかもしれない</u> という考えにあなたは同意しますか。理由とともに考えを述べてください。

2. 文学における越境の例として、本文以外の作家の例を挙げてください。作家の作品は日本語で書かれたものでなくてもかまいません。

1) 作家名

2) 文学における越境の例と言える理由

3) 代表的な作品

 すばやく読む　Speed Reading

◆辞書や単語リストを見ないで読んでください。**かかった時間** ＿＿＿＿**分**
◆読み終わったら、問題に答えてください。

 内容を読み取る Reading comprehension

1. 本文の内容と合っているものに○、違っているものに×を書いてください。

1)（　　　　）小説『ペスト』は、新型コロナウイルス感染症の流行をすでに予測
　　　　　　　していた。

2)（　　　　）小説『本心』の世界では、自由死という合法的な安楽死が認められ
　　　　　　　ている。

3)（　　　　）主人公は、自由死の制度によって母親を亡くした。

4)（　　　　）主人公は母親が死のうと思った理由を知っていた。

5)（　　　　）筆者は、小説『本心』は未来だけでなく、現実の問題を読者に問う
　　　　　　　と考えている。

2. 主人公はどのような職業に就いていますか。その仕事は小説の中の社会でどのような位
置付けですか。本文から探して書いてください。

1) 職業

2) 位置付け

3. 母親が「もう十分」と言ったことに対する 2 つの解釈について、_____に適切な言葉を入れてください。

母親が自由死を選択する理由として発した「もう十分」という言葉は、2 つの解釈ができる。一つは、_____と_____の将来への不安からの_____感であり、もう一つは、70 歳まで生きたことから「いつ死んでも十分」だという_____に対する_____感である。

考えを述べる・広げる Sharing of knowledge

1. ❷母の『本心』を探ろうとする とありますが、主人公はどのようなことを知りたかったのでしょうか。本文から推測して書いてください。

2. ❶文学は常に未来を映し出し、現在を生きるわたしたちに警鐘を鳴らしている というこの書評の考えに、あなたは賛成ですか。理由とともにあなたの考えを書いてください。

『本心』書評 —文学が問うもの— 🎧U7-5

　感染病を主題とする『ペスト』（1947年作）が、新型コロナウイルス感染症の流行下に再注目された。❶文学は常に未来を映し出し、現在を生きるわたしたちに警鐘を鳴らしている。そこで今回の書評では、近未来を描く平野啓一郎の小説『本心』（2023年作）を取り上げ、この作品が何に対して警鐘を鳴らし、読者に
5 何を問いかけるのかを考えてみたい。

　小説の時代設定は、格差社会が進んだ2040年。主人公の朔也は、リアル・アバターという仕事をしている。裕福な人たちから受けた依頼通りの行動をする、その世界の底辺とも言える職だ。朔也は、たった一人の家族である70歳の母が、条件を満たせば死ぬ許可が与えられる、合法的な安楽死 —〈自由死〉— を望んで
10 いるのを知ったが、その願いを拒絶していた。そんなある日、母を不慮の事故で失う。朔也はその喪失感から母のヴァーチャル・フィギュア（VF）を製作してもらい、VFと対話を重ねることで❷母の「本心」を探ろうとする。

　小説の中で、朔也の母が何度か口にする「もう十分」という言葉が最も深く心に刺さる。〈自由死〉の理由として発せられたこの言葉からにじみ出るのは、社会
15 の底辺とも言える職に就き、先行きが見えない息子の将来や、老いた自分自身の将来に諦めの気持ちを抱き、そう選択せざるを得ない無力感だ。高齢になり、息子に迷惑をかけるまいとしたのかもしれない。そうだとすれば、これは、自由とは程遠い選択である。一方で、現実に抗いながら生きてきた自分の人生を振り返り、今死んでも十分満足だという気持ちでいたと考えることもできる。

20 　近未来を舞台とするこの小説は、VFによる故人の復元、死の自己選択、格差の進んだ分断社会など、今後直面し得る未来に対する思考の準備を読者に促すだろう。だが、これらはいずれも現実のわたしたちの問題ともつながっている。身近な人の死による喪失をどう乗り越えるのか、死の決定は誰が行うのか、格差社会において人はどう生きるのか。

25 　文学は、今ここを生きるわたしたちの生き方を問うているのではないだろうか。

聞く Listening

小説『コンビニ人間』　　　　🎧 U7-6

インターネットラジオの文学紹介を聞いて、次の質問に答えてください。

 内容を聞き取る Listening comprehension

1. 話の内容と合っているものに○を、違っているものに×を書いてください。

　　1)（　　　　）小説『コンビニ人間』の主人公は、大学卒業後コンビニに正社員と
　　　　　　　　　して就職し、10年以上働いた。

　　2)（　　　　）結婚して家庭を持つことを普通だと思っている主人公は、男性と付
　　　　　　　　　き合ったことがない同級生を不思議に思っていた。

　　3)（　　　　）主人公は、コンビニのマニュアルに忠実に従っている。

　　4)（　　　　）小説『コンビニ人間』の主人公は、作家本人である。

　　5)（　　　　）話し手は、「小説『コンビニ人間』を通じて、仕事で役に立つことの
　　　　　　　　　意味について考えることができる」と言っている。

2. 小説の中で異常とされる主人公の特徴を3つ挙げてください。

3. 『コンビニ人間』に対するイギリスとアメリカの反応について、それぞれどのようなも
　のだったか説明してください。

　　1) イギリス

　　2) アメリカ

考えを述べる・広げる Sharing of knowledge

1. 主人公にとってコンビニはどのような場所だと思いますか。

2. 主人公のコンビニでの働き方にあなたは共感しますか。あなたの考えを述べてください。

3. 普通の人生を送ることについてどう思いますか。あなたが考える「普通の人生」がどのようなものかを明らかにした上で、あなたの意見を述べてください。

発表する Presentation

ある文学作品を取り上げ、その意義・社会的役割について考察し、発表しましょう。

◆発表時間：7 分　質疑応答：3 分　計：10 分
◆スライド：表紙＋ 5 枚程度＋参考文献

 準備 Preparation

1. ある文学作品の意義と社会的役割について、次のことを考えましょう。

1) 好きな文学作品を選びましょう。

例） 平野啓一郎『本心』（2023 年作）

2) 選んだ作品の概要をまとめましょう。

3) 作品を選んだ理由を説明しましょう。

4) 印象に残った場面・表現を挙げましょう。そのまま抜き出せるとよいですが、長い場合は一部省略したり、簡潔に説明したりしましょう。

5) 4) の場面・表現に対する自分の解釈を考えましょう。解釈の根拠となる箇所を作品からそのまま抜き出せるとなおよいです。

6) その作品の意義・社会的役割を考えましょう。

2. p.192 の例を参考に、アウトラインを書きましょう。

3. スライドを作成しましょう。

4. ストップウォッチを使いながら、7 分以内で、スクリプトを読まずに話せるようになるまで、発表の練習をしましょう。

	内容	スライド
【はじめに】	挨拶	①表紙
【本論】	1) 文学作品 平野啓一郎『本心』（2023年作） 2) 作品の概要 時代設定は格差社会が進んだ2040年。主人公朔也の職業は「リアル・アバター」という地位の低いもの。唯一の家族である70歳の母は、合法的な安楽死〈自由死〉を希望していた。朔也が反対する中、母はドローンに衝突される事故で死亡。朔也は大金を払い、母のヴァーチャル・フィギュアを作ってもらう。ヴァーチャル・フィギュアの母と対話し、母が死にたかった理由、その「本心」を知ろうとする。	②作品名と概要
	3) この文学作品を選んだ理由 死の自己選択の是非やその理由について深く考えさせられたから	③選んだ理由
	4) 取り上げた文学作品で印象に残った場面・表現 朔也の母が〈自由死〉を希望する理由を述べる時に発した言葉「お母さん、もう十分生きたから、そろそろって思ってるの。」(p.34)「もう十分なのよ。……もう十分。」(p.35)	④印象に残った場面・表現
	5) 印象に残った場面・表現の解釈 ・息子や自分の将来に対する諦めから来る〈自由死〉しかないという無力感 　根拠となる箇所…「母の心の中の、最も穏やかな場所に、この何事も"心の持ちよう"次第という一種の諦念が巣くっていたことを、今更のように思った。（中略）僕は、無力感に優しく抱きすくめられている母の背中を思い浮かべた。」(p.147) ・これまでの人生に満足し、今死んでもいいという気持ち 　根拠となる箇所…「何にも不満はないのよ。お母さん、今はすごく幸せなの。（中略）あなたはまだ	⑤印象に残った場面・表現の解釈

	内容	スライド
	若いから、わからないでしょうけど、もうそろそろねって、自然に感じる年齢があるのよ。」(p.41)	
	6) 取り上げた文学作品の意義・社会的役割 ・未来の問題を予言：故人の復元や死の自己選択 ・現代の問題への問いかけ：どうすれば身近な人の死を克服できるか、誰が死ぬ時期を決めるのか	⑥作品の意義・社会的役割
【まとめ】	挨拶	
【参考文献】	平野啓一郎（2023）『本心』文春文庫	⑦参考文献

	内容	スライド
【はじめに】	挨拶	
【本論】	**1)** 文学作品	
	2) 作品の概要	
	3) この文学作品を選んだ理由	
	4) 取り上げた文学作品で印象に残った場面・表現	
	5) 印象に残った場面・表現の解釈	
	6) 取り上げた文学作品の意義・社会的役割	
【まとめ】	挨拶	
【参考文献】		

自己評価

	評価
1．発表が指示通りだったか（時間、内容、構成など）	☆☆☆☆☆
2．適切なスライドが作れたか（巻末 p.234「スライドの作り方」を参照）	☆☆☆☆☆
3．文学作品の概要と印象に残った場面・表現がわかりやすく説明できたか	☆☆☆☆☆
4．文学作品の印象に残った場面・表現の解釈と、意義・社会的役割に説得力があったか	☆☆☆☆☆
5．話し方（声の大きさ、速さ、発音、流暢さ）	☆☆☆☆☆
6．聞き手への配慮	☆☆☆☆☆
7．表現の正確さ	☆☆☆☆☆
8．表現の豊かさ	☆☆☆☆☆
9．質問にわかりやすく答えられたか	☆☆☆☆☆
10．他の人に質問できたか	☆☆☆☆☆
総合評価	★★★☆☆

コメント	

ブックレポートを書く　Writing an Book Report

ある文学作品を取り上げ、その意義・社会的役割について考察し、作品の紹介文を書きましょう。発表と同じ作品でなくてもいいです。

◆文のスタイル：だ・である体
◆長さ：1,200 字程度（± 10％＝ 1,080 字 〜 1,320 字）

 書くときのポイント　Key points

1. 発表のアウトラインとスライド、質疑応答の内容を振り返り、レポートに必要なことを考えましょう。

2. アウトラインを書きましょう。本論では、発表の質疑応答でもらったフィードバックや意見を反映させましょう。

【序論】	取り上げる文学作品 作品の概要 この文学作品を選んだ理由
【本論】	作品で印象に残った場面・表現 印象に残った場面・表現の解釈
【結論】	取り上げた文学作品の意義・社会的役割 まとめ 自分の意見・感想など
【参考文献】	参考にした資料のリスト

3. 指定された文のスタイルでレポートを書きましょう。書き上がったら長さを確認して、内容を増やしたり減らしたりしましょう。

4. 文章の内容にふさわしいタイトルを考えましょう。

5. 本文中で引用が適切にできているか確認し、参考文献リストを整えましょう。

セルフチェック

☐ 1. 書式と体裁が整っているか。（巻末 p.238「作文の書式と体裁」を参照）

☐ 2. 言語形式が整っているか。（誤字脱字、「だ・である」体など）

☐ 3. 正確な表現が使われているか。

☐ 4. 豊かな表現が使われているか。

☐ 5. 文学作品の概要と印象に残った場面・表現の説明がわかりやすいか。

☐ 6. 文学作品の印象に残った場面・表現に対する解釈が説得力のある形で述べられているか。

☐ 7. 文学作品の意義・社会的意義が論理的に論じられているか。

☐ 8. 自分の考えと引用の区別ができており、参考文献の内容が適切にまとめられているか。

☐ 9. 本文中で引用した文献を明記し、文章末に参考文献を正しく挙げているか。

Unit 8

環境か経済か
Environment or Economy?

環境保全と経済活動、どちらを優先すべきか
Which should take priority, environmental conservation or economic activity?

てぃねいに読む　Intensive Reading
1『成長の限界』による警鐘とその後
The warning sounded by "The Limits of Growth," and beyond

2 生物多様性から考える経済
Economy from biodiversity

すばやく読む　Speed Reading
人々の行動を変えるには
Changing people's behavior

聞く　Listening
環境と経済を両立させる政策とは
What is a policy that balances environment and economy?

話す活動　Speaking Activity
ディスカッションをする
Discussion

書く活動　Writing Activity
論証型のレポートを書く
Writing an Argumentative Report

このユニットのねらい　Aims of this unit
1) 環境経済学の分野の専門的な話題について理解することができる。
2) 2つの対立する考えについて、根拠に基づいて意見を述べることができる。
3) 環境保全の現状について、問題点や課題を挙げ、それについて意見を述べることができる。

1) To understand specialized topics in the field of environmental economics.
2) To express an evidence-based opinion on two opposing ideas.
3) To pose problems and issues regarding the current state of environmental conservation and express opinions about them.

1. 今の世界を見た時に、環境保全と経済発展のどちらが優先されていると思いますか。また、そう思うのはなぜですか。

2. 人類の活動の中で、環境を優先している例、または、経済を優先している例を1つ取り上げ、それがどのようなものか説明してください。

3. それぞれの説明に合う言葉を a. ～ d. から選んでください。

> **a.** 枯渇性資源　　**b.** 化石燃料　　**c.** 再生可能エネルギー
> **d.** クリーンエネルギー

1)（　　　　）二酸化炭素をはじめとした温室効果ガスを排出しない、または、排出量を抑えたエネルギーのこと。

2)（　　　　）太陽光、風力、水力、地熱、バイオマスなどの自然の活動によってエネルギー源が絶えず再生されるエネルギー。グリーンエネルギーとも言われる。

3)（　　　　）石油や石炭、天然ガスといった地下に埋まっているエネルギー資源のこと。

4)（　　　　）自然のプロセスにより、人間などの消費速度以上には補給されない天然資源のこと。再生不能資源とも言われる。石油、石炭、天然ガス、ウランなど。

4. （　　　）に入る言葉を a. 〜 e. から選んでください。

a. 珊瑚礁　　b. 排出量　　c. 経済成長率　　d. 大気　　e. 廃棄物

1) 生態系の一つである（　　　）は消滅しつつある。

2) （　　　）は、GDP の伸び率を表したものである。

3) 自動車の排出ガスによって（　　　）の汚染が進んでいる。

4) 二酸化炭素の（　　　）が増えている。

5. （　　　）に入る言葉を a. 〜 g. から選んでください。必要があったら形を変えてください。

a. 枯渇する　　b. 回復する　　c. 依存する　　d. 停滞する
e. 維持する　　f. 脱却する　　g. 投資する

1) 農業は、天候に大いに（　　　　）ている。

2) 会社の安定した経営を、今の状態のまま（　　　　）のは、大変難しい。

3) 彼は、将来のために、自分のお金と時間を自分自身の教育に（　　　　）ことに決めた。

4) 無計画に利用されたため、天然資源は、現在、（　　　　）始めている。

5) 破壊された環境を（　　　　）ことができるかどうかは、わたしたちの手にかかっている。

◆1回目：辞書や単語リストを見ないで読んでください。**かかった時間** ＿＿＿分

◆2回目：辞書や単語リストで調べた言葉を書いておいてください。

『成長の限界』による警鐘とその後　🎧 U8-1

　1972年に出版された『成長の限界』（D. H. メドウズ他 , 1972）は、さまざまなデータを基に1900年から2100年の地球の状況を予測し、人類がこのままのペースで経済活動を続けると、天然資源の枯渇や環境汚染によって経済成長は限界点に到達するであろうと指摘した。図1は❶成長の限界のシナリオを示したも

5 のである。工業生産に見る経済活動は、石油などの再生困難な枯渇性資源に依存しているため、利用可能な資源量が減少するにつれ、急速に縮小する。一方、環境汚染の度合いは経済活動によって深刻になり、汚染による健康被害や食糧不足が原因で、人口も2050年ごろをピークに減少していくという。しかし、この指摘は、❷経済成長に水を差すものとして、当時、産業界から非難や抗議の声が上

10 がった。

図1　成長の限界のシナリオ

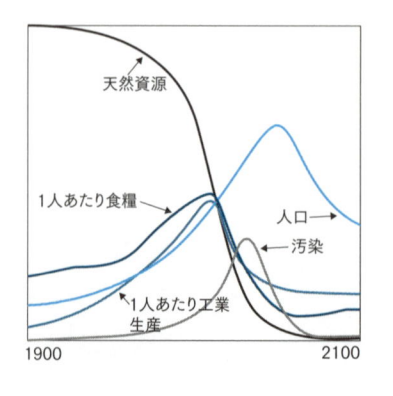

出典：D. H. メドウズ他（1972）

『成長の限界』p.105を改変

『成長の限界』が示す悲観的な未来予想図は、わたしたちに、❸環境保全と経済活動、どちらを優先すべきかという問いを突き付けた。経済活動は環境を破壊してしまうし、環境保全は経済活動の停滞をもたらすため、この二つは同時に維持することができないというトレードオフの関係にあると考えられたからだ。確かに、『成長の限界』で指摘されたような経済活動を続けるならば、地球の未来は暗 15
いものにならざるを得ないだろう。しかし、近年は、環境への投資を含む新しい形の経済活動を行うならば、両者は両立するという見方が出てきた。

　例えば、国連環境計画（UNEP）の「グリーン経済をめざして：持続可能な発展と貧困撲滅への道筋」（2011）というレポートによると、世界各国が国内総生産（GDP）の2％を環境関係の投資に向けると、そうでない通常の場合に比べ、20
GDPの成長率は同水準か、わずかながら上がる（図2）。環境への投資は、経済活動を妨げるものではなく、長い目で見ればむしろ経済成長率を上昇させる要因ともなり得ることがこのグラフからわかる。

図2　年間GDP成長率の未来予測

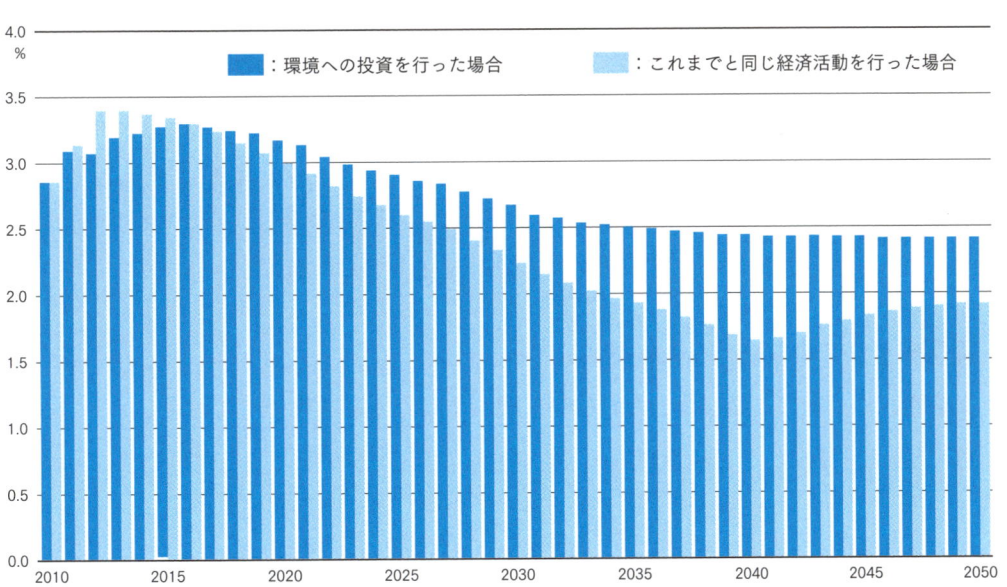

出典：UNEP（2011）*Towards a Green Economy: Pathways to Sustainable Development and Poverty Eradication - A Synthesis for Policy Makers* p.32 より転載
https://www.unep.org/greeneconomy

環境への投資が経済成長率を上げることにもなるとは言っても、日々経済活動
25　をしているわたしたち一人一人や個々の企業にとっては環境対策への投資には費
　　用がかかるため、経済的に得がないと考える向きも少なからずあるだろう。しか
　　し、❹実際はそうでないことがいくつかの研究からわかっている。例えば、家庭
　　の照明を蛍光灯や白熱電球から LED に変えると、二酸化炭素排出量は、戸建ての
　　場合、１戸あたり年間 73kg（集合住宅の場合 41kg）減らせるという。これは日
30　本の平均的世帯からの年間二酸化炭素排出量の約 0.8〜1.5％に相当する。費用に
　　ついては、戸建てと集合住宅でそれぞれ１戸あたり年間約 3,800 円と約 2,160
　　円の節約になるという。LED は、初期投資が高くつくが、その耐久性とエネル
　　ギー消費量を考えると結局は安上がりで環境にもいいというわけである。また、
　　国際再生可能エネルギー機関（IRENA）は、2019 年における太陽光や風力、水
35　力などの再生可能エネルギーによる発電の 56％が、最も安価な化石燃料発電よ
　　りも低コストで電力を供給できたと報告している。将来、技術がさらに発展する
　　ことも考慮すると、環境によいとされる商品に投資することは、長期的には節約
　　につながると考えることができそうだ。

　　このように考えると、環境保全と経済活動は❺二律背反的関係にあるのではな
40　く、両立できるものと捉えることができる。環境への投資を取り入れた新しい形
　　の経済活動を行うならば、70 年代に予測された悲観的な未来からの脱却ができ
　　るのではないだろうか。

理解チェック Check your understanding　　🎧 U8-2

文を聞いて、本文と同じだったら〇を、違っていたら×を書いてください。

1)　　　　2)　　　　3)　　　　4)　　　　5)

内容を読み取る **Reading comprehension**

1. 『成長の限界』について、_____に適切な言葉を入れてください。

メドウズらは、人類がこのまま経済活動を続けると、2100年までには

_____が減少すること、経済活動は_____して

_____がひどくなること、加えて、人口も_____

することを指摘している。

2. ❶成長の限界のシナリオ を別の言葉で言うとどのような言葉になりますか。本文中から10字以内で抜き出してください。

3. ❷経済成長に水を差す とはどのような意味ですか。

4. ❸環境保全と経済活動、どちらを優先すべきかという問い に対する答えは何ですか。本文中の表現を使って答えてください。

5. 図2について、次の質問に答えてください。

1) この図は何を示していますか。

2) この図から何がわかりますか。本文中から抜き出して、50字程度で答えてください。

6． ❹<u>実際はそうではない</u> とは、何を意味していますか。具体的に説明してください。

7． ❺<u>二律背反的関係</u> と同じ意味の言葉は何ですか。本文中から抜き出してください。

考えを述べる・広げる Sharing of knowledge

1． 環境と経済の両立が難しい要因は何だと思いますか。

2． 環境と経済の両立を可能にするために、何が必要だと思いますか。

◆1回目：辞書や単語リストを見ないで読んでください。**かかった時間**　＿＿＿＿＿分
◆2回目：辞書や単語リストで調べた言葉を書いておいてください。

生物多様性から考える経済　🎧 U8-3

　地球上には 3,000 万種もの多様な生物が存在し、熱帯林や珊瑚礁などを含めた豊かな生態系を構成している。そして、人間は、種の多様性や生態系の多様性といった生物多様性からさまざまな恩恵を受けている。例えば、食料、水、木材、エネルギー資源など生存に不可欠なものを得ており、大気の浄化、気候の安定化などの調整作用も享受している。また、多くの医薬品は植物由来の原料から生産 5 されている。海や山などの豊かな自然は、人に観光の場を提供したり、心身の疲れを癒してくれたりもする。

　地球上の各種生物種は人間活動の有無に関わらず、常に一定程度絶滅しているが、人間活動がこの絶滅の速度を100 倍～1,000 倍に速めていると言われている。生物多様性は現在、地球規模で急速に失われているのである。ひとたび生物 10 種を絶滅させてしまうと、復活させることは不可能であるにもかかわらず、熱帯林や珊瑚礁などの生態系は、すでに回復不能な限界点に達しているものや、限界点に近づいているものも数多くある。この人間活動の影響がどの程度かについては、「生物多様性の経済学：ダスグプタ・レビュー」（2021）に詳しい。1) これによると、1992 年から 2014 年のわずか 22 年の間に、道路、自動車、住宅など 15 の一人当たりの生産資本は 2 倍になり、知識、教育、健康、スキルなどの人的資本は経済価値に換算すると約 13％増えたのに対して、自然資本（森林、土、水、

大気、生物多様性、生物資源など自然によって形成される資本）は、40％近くも減ったという。

20　なぜ**①このような状態**になったのか。一つ目の理由は、自然資本の多くはその利用にあたって費用がかからないため、市場システムがそれを制限する方向には機能せず、使う方向にしか働かないからである。自然資本の利用が有料であるなら、②それを使うことに歯止めがかかるであろう。しかし、自然資本は無料で利用できることが多いため、自然資本に投資をすること、すなわち、保護をするこ

25　とが行われず、使う一方となっているのである。二つ目に、自然資本の多くは土の中や海の中など、目に見えないところに存在しているせいもあって、気づかれにくいという点が挙げられる。目に見えないために、③その影響を捉えるのが難しく、自然資本の保護はないがしろにされてきたのである。三つ目に、政策的な理由もある。各国政府は経済活動を優先させ、生物多様性を保全するよりも、経

30　済活動のために自然を利用する政策を重視してきた。前述のレビューでは、実際、工業化された農業への補助など自然に損害を与えるような活動に対する政府による補助金の総額は全世界で約４〜６兆ドルにも上るという。一方で、**②海洋や熱帯雨林などのグローバルな公共財の保護に必要な国際協定**はほぼ存在しないとしている。

35　自然資本を際限なく利用するこれまでの人間の経済的発展は、生物多様性損失の犠牲の上に成り立っている。経済活動の過程では、天然資源の採取が行われ、廃棄物が生じるが、それらは最終的には生態系に損害を与え、生物多様性を失わせている。このようなわたしたちの経済活動における需要と自然による供給能力のバランスを見直し、**③現在の経済活動には限界がある**ことをわたしたちは理解

40　すべきである。つまり、生物多様性を回復させ維持するためには、経済についてのこれまでの方法や考え方を変える<u>ほかない</u>のである。

理解チェック Check your understanding　🎧 U8-4

文を聞いて、本文と同じだったら○を、違っていたら×を書いてください。

1)　　　2)　　　3)　　　4)　　　5)

内容を読み取る Reading comprehension

1. ～～～の言葉が示す内容を本文中から探し、その言葉を書いてください。

1) これによると

_____によると

2) それを使うこと

_____を使うこと

3) その影響

_____影響

2. ❶このような状態 について、次の質問に答えてください。

1) どのような状態なのですか。

2) なぜ「このような状態」になったのかについて、_____に適切な言葉を入れてください。

まず、_____から見ると、_____は無料で利用できることが多いので、_____を使う方向にしか働かなかったためである。また、自然資本の多くは、_____。さらに、_____な点から見ると、各国政府は、_____より、_____を優先させたためである。

3. ❸現在の経済活動には限界がある とはどのような意味ですか。

考えを述べる・広げる **Sharing of knowledge**

1. 環境に関する国を超えた制度や取り組みにはどのようなものがあるか調べ、その概要を
   まとめてください。出典も明記してください。

2. 現在の環境に関する国を超えた制度や取り組みにはどのような問題点があると思います
   か。

3. ❷海洋や熱帯雨林などのグローバルな公共財の保護に必要な国際協定 がなければ、具
   体的にはどのような問題が起こると思いますか。

すばやく読む　Speed Reading

◆辞書や単語リストを見ないで読んでください。**かかった時間** ＿＿＿＿＿**分**
◆読み終わったら、問題に答えてください

内容を読み取る　Reading comprehension

1. 本文の内容と合っているものに○、違っているものに×を書いてください。

1)（　　　　）ホテルのタオルは、昔は、何も言わなくても毎日交換されていた。

2)（　　　　）ナッジは、環境問題を解決するために作られた手法である。

3)（　　　　）人は設定されている初期値に従わず、初期値を変えたがるものである。

4)（　　　　）ドイツで、グリーンエネルギーをデフォルトにした場合、約70％の人がグリーンエネルギー利用を選んだ。

5)（　　　　）グリーンエネルギーは費用がかかるので、何もしなければ積極的に選択する行動は取りにくい。

2. ＿＿＿の言葉が示す内容を具体的に説明してください。

1) 客がそれを指示するというやり方

　客が＿＿＿＿＿＿＿＿＿＿＿＿＿＿＿＿＿＿＿＿＿を指示するというやり方

2) 冒頭の例

　＿＿＿＿＿＿＿＿＿＿＿＿＿＿＿＿＿＿＿＿＿例

3) そうでない場合

　＿＿＿＿＿＿＿＿＿＿＿＿＿＿＿＿＿＿＿場合

Unit
8

環境か経済か

3. ナッジとは何か、本文から 40 字以内で抜き出してください。

4. <u>デフォルト効果が人を環境によい選択に導くかを検証した例</u> からどのようなことがわ
かりましたか。

考えを述べる・広げる Sharing of knowledge

1. 「デフォルト効果」を利用した環境対策の例を考えてください。

2. ナッジには、環境に配慮した行動を取らせるようにする以外にどのような例があります
か。調べてください。

人々の行動を変えるには

　一昔前のホテルでは、宿泊客が何も言わない限り、タオルは毎日交換されるのが当たり前だった。しかし、今では、新しいタオルに換えてもらいたい時のみ客が ₁)それを指示するというやり方が広まってきている。タオルの交換を毎日行わないことを当たり前とすることで、ホテルでは洗濯するタオルの量が大幅に減ったそうだ。洗濯には洗剤が使われ、洗剤は海を汚すことになるため、環境汚染につながる。また、洗濯機の利用は電気エネルギーや水も使うし、費用もかかる。タオルの交換を毎日行わなくてもよいのは、環境にもホテルの経営にもいい。

　実は、これは、人に強制せずに行動選択の自由を与えつつ、望ましいとされる方向に人を誘導する手法「ナッジ（nudge：そっと後押しする）」の一例である。ナッジは、人間の行動を説明する学問分野である行動科学の知見に基づいており、環境政策などの幅広い分野で利用されている。₂)冒頭の例は、デフォルト（default: 初期設定）効果を利用したナッジの例である。デフォルト効果とは、人は設定されている初期値に従い、わざわざそれと異なる行動は取らないという心理傾向のことである。

　もう一つ、デフォルト効果が人を環境によい選択に導くかを検証した例を見てみよう。これは、ドイツの約 4.2 万世帯を対象とし、風力エネルギーなどのグリーンエネルギー利用が選択されるかどうかを、グリーンエネルギーを初期設定にした場合とそうでない場合で比較したものである。その結果、グリーンエネルギーをデフォルトにした場合は対象世帯の 69% がグリーンエネルギー利用を選んだのに対し、₃)そうでない場合にそれを選んだのは 7% に過ぎなかったという。この結果から、費用のかかるグリーンエネルギーを積極的に選択する行動は取りにくいことがうかがえる。しかし、一方で、人は何らかの促しがあれば、環境にいいグリーンエネルギーを容易に選択することも明らかになった。この研究は、デフォルト効果によるナッジの有効性を示したと言える。

25 　ここで紹介したデフォルト効果以外にも、人間の行動特性を利用したナッジにはさまざまなものがある。規則などで人々の行動を強制するのではなく、ナッジを用いて環境に配慮した行動が自然と取れるよう人々を促すことは、より多くの人に環境保全に関わらせる手法の一つと言えよう。

聞く Listening

環境と経済を両立させる政策とは U8-6

図を見ながら発表を聞いて、次の質問に答えてください。

図 新型コロナウイルス感染症からの経済回復策

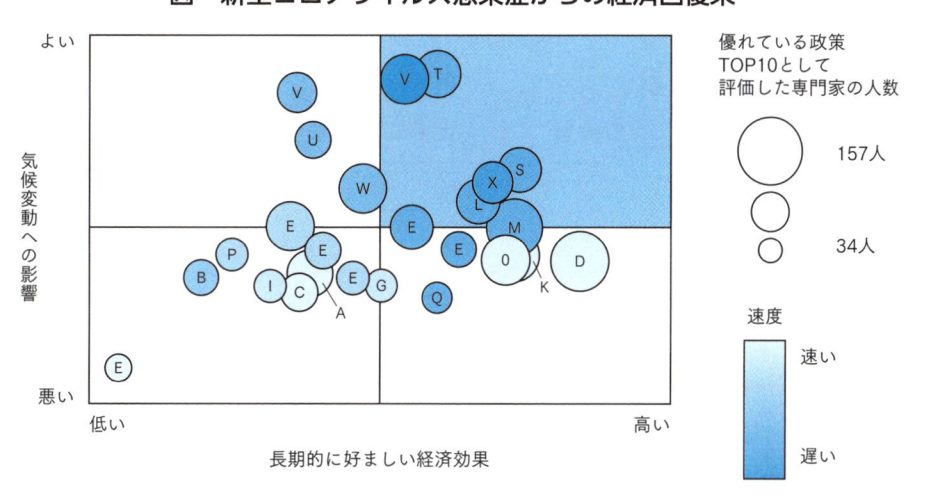

Hepburn, C. et.al (2020) Will COVID-19 fiscal recovery packages accelerate or retard progress on climate change? より転載

 内容を聞き取る Listening comprehension

1. 発表の内容と合っているものに○、違っているものに×をつけてください。

1) （　　　）新型コロナウイルス感染症への対策の影響で、温室効果ガスの排出量が減って、地球環境がよくなった。

2) （　　　）ヘップバーンらは、長期的に好ましい経済効果と気候変動の影響の点から政策を 25 のタイプに分類した。

3) （　　　）ヘップバーンらは、経済対策のための政策について、実験を行って効果を検証した。

4) （　　　）クリーンエネルギーというのは、二酸化炭素などの温室効果ガスを出すエネルギーである。

5)（　　　　）インターネット環境への投資によって、交通量を減らすことができる。

6)（　　　　）長期的な経済効果が最も低く、気候変動へのマイナスの影響を与える政策は、「航空会社に対する救済措置」だった。

2. 長期的な経済効果が高く、気候変動にもよい影響を与えるＴ・Ｙ・Ｓ・Ｘ・Ｌの方策について、適当な言葉を書いてください。

	方策	例
T	クリーンエネルギーに関する 1)＿＿＿＿＿＿＿＿への投資	2)＿＿＿＿＿＿、3)＿＿＿＿＿＿、バイオマス、地熱などを使った発電所の建設
Y	環境技術の 4)＿＿＿＿＿＿＿＿への支出	5)＿＿＿＿＿＿＿＿＿＿＿、 6)＿＿＿＿＿＿＿＿＿＿＿＿などの研究
S	クリーン交通と 7)＿＿＿＿＿＿＿＿への投資	・公共交通機関や電気自動車の 　8)＿＿＿＿＿＿＿＿＿の設置 ・9)＿＿＿＿＿＿＿＿＿＿への投資
X	10)＿＿＿＿＿＿技術や研究開発にお金をかけること	
L	11)＿＿＿＿＿＿＿＿への投資	

3. 発表者はこの研究に対して評価できる点と欠点は何だと言っていますか。

1) 評価できる点

2) 欠点

 考えを述べる・広げる Sharing of knowledge

あなたは、Ｔ・Ｙ・Ｓ・Ｘ・Ｌの方策のうち、どれが最も気候変動によい影響を与え、経済効果ももたらすと思いますか。

環境にいいとされる方策の例を取り上げ、それが本当に環境にも経済にもいいのか、ディスカッションしましょう。

 準備 Preparation

1. 3〜4人のグループになって、「聞く」内容を聞き取る**2.** の「長期的な経済効果が高く、気候変動にもよい影響を与える」とされる T・Y・S・X・L の方策から、ディスカッションするトピックを1つ選びましょう。

2. ディスカッションする方策に関して、環境にいいとされる具体例を調べましょう。各自がよく知っている国・地域における例を選び、その現状のデータ、問題点や課題を調べて、p.217 の表にまとめてください。参考にした文献の出典も明記してください。

例

方策	クリーンエネルギーに関するインフラ設備への投資
具体例	風力発電への投資 —日本の場合—
現状データ	**1) 世界と日本の風力発電量** 2023 年末の世界の風力発電の累計導入量は 1,021GW。日本の累積導入量は 5.21GW で世界 16 位以下（0.4%）。

図　2023 年の世界における新規風力発電導入量（陸上・洋上）

その他 12%
イギリス 1%
カナダ 1%
フランス 2%
スウェーデン 2%
オランダ 2%
インド 2%
ドイツ 3%
ブラジル 4%
アメリカ 5%
中国 65%

116.6 GW

GWEC（2024）*Global Wind Report 2024*
https://gwec.net/wp-content/uploads/2024/04/GWR-2024_digitalversion_final-1.pdf

Unit 8 環境か経済か

2) 日本の風力発電量の推移

2023 年 12 月の新規導入量は、24 ヶ所 158 基で 572.3MW。累積導入量は増えているが、単年導入量は 2020 年より低い。

図　日本の風力発電導入量（暦年）

日本風力発電協会（2024）「2023 年 12 月末時点日本の
風力発電の累積導入量：5,213.4MW、2,626 基」
https://jwpa.jp/information/9782/

問題点または課題	・日本はヨーロッパや中国に比べて、風力発電量が少ない 　理由：日本の洋上風力発電はヨーロッパに比べ不利。日本は温帯モンスーン気候で、風がよく吹く北海道、東北の日本海側に建設した場合でも年平均設備利用率は約 35% で、欧州の約 55% を大きく下回る。夏場には利用率が 20% 台にまで落ち込む。 ・日本の洋上風力発電の効率はヨーロッパに比べかなり低く、国民や産業はヨーロッパに比べ、7 〜 8 円 /kWh 程度高い電気の買取価格を負担することになる。
参考文献	日本風力発電協会（2024a.）「GWEC が世界風力統計を含む Global Wind Report 2024 を発表」https://jwpa.jp/information/10736/ 日本風力発電協会（2024b.）「2023 年 12 月末時点日本の風力発電の累積導入量：5,213.4MW、2,626 基」https://jwpa.jp/information/9782/ 本部和彦・立花慶治（2021）「風況の違いによる日本と欧州の洋上風力発電経済性の比較－洋上風力発電拡大に伴う国民負担の低減を如何に進めるか－」『東京大学公共政策大学院ワーキング・ペーパーシリーズ』 GWEC（2024）*Global Wind Report 2024* https://gwec.net/wp-content/uploads/2024/04/GWR-2024_digital-version_final-1.pdf

3. **2.** について、グループの皆に３分程度で話せるように練習しましょう。

4. ディスカッションの表現（巻末 p.230-233）を確認しましょう。

方策	
具体例	
現状 データ	
問題点 または 課題	
参考文献	

Unit
8
環境か経済か

発表とディスカッション Presantation and discussion

1. 準備 **2.** で調べた具体例について、1人ずつ発表し、ディスカッションしましょう。

> 発表：1人3分程度
> ディスカッション：20分

1) グループの中で、司会者、書記、報告者を決めてください。その後、1人ずつ調べてきた具体例を発表しましょう。

2) 選んだ方策について、グループで次のことを話し合ってください。
   ① グループで取り上げた方策は、環境だけではなく、経済にもいいか
   ② グループで取り上げた方策について、環境と経済を両立させる際、問題点はあるか

2. ディスカッションの内容をクラスで報告しましょう。

1) 自分たちのディスカッションがどのような内容だったかを報告しましょう。（2分程度）

2) 他のグループの報告を聞いて、わからないことを質問しましょう。

3. まとめと振り返りをしましょう。

1) 自分たちのディスカッションの内容や他のグループの報告から発見したこと、気づいたこと、わからないことなどを挙げましょう。

2) ディスカッションを振り返って、よくできたこと、改善したほうがいいことなどを挙げましょう。

自己評価

☆に色をつけましょう

	評価
1．簡潔にわかりやすく発表できたか	☆☆☆☆☆
2．簡潔にわかりやすく意見を言えたか	☆☆☆☆☆
3．論理的に意見を述べられたか	☆☆☆☆☆
4．相手の話を理解して、適切に対応できたか	☆☆☆☆☆
5．わからないことを聞き返したり確認したりしたか	☆☆☆☆☆
6．ディスカッションを進めるに値するアイデアや視点を積極的に話せたか	☆☆☆☆☆
7．ターンをうまく取ることができたか（割り込まない、持ちすぎない）	☆☆☆☆☆
8．自分の役割（司会、書記、報告者）を果たせたか	☆☆☆☆☆
9．話し方（声の大きさ、速さ、発音、流暢さ）	☆☆☆☆☆
10．態度（視線、表情、ジェスチャー）	☆☆☆☆☆
総合評価	☆☆☆☆☆

コメント	

Unit
8
環境か経済か

219

論証型のレポートを書く Writing an Argumentative Report

環境によいとされる方策の例を1つ取り上げて、データに基づいて説明し、その方策の例に関して環境と経済は両立可能か、論証型のレポートを書いてください。

◆文のスタイル：だ・である体
◆長さ：1,200字程度（± 10% = 1,080字 ～ 1,320字）

書くときのポイント Key points

1. ディスカッションで話し合ったことを基に、アウトラインを書きましょう。

【はじめに】	なぜその方策の例が環境にいいのか ・風力発電は再生可能エネルギーなので、自然資本を枯渇させない ・風力発電は二酸化炭素を排出しないので環境にいい レポートの目的 ・日本の風力発電の現状と問題点を説明し、環境と経済の両立が成り立つのか意見を述べる
【本文】	現状（データの提示） ・世界の風力発電と日本の風力発電量 ・日本の風力発電量の推移
	問題点・課題 ・日本はヨーロッパや中国に比べて、風力発電が少ない ・日本の気候や風の状況は風力発電に不利 ・価格が高くなる
	環境と経済の両立に対するあなたの意見 ・日本の風力発電は環境にはいいが、経済的な利点は少ない 　→他の再生可能エネルギーに注目したほうがいいのではないか
【おわりに】	まとめ ・日本の風力発電は気候的に不利な条件があるので、現段階での環境と経済の両立は難しい ・風力発電以外の再生可能エネルギーを考えたほうがいい

【参考文献】　日本風力発電協会（2024a.）「GWEC が世界風力統計を含む Global Wind Report 2024 を発表」https://jwpa.jp/information/10736/

日本風力発電協会（2024b.）「2023 年 12 月末時点日本の風力発電の累積導入量：5,213.4MW、2,626 基」https://jwpa.jp/information/9782/

本部和彦・立花慶治（2021）「風況の違いによる日本と欧州の洋上風力発電経済性の比較－洋上風力発電拡大に伴う国民負担の低減を如何に進めるか－」『東京大学公共政策大学院ワーキング・ペーパーシリーズ』

GWEC（2024）*Global Wind Report 2024* https://gwec.net/wp-content/uploads/2024/04/GWR-2024_digital-version_final-1.pdf

【はじめに】	なぜその方策の例が環境にいいのか
	レポートの目的
【本文】	現状（データの提示）
	問題点・課題
	環境と経済の両立に対するあなたの意見
【おわりに】	まとめ
【参考文献】	

Unit 8 環境か経済か

221

2. 指定された文のスタイルでレポートを書きましょう。書き上がったら長さを確認して、内容を増やしたり減らしたりしましょう。

3. 文章の内容にふさわしいタイトルを考えましょう。

4. 本文中で引用が適切にできているか確認し、引用文献リストを整えましょう。

> ## セルフチェック
>
> ☐ 1. 書式と体裁が整っているか。（巻末 p.238「作文の書式と体裁」を参照）
>
> ☐ 2. 言語形式が整っているか。（誤字脱字、「だ・である」体など）
>
> ☐ 3. 正確な表現が使われているか。
>
> ☐ 4. 豊かな表現が使われているか。
>
> ☐ 5. 【はじめに】【本文】【おわりに】の構成になっているか。
>
> ☐ 6. 【本文】に、「現状」「問題点・課題」「意見」が書かれているか。
>
> ☐ 7. 自分の考えと引用の区別ができており、参考文献の内容が適切にまとめられているか。
>
> ☐ 8. 本文中で引用した文献を明記し、文章末に参考文献を正しく挙げているか。

アカデミック・ジャパニーズのための 表現とルール

Expressions and Rules for Academic Japanese

① 発表

 **発表者の表現**

1) 開始する

- ◆ ○○（発表者）です。

  それでは、「～～」というタイトルで ｜ 発表を始めます。
  始めたいと思います。

  よろしくお願いいたします。

2) 発表の流れを説明する

- ◆ 本日は、1.○○ 2.△△ 3.×× の順で ｜ お話ししたいと思います。
  お話しいたします。

3) 次の話題に移る

- ◆ 次は、 ｜ △△についてお話しします。
  ××に移りたいと思います。

4) 発表を終わる

- ◆ 発表は以上です。 ｜ ご清聴、ありがとうございました。
- ◆ これで／以上で、発表を終わります。

5) 質問を促す

- ◆ ご意見、ご質問などがございましたら、よろしくお願いいたします。
- ◆ （他に）ご質問はありますでしょうか。

発表した人＝A　質問する人＝B、C

A：以上で発表を終わります。ご意見、ご質問などありましたら、よろしくお願いいたします。

B：はい、よろしいですか。

1) 発言の許可を得る

A：Bさん、どうぞ。

B：とても興味深い発表をありがとうございました。ご発表について、2つ質問させてください。まず、2枚目のスライドのグラフについて、ここには〇〇がないのですが、何かデータはあるでしょうか。それから、スライド4枚目のグラフの説明の言葉ですが、字が小さくて見えなかったので、何と書いてあったか教えていただけるとうれしいです。

2) 発表のお礼を言う

3) 何をどれだけ言うか伝える

4) 質問したい箇所と内容を伝える

A：ご質問、ありがとうございます。まず、2枚目のスライド、こちらですね。すみません、〇〇のデータは見つけられませんでした。それから、4枚目のスライドの××ですね、これは△△です。よろしいでしょうか。

5) 質問・意見のお礼を言う

6) 答えられない理由を述べる

B：はい、ありがとうございました。

7) 確認する

C：すみません、いいですか。

A：はい、Cさん。

C：ご発表、ありがとうございました。1点確認したいんですが、「このまま進めていくのがいい」とおっしゃっていたと思います。でも、それは本当にできることなんでしょうか。〇〇などのいろいろな問題があると思うんですが、いかがでしょうか。

8) 発表内容を確認する

9) 自分の意見を述べる

10) 相手の意見を求める

A：貴重なご意見をありがとうございます。確かに、そういうこともあると思います。ですが、〇〇の問題は、△△によって解決できます。「このまま進めていくのがいい」というのは、そういった問題に対応しながらということです。ですので、できるのではないかと思っています。お答えになっているでしょうか。

11) 反論する

C：はい、ありがとうございました。

A：以上でよろしいでしょうか。皆さん、ご清聴ありがとうございました。

12) 発表を終わらせる

1) 発言の許可を得る

- すみません、一つよろしいですか。
- あの、質問してもよろしいでしょうか。

2) 発表のお礼を言う

- 貴重なご報告をありがとうございました。

✎感想を述べてもよい。
  - ○○の結果に驚きました。
  - ○○という分析結果がとても説得力があると思いました。
  - 私も関心のあるテーマだったのでとても興味深く聞きました。

3) 何をどれだけ言うかを伝える

- 質問が2つ／2点あるんですが、よろしいですか。
- ○○のところで、一つ思ったんですけれど、……

4) 質問したい箇所と内容を伝える

- ○○のところで「～～」とおっしゃっていましたが、……
- ○○について、～～となっていましたが、……

5) 質問・意見のお礼を言う

- ご意見、ありがとうございました。
- 貴重なご意見、ありがとうございます。

6) 答えられない理由を述べる

- それについては調べませんでした。
- それについては、今回の発表では考えが至らなかったので、今後の課題とさせていただきます。

7) 確認する

- 今の説明で大丈夫でしょうか。
- ご質問のお答えになっているでしょうか。

8) 発表の内容を確認する

- ○○は～～ということでしたが、……
- ○○なんですけれど、これは～～ということでしょうか。

9) 自分の意見を述べる

◆ わたしは〜〜ではないかと思うんですが、

◆ わたしは〜〜だと考えるんですが、

10) 相手の意見を求める

◆ これについてはどう思われますか。

◆ ○○（発表者）さんのお考えを聞かせてくださいますか。

11) 反論する

◆ そのような考え方もできるかと思います。でも……

◆ 確かにそのような意見もあるかと思います。ですが……

12) 発表を終わらせる

◆ ご質問は他にありますでしょうか。ないようですので、これで発表を終わります。

その他の質問・コメントの表現

1) 分析内容に疑問がある場合

◆ 「○○について△△のほうが多い」とおっしゃっていましたが、具体的な数字は
ありますか。

◆ スライドのＸ枚目のデータについて、「〜〜と解釈できる」とおっしゃいました
が、……と解釈できるという可能性はありませんか。

◆ 考察で「〜〜と考えられる」とおっしゃっていましたが、……とも考えられる
んじゃないでしょうか。

2) 考え方・分析の仕方の前提に疑問がある場合

◆ ○○について△△という前提で話が進められていましたが、本当にそうでしょ
うか。なぜかというと……からです。

◆ このデータの取り方についてのコメントなんですが、この方法では正確な情報
はわからないと思います。なぜなら……からです。

◆ ○○について△△と考えられるとおっしゃっていましたが、その根拠は何でしょ
うか。教えていただけますか。

3) 説明不足の場合

- ◆ ○○の定義が示されていなかったと思うんですが、詳しく教えていただけますか。
- ◆ ○○について、もう少し詳しいデータがありますでしょうか。これだけでは判断が難しいと思いましたので、よろしくお願いします。
- ◆ ○○の具体例を挙げていただけますでしょうか。ちょっとわかりにくかったのでよろしくお願いいたします。

4) 論が不整合な場合

- ◆ ○○の根拠は△△とおっしゃっていましたが、それは根拠にはならないんじゃないかと思います。なぜかというと……からです。
- ◆ ○○という問いと△△という結論 は対応していない／には整合性がない んじゃないかと思いました。なぜかというと……。
- ◆ 発表で示された根拠だけでは、○○という結論にするのは難しいんじゃないかと思いました。なぜなら……。

5) 発表の動機や意義が不明瞭な場合

- ◆ なぜこのトピックにしようと考えたのか、教えていただけますか。
- ◆ この発表の意義や何に役立つかを教えていただけますか。

✍️質問やコメントは上記のものに限りません。発表を聞いて疑問に思ったことを率直に述べて、建設的な議論をしましょう。

② ディベート

事実確認のために質問する時の表現

- すみません、～～というところがよくわからなかったので、

  | もう少し詳しく | 説明していただけませんか。 |
  | 具体的な例を挙げて | |

- すみません、～～というのは、……という理解で

  | いいでしょうか。 |
  | 合っているでしょうか。 |

- すみません、聞き逃してしまったのかもしれませんが、～～というのは、……ということでしょうか。

- 先ほど～～とおっしゃっていましたが、それは……ということですか。

- お聞きしたいことが2点あるんですが、

  | 1つ目は～～。2つ目は……。 |

  2つお聞きしたいんですが、

  2点よろしいでしょうか。

質問や反論に対応する時の表現

1) 事実確認の質問に答える時

- ご質問／ご意見／ご指摘 ありがとうございます。

- ちょっと説明が足りませんでしたので、

  | ～～について、 | もう一度説明いたします。 |

  ちょっとわかりにくかったと思いますので、

  ちょっと説明不足でしたので、

  | | 補足いたします。 |

2) 反駁 (反論への反論) する時

✍反論に賛成した上で反駁する時

- ～～とおっしゃいましたが、確かにその通りだと思います。ですが、……ということもあるのではないでしょうか。

- ～～とおっしゃいましたが、そうした指摘はもっともです。ですが、……とも考えられると思います。

✍反論に譲歩した上で反駁する時

- ～～とおっしゃいましたが、そうですね、そういう意見もあるかもしれません。ですが、……。

228

◆ 〜〜とおっしゃいましたが、確かに、そういう考え方もできるかと思います。ですが、……。

3) 質問や反論にすぐに答えられない時

◆ 〜〜については、これから考えていきたいと思います。

◆ すみません、この件については、まだ調べておりませんので、今後の課題といたします。

◆ 勉強不足ですみません。今はこれに答えられる情報はありません。ご指摘、ありがとうございました。

ジャッジが講評する時の表現

1) ねぎらう

◆ 興味深い／活発な ディベートをありがとうございました。

2) 結果を伝える

◆ わたし（たち）は、｜ ○○グループを勝ちとしました。
　　　　　　　　　　 ○○グループのほうが説得力があると思いました。

3) 理由を述べる

◆ ○○グループは、｜ 質問に対する答えを論理的に述べていて ｜ よかったです。
　　　　　　　　　 質問に全部答えていて

特に、〜〜という意見がよかったです。

◆ また、最終意見も、｜ 具体例があって ｜ わかりやすかったです。
　　　　　　　　　　 皆が協力して話をしていて ｜ よかったです。

◆ △△グループは、
　　　　　｜ 反論に対する根拠が弱かったので、そのまま最終意見も弱くなった ｜ と思います。
　　　　　　 最終意見もあまり変わらなくて、同じことを繰り返していた

③ ディスカッション

1) 始める

- では今から、〜〜についてディスカッションを 始めたい／行いたい と思います。
- 司会の〇〇です。どうぞよろしくお願いいたします。
- まず、〜〜について一人ひとりのお考えを聞かせて いただけますか／いただけますでしょうか。
- △△さん、いかがですか。ご意見をよろしくお願いいたします。
- では、まずはじめに、わたしの考えをお話しします。
- 次に／続きまして、××さんのご意見はいかがですか。

2) 質問やコメントを受け付ける

- 今の〇〇さんの意見に対して | 質問やコメントなどはありますか。
  質問やコメントなどがありましたら、挙手をお願いします。

3) まとめる

- 皆さんからの意見をまとめますと、〜〜。
- そろそろ時間ですので、皆さんからの意見をまとめたいと思います。

4) 終わる

- では、時間になりましたので、今日のディスカッションはこれで 終わりにしたい／終了したい と思います。ありがとうございました。

1) 意見とその理由を伝える

- （わたしは）〜〜と思います。（なぜかというと）……からです。
- わたしの考えでは／わたしの意見では、〜〜。
- 個人的には、〜〜と思います。
- これは、あくまでわたしの考えなんですが、〜〜。

2) 意見を遠慮がちに伝える

- ◆ 〜〜んじゃないかと思います。
- ◆ 〜〜んじゃないかと思うんですが。
- ◆ 〜〜と 思われます／考えられます。
- ◆ 〜〜ように 思われるんですが／考えられるんですが。
- ◆ 〜〜かもしれません。
- ◆ 別の見方をすると、〜〜ということも言えるんじゃないでしょうか。
- ◆ 間違っているかもしれないんですが、〜〜。

3) 賛成する

- ◆ わたしも○○さんの意見に賛成です。
- ◆ 同感です。
- ◆ わたしも 同じように／その通りだと 思います。

4) 反論する

- ◆ 確かにそうかもしれません。

  確かにそう考えられるかもしれません。

  確かにそう言えるかもしれません。

  | ただ、 | わたしは……（と考えられるんじゃないか）と思います。 |
  | でも、 | ……ということも言えるんじゃないでしょうか。 |

- ◆ ○○さんの意見も、もっともですが、……。
- ◆ ○○さんは、先ほど、〜〜とおっしゃいましたが、……。
- ◆ 〜〜とおっしゃいましたが、 | わたしはそうは思わなくて、……。
  | わたしの考えはちょっと違っていて、……。

5) 質問する

- ◆ すみません、今おっしゃったことがよくわからなかったので、もう一度、説明していただけますか。
- ◆ なぜそう思うのか、理由を教えて いただけますか／いただけませんでしょうか。
- ◆ ちょっとよくわからなかったので、具体的な例を挙げてもらえますでしょうか。
- ◆ すみません、 | もう1点、（質問したいのですが）、よろしいでしょうか。
  | もう一つ、お聞きしたいのですが。

6) 意見を追加する

- ◆ ○○さんの意見に追加したいんですが、

- ◆ もう1点、追加したいんですが、
- ◆ あと、もう一つ、付け加えたいんですが、

上手に聞くための表現

1) あいづちを打つ

- ◆ ええ　　◆ はい　　◆ そうですね　　◆ 確かに　　◆ なるほど

2) 確認する

◆ 〜〜とは、	……	ということですか。
◆ 〜〜とおっしゃいましたが、		ということでしょうか。
◆ 〜〜というのは、		という理解でよろしいでしょうか。
		という理解で正しいですか。
		ということで合っていますか。
		と考えていいですか。

3) まとめる

◆ 今おっしゃったことをまとめると、〜〜	ということですね。
	ということになりますか。

4) わからない言葉を聞く・詳しく聞く

◆ すみません、「〜〜」	って	……（の）ことですか。
	というのは、	例えば、……ですか。
		英語で言うと、……ですか。
		例えばどういうことですか。

報告する時の表現

🖋ディスカッション報告の流れ

わたしたちのグループは、最初は＿＿＿＿＿＿＿についてディスカッションしました。
（最初のトピック）

これについて、〜〜という意見が出ました。

それで、＿＿＿＿＿＿＿＿＿＿＿＿＿＿について皆で考えました。
（2つ目のトピック）

これについては、……という意見が出ました。

_____。
（まとめ）

以上です。

1) 全員の意見が同じだった場合

- ◆ 〜〜という意見が出ました。全員同じ意見でした。
- ◆ 全員が〜〜という意見でした。

2) さまざまな意見があった場合

- ◆ 〜〜という意見と、……という意見が出ました。
- ◆ 〜〜という意見が出ました。一方、……という意見もありました。

3) まとめを述べる

このようにいろいろな意見が出ましたが、_____については、

（トピック）

① 意見がまとまった場合

- ◆ 〜〜ということでまとまりました。
- ◆ 〜〜ではないだろうかということになりました。

② 意見がまとまらなかった場合

- ◆ 十分に話すことができませんでした。
- ◆ 今結論を出すことは難しいということになりました。

4) 補足する

① 他の人に報告内容を補足してもらう場合

- ◆ 何か 付け足す／補足する ことはありますか。
- ◆ ○○さんから〜〜について、もう少し詳しく説明してもらいます。
- ◆ ○○さん、〜〜についてお願いします。

② 報告に付け足したい場合

- ◆ すみません、〜〜について、 | 少し 説明／補足 させてください。
　　　　　　　　　　　　　　　付け足しなんですけれど、……。
　　　　　　　　　　　　　　　付け加えたいんですけど、……。

スライドの作り方

> 2024秋　上級日本語
> ユニット1 発表　　　　　　　①
>
> 私たちの日常生活に潜む認知バイアス
> －同調バイアス－
>
> 2024年10月13日
> JL24－565656
> リナ・マイヤー

1) スライドの1枚目には授業名、発表日、タイトル、自分の名前を書く

> 「同調バイアス」とは　　　　②
>
> 「同調」
> 自分の意見や行動を周りの人たちに合わせること
>
> 「同調バイアス」
> 周りの人たちに同調してしまう傾向

2) スライドの文は文章にせず、箇条書きにする

3) フォントは読みやすいサイズにする（20pt以上）

4) 難しい言葉にはふりがなや英語訳をつける

> アッシュの同調実験（手順）　③
>
> 図1の1～3の中で、
> 図2の線と同じ長さの線はどれ？ 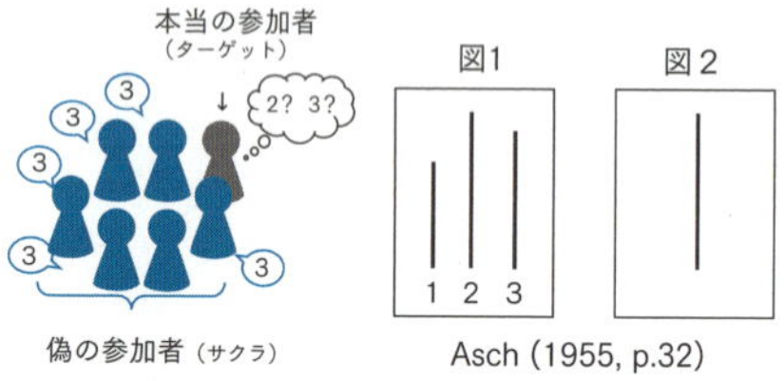
>
> 本当の参加者（ターゲット）
> 図1　　図2
> 1 2 3
> 偽の参加者（サクラ）　Asch (1955, p.32)

5) 参考にした資料がある場合、出典を明記して引用する

> 参考文献　　　　　　　　　⑦
>
> 池田朋矢・一川誠（2023）「災害時の危険判断に避難指示文による同調バイアスが及ぼす影響」『日本感性工学会論文誌』22（1）、147-154
>
> Asch, S.E. (1955) Opinions and social pressure. *Scientific American. 193 (5)*, 31-35.

6) 最後のスライドには参考文献を載せる

参考文献リスト

　文献の並べ方はいろいろな方法がありますが、ここでは、まず日本語文献を５０音順に、その後英語文献をアルファベット順に並べることにします。

＊ここでの文献の書き方は APA スタイルに準じています。

1) 図書

◆ 山口周（2021）『自由になるための技術 リベラルアーツ』講談社
　　筆者名　　　発行年　　　　　　　　本のタイトル　　　　　　　　　出版社名

◆ 門倉正美（2006）「〈学びとコミュニケーション〉の日本語力 アカデミック・ジャパニー
　　筆者名　　　発行年　　　　　　　　　　論文のタイトル

ズからの発信」門倉正美・筒井洋一・三宅和子編『アカデミック・ジャパニーズの挑戦』
　　　　　　　　　　　　　　　　　　　　　　　　本のタイトル

ひつじ書房 , 3-20
　　出版社名　　ページ

2) 論文・雑誌記事

◆ 田畑智博・文多美（2012）「住宅での使用実態を考慮した家庭用光源商品の切り替え
　　筆者名　　　　発行年　　　　　　　　　　論文のタイトル

対策の環境的・経済的評価」『環境科学会誌』25（5）, 367-377
　　　　　　　　　　　　　　雑誌のタイトル　巻（号）　　ページ

3) 新聞記事

◆ 毎日新聞（2024 年 3 月 4 日）「CA の身だしなみ、男女共通ルールに 服装や化粧…
　　新聞社名　　　発行年月日　　　　　　　　　　記事名

多様性尊重」https://mainichi.jp/articles/20240304/k00/00m/020/275000c
　　　　　　　　　　　　　　　　　　　　URL

4) 辞典類

◆ 湯浅良雄（2021）「育児休業」『日本大百科全書』小学館
　　項目の筆者名　発行年　　　項目　　　　辞典名　　　出版社

5) Web ページ記事

◆ 気象庁 （n.d.）「台風とは」https://www.jma.go.jp/jma/kishou/know/typhoon/1-1.html
　　サイト名 発行年　記事名　　　　　　　　　　　　URL

- ◆厚生労働省（<u>2022a</u>）「育児・介護休業法の改正について〜男性の育児休業取得促進等〜」https://www.mhlw.go.jp/content/11900000/000851662.pdf
- ◆厚生労働省（<u>2022b</u>）「令和 3 年度雇用均等基本調査 事業所調査結果概要」https://www.mhlw.go.jp/toukei/list/dl/71-r03/03.pdf

> 同じ年の場合、a・b をつける

引用

　自分の考えや意見を述べる時、他の人の意見を引用すると、自分の意見の根拠を示したり、補強したりすることができます。ただし、引用する時のルールを守らないと、盗用や剽窃と思われてしまいます。

<u>ルール 1 ：自分の意見と引用（他の人の意見）をはっきりと区別する。</u>

1) <u>自分の意見を述べる</u>

　　　~~わたしは〜〜と 思う／考える。~~

　　◆わたしは〜〜と 思われる／考えられる／言える。
　　◆〜〜は、……だろう／ではないだろうか。

　✍アカデミックな文章では一般に「わたしは」は使いません。

2) <u>引用する</u>

　　◆<u>山本（2004）</u>｜によると｜〜〜｜ということだ。
　　　　情報源　　｜によれば｜　　｜とされている。
　　　　　　　　　｜では、　｜　　｜という
　　　　　　　　　　　　　　　　　｜である。

　　◆<u>山本（2004）</u>は、〜〜と 述べている／書いている／言っている／している。
　　　　情報源

例1 アカデミック・ジャパニーズに求められるのは「論理的・分析的・批判的思考法」（<u>山本 2004</u>）だと言われている。
　　　（筆者名字 発行年）

例2 <u>山本（2004）</u>は、アカデミック・ジャパニーズに求められるのは「論理的・分析的・
　　　筆者名字（発行年）
　　　批判的思考法」だと述べている。

ルール2：どこから引用したか（＝情報源）がわかるようにする。

> 筆者の名字 * （本の発行年）

　＊筆者が2人の場合　→　田中・高橋（2020）
　　筆者が3人以上の場合　→　田中ら（2020）／田中ほか（2020）

ルール3：引用した部分がどこからどこまでかがわかるようにする。

1) **直接引用**　　書いてあること、言っていたことをそのまま引用する

例

> 松原（2018）は、「**これからの AI の議論に求められるものは、分かつこ
> とではなく、しなやかに共存する道を探ること**」だとしている。
> まつばら　　　　　　　　　　　　　　　　　　　きょうそん

> 書いてあることをそのまま「　　　」に入れる

2) **間接引用**　　内容をまとめたり、言い換えたりして引用する

例

> 松原（2018）は、**これからの議論に必要なのは、人間と人工知能が共存す
> る道を探すことである**としている。
> まつばら

> 書いてあることを言い換えた部分

　情報源と引用部分をきちんと示して、自分の意見を自分の意見をより明確で説得力のある
ものにしましょう。

✍引用についてより知りたい場合はこちらが参考になります。
東京大学教養教育高度化機構初年次教育部門（2017）『科学の技法』東京大学出版会
二通信子・佐藤勢紀子・因京子・山本富美子・大島弥生（2009）『留学生と日本人学生のためのレ
ポート・論文表現ハンドブック』東京大学出版会

⑥ 作文

　日本語でよく使われるフォントは明朝体（Mincho）です。最近では、UDフォントもよく使用されます。中国語のフォントを使用しないように気をつけてください。ローマ字や数字でよく使われるのは Times New Roman や Arial です。半角にするのが一般的です。フォントサイズは、本文は 10～11 ポイント、タイトルは大きめの 14～18 ポイントにします。指定された字数がある場合、±10％になるようにしてください。

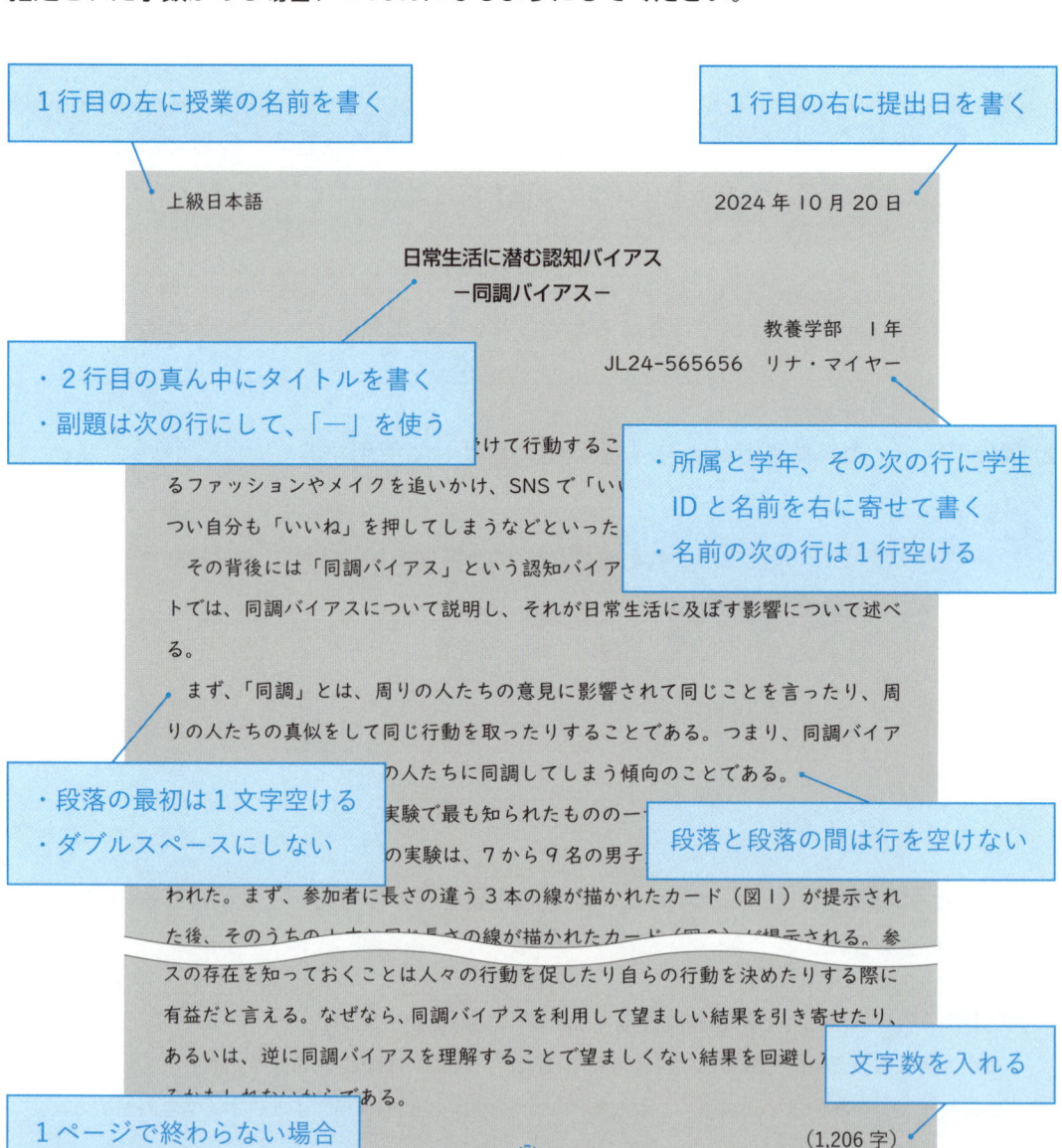

・1 行目の左に授業の名前を書く

・1 行目の右に提出日を書く

・2 行目の真ん中にタイトルを書く
・副題は次の行にして、「―」を使う

・所属と学年、その次の行に学生 ID と名前を右に寄せて書く
・名前の次の行は 1 行空ける

・段落の最初は 1 文字空ける
・ダブルスペースにしない

・段落と段落の間は行を空けない

・文字数を入れる

・1 ページで終わらない場合はページ番号を入れる

上級日本語　　　　　　　　　　　　　2024 年 10 月 20 日

日常生活に潜む認知バイアス
―同調バイアス―

教養学部　1 年
JL24-565656　リナ・マイヤー

　〜〜〜〜〜〜向けて行動するこ〜〜〜〜〜〜〜〜るファッションやメイクを追いかけ、SNS で「い〜〜〜〜つい自分も「いいね」を押してしまうなどといった〜〜〜〜

　その背後には「同調バイアス」という認知バイア〜〜〜〜トでは、同調バイアスについて説明し、それが日常生活に及ぼす影響について述べる。

　まず、「同調」とは、周りの人たちの意見に影響されて同じことを言ったり、周りの人たちの真似をして同じ行動を取ったりすることである。つまり、同調バイア〜〜〜〜〜の人たちに同調してしまう傾向のことである。

〜〜〜〜〜実験で最も知られたものの一〜〜〜〜〜〜の実験は、7 から 9 名の男子〜〜〜〜〜われた。まず、参加者に長さの違う 3 本の線が描かれたカード（図 1）が提示された後、そのうちの〜〜〜〜〜長さの線が描かれたカード（図 2）〜提示される。参〜〜〜〜〜

スの存在を知っておくことは人々の行動を促したり自らの行動を決めたりする際に有益だと言える。なぜなら、同調バイアスを利用して望ましい結果を引き寄せたり、あるいは、逆に同調バイアスを理解することで望ましくない結果を回避し〜〜〜〜〜〜〜〜〜〜〜〜〜〜からである。

（1,206 字）

238

文型表現さくいん

単語さくいん

おおあめ　大雨　heavy rain　　U3-IR2
オーエル　OL　office lady　　U2-IR2
オーストリア　Austria　　U4-SR
おおつちちょう　大槌町　Otsuchi Town
　　U6-IR2
おおはば（な）　大幅（な）
　substantial　　U8-SR
おおみそか　大晦日　New Year's Eve
　　U6-IR1
おか　丘　hill　　U6-IR2
おかいどく　お買い得　bargain　U1-SR
おかしみ　wit　　U4-IR2
おき　沖　open sea　　U3-IR1
おくらせる　遅らせる　to delay　U5-SR
おこない　行い　conduct　　U1-IR2
おしむ　惜しむ　to regret　　U1-SR
おしょう　和尚　priest　　U4-L
おせん　汚染
　pollution; to pollute　　U8-IR1
おだやか（な）　穏やか（な）
　gentle; calm　　U7-IR1
おちど　落ち度　fault　　U1-IR2
おとしめる
　to show contempt for　　U2-IR2
おはぐろ　お歯黒
　tooth blackening　　U2-SR
おびやかす　脅かす　to threaten　U6-IR2
おびる　帯びる　to take on　　U3-IR2
オフ　off　　U5-IR2
おも（な）　主（な）　main
　　U1-IR2　U7-IR1
おもいうかぶ　思い浮かぶ
　to come to mind　　U4-IR1
おもいこむ　思い込む
　to be under the impression　U4-IR1
おもいやり　思いやり　consideration
　　U1-IR2
おもしろおかしい　amusing　U7-L
およぼす　及ぼす　to affect; to cause
　　U1-IR1　U6-IR2
オランダ　The Netherlands　U4-IR1
おんけい　恩恵　benefit　　U8-IR2
おんげん　音源　sound source　U6-IR2
おんしつこうかガス　温室効果ガス
　greenhouse gas　　U8-L
おんせい　音声　voice; sound　U6-IR2
おんど　温度　temperature　U5-IR2

か

かい　快　pleasure　　U4-IR1
かい　下位　subordinate　　U7-IR1
がい　害　harm　　U6-IR2
かいが　絵画　painting　　U2-IR1
がいかい　外界　outside world　U5-SR
かいこう　海溝　ocean trench　U3-L

かいこく　開国　opening of the country;
　to open the country　　U2-SR
かいしょう　解消　resolution; to resolve
　　U4-IR2　U5-IR1
かいすう　回数　frequency　U1-L
かいせつ　開設　opening; to open　U1-L
がいてき　外敵　foreign enemy　U2-IR1
かいてき（な）　快適（な）　comfortable
　　U5-IR2
がいてき（な）　外的（な）　external
　　U1-IR2
かいば　海馬　hippocampus　U5-IR1
かいめい　解明　clarification; to clarify
　　U4-IR1　U5-IR1　U6-L
かいめん　海面　sea surface　U3-IR1
かいよう　海洋　ocean　　U8-IR2
がいよう　概要　overview　U5-L
かえってくる　返ってくる　to return
　　U6-IR2
かえる　返る　to return　　U1-IR2
かえる　換える　to replace　U8-SR
かおだち　顔立ち　facial features　U2-IR1
かかせない　欠かせない　indispensable
　　U2-IR1
かきあらためる　書き改める　to rewrite
　　U7-IR1
かぐ　家具　furniture　　U3-SR
がくぎょう　学業　studies　U5-L
がくげい　学芸　liberal arts　U7-IR1
かくさ　格差　disparity　　U7-SR
かくさん　拡散　spread; to spread
　　U1-IR2
かくじ　各自　each　　U3-SR
かくしゅ　各種　all sorts　U8-IR2
かくせい　覚醒　awakening; to awaken
　　U5-IR1
ガクッと　suddenly　　U6-L
かけあう　かけ合う　to call out to　U3-SR
～かこく　～カ国　～ countries
　　U5-IR2　U7-IR2
かごん　過言　exaggeration　U7-IR2
かさい　火災　fire　　U3-L
かさなる　重なる　to overlap　U3-L
かし　歌詞　lyrics　　U6-L
かしこい　賢い　wise　　U1-SR
かしょうひょうか　過小評価
　underestimation; to underestimate
　　U1-IR1
かしん　過信　overconfidence; to be
　overconfident　　U1-IR1
かせきねんりょう　化石燃料　fossil fuel
　　U8-IR1
かせぐ　稼ぐ　to earn　　U2-IR2
かせつ　仮説　hypothesis
　　U1-IR2　U5-IR1　U6-L
かせん　河川　rivers　　U3-IR2
がぞう　画像　image　　U6-IR1

かぞく　華族　noble　　U2-SR
かだいひょうか　過大評価
　overestimation; to overestimate
　　U1-IR2
かたより　偏り　bias　　U1-IR1
かたりかける　語りかける　to speak
　　U6-IR2
かだん　火山　volcano　　U3-IR1
がっき　学期　semester　　U5-L
かっきてき（な）　画期的（な）
　groundbreaking　　U5-L
かっこく　各国　each country　U8-SR
かつだんそう　活断層　active fault　U3-L
かつどうりょうけい　活動量計
　activity meter　　U5-L
かっぱつ（な）　活発（な）　active　U5-IR1
かど（な）　過度（な）　excessive　U6-IR2
かながわ（けん）　神奈川（県）
　Kanagawa (Prefecture)　U3-L
かなしみ　悲しみ　sadness　U6-IR2
かふそく　過不足　excess or deficiency
　　U7-L
かまくら（じだい）　鎌倉（時代）
　Kamakura (period)　　U2-SR
カリフォルニア　California　U6-IR2
かりゅう　下流　downstream　U3-IR2
かれし　彼氏　boyfriend　U2-L
～がわ　～側　~ side　　U3-IR2
かわいそう（な）　pitiful　U6-IR2
かわかみひろみ　川上弘美
　Hiromi Kawakami　　U7-IR1
かわき　渇き　thirst　　U4-SR
かわく　渇く　to be thirsty　U4-SR
かわばたやすなり　川端康成
　Yasunari Kawabata　U7-IR2
かわりもの　変わり者　eccentric　U2-SR
～かん　～感　sense of ~　U2-L
かんがみる　鑑みる　to consider;
　to take into account　　U5-IR2
かんすい　冠水　flood; to be flooded
　　U3-SR
かんせん　感染　infection; to infect
　　U1-IR2
かんせんしょう　感染症
　infectious disease　U1-IR2
かんせんびょう　感染病
　infectious disease　U7-SR
かんそう　感想　impression　U7-L
かんちがい　勘違い　misunderstanding;
　to misunderstand　　U1-IR1
かんとうだいしんさい　関東大震災
　Great Kanto Earthquake　U3-L
かんぱ　寒波　cold wave　U3-IR1
かんばつ　干ばつ　drought　U3-IR1
がんめん　顔面　face　　U2-IR1
かんりょう　完了
　completion; to complete　U5-L

がんりょう　顔料　pigment　U2-IR1
かんわじてん　漢和辞典
　　Kanji-Japanese dictionary　U2-SR

き

きあい　気合　spirit; fighting spirit
　　U2-IR2
きおん　気温　air temperature　U3-IR2
きがえる　着替える
　　to change one's clothes　U2-L
ぎきょく　戯曲　play　U7-IR1
きげき　喜劇　comedy　U4-IR2
きげん　機嫌　mood　U2-L
きげん　起源　origin　U4-IR1
きこう　気候　climate　U3-IR2　U8-IR2
ぎこちなさ　awkwardness　U6-L
きこん　既婚　married　U2-SR
きしょう　気象　weather　U3-IR2
きしょう　起床　rising; to arise　U5-IR1
きしょうせい　希少性　rarity　U1-SR
ぎしわじんでん　魏志倭人伝　Wajinden
　　U2-SR
きずあと　傷跡　scar　U2-IR1
きずな　絆　bond; connection　U6-IR2
きぞく　帰属　attribution; to attribute
　　U1-IR2　U2-IR1
きぞく　貴族　aristocrat　U7-IR1
きそん　既存　existing; to pre-exist
　　U7-IR1
きどあいらく　喜怒哀楽　emotions
　　U5-IR1
きにゅう　記入　filling in; to fill in　U6-SR
ぎねん　疑念　doubt; suspicion　U7-IR1
きはん　規範　norms　U2-IR2
きばん　基盤　foundation; base　U4-IR1
ぎほう　技法　technique　U7-IR1
きまつ　期末　end of term　U5-L
きみょう（な）　奇妙（な）
　　strange; peculiar　U4-IR2　U5-IR1
キモい　gross; yuck　U6-L
ぎもんし　疑問視
　　skepticism; to be skeptical　U7-L
きゃっかんせい　客観性　objectivity　U5-L
きゃっこう　脚光　limelight　U5-IR1
キャプション　caption　U1-L
キャリアウーマン　career woman　U2-IR2
ギャル　gal; gyaru　U2-IR2
きゅうげき（な）　急激（な）　rapid　U3-IR2
きゅうさい　救済　relief; to relieve　U8-L
きゅうじつ　休日　holiday　U5-IR2
きゅうそく　休息　rest; to rest　U5-IR1
きゅうてい　宮廷　royal court　U2-IR1
きゅうりゅう　急流　rapid flow　U3-IR2
きょうかい　境界　boundary
　　U3-L　U7-IR2

きょうかん　共感
　　empathy; to empathize　U7-L
きょうきゅう　供給　supply; to supply
　　U8-IR1
きょうじゅ　享受　enjoyment; to enjoy
　　U8-IR2
きょうじょ　共助　mutual support
　　U3-SR
きょうてい　協定　agreement　U8-IR2
きょうと　教徒　believer　U2-IR1
きょがく　虚学　non-practical science
　　U7-IR1
きょぜつ　拒絶　refusal; to refuse　U7-SR
きょてん　拠点　base　U6-IR2
きょようど　許容度　tolerance level
　　U6-SR
きりつ　規律　discipline　U1-IR1
きれなが（な）　切れ長（な）
　　almond-shaped　U2-IR1
きんかい　近海　coastal waters　U3-IR2
きんきゅうじしんそくほう　緊急地震速報
　　Earthquake Early Warning　U3-L
きんしれい　禁止令　prohibition order
　　U2-SR
きんねん　近年　recent years
　　U1-IR1　U2-IR2　U3-IR2　U6-SR　U8-IR1
きんみらい　近未来　near future　U7-SR

く

くげ　公家　court noble　U2-SR
くし　駆使　making full use of;
　　to make full use of　U1-IR2
くすぐる　to tickle　U4-IR1
くちべに　口紅　lipstick　U2-IR2
くちもと　口元　around the mouth　U6-L
ぐっすり　sound asleep　U5-IR2
くにべつ　国別　by country　U5-IR2
くばる　配る　to distribute　U3-SR
くぶん　区分　dividedness; to divide
　　U4-IR1
クマ　bear　U7-IR1
くみあわせ　組み合わせ　combination
　　U4-SR
くみあわせる　組み合わせる　to combine
　　U5-IR1
クリーンエネルギー　clean energy　U8-L
グリーンエネルギー　green energy　U8-SR
クリティカル・シンキング
　　critical thinking　U1-IR1
グローバル（な）　global　U8-IR2
～くん　-kun (honorific for a boy)　U4-L
ぐんい　軍医　military doctor　U7-IR2

け

けいく　警句　epigram; aphorism　U3-IR1

けいげん　軽減　reduction; to reduce
　　U1-IR1
けいこうとう　蛍光灯　fluorescent light
　　U8-IR1
けいざいきょうりょくかいはつきこう
　　経済協力開発機構　Organisation
　　for Economic Co-operation and
　　Development　U5-IR2
けいしょう　警鐘　alarm bell; warning
　　U7-SR　U8-IR1
げいのう　芸能　entertainment;
　　performing arts　U4-IR2
げきさっか　劇作家　playwright　U4-IR1
げじゅん　下旬　the end of the month
　　U3-IR2
けってん　欠点　drawback; demerit
　　U8-L
けむし　毛虫　caterpillar　U4-L
ゲラゲラ　guffaw　U4-IR1
けんい　権威　authority　U2-IR1
けんかい　見解　opinion　U8-L
げんこう　現行　current　U6-IR2
げんしむらのこんれい　原子村の婚礼
　　Wedding in the Atomic Village
　　*Name of a novel　U7-IR1
けんしょう　検証　verification; to verify
　　U8-SR
げんせつ　言説　discourse; idea　U5-IR1
けんぜん（な）　健全（な）　sound; healthy
　　U6-IR2
げんどう　言動　words and actions
　　U6-IR2
げんばく　原爆　atomic weapon　U7-IR1
げんぱつ　原発　nuclear power　U7-IR1
げんぷく　元服　coming-of-age
　　ceremony; to come of age　U2-SR
げんりょう　原料　raw materials　U8-IR2

こ

ごうう　豪雨　torrential rain　U3-IR2
こうかい　後悔　regret; to regret　U1-SR
ごうかく　合格　pass; to pass　U4-IR1
こうき　後期　latter stage　U2-IR1
こうぎ　抗議　protest; to protest　U8-IR1
こうきあつ　高気圧
　　high atmospheric pressure　U3-IR2
こうきしん　好奇心　curiosity　U4-IR2
こうきょうざい　公共財　public asset
　　U8-IR2
こうけつあつ　高血圧
　　high blood pressure　U5-IR2
こうごう　皇后　Empress　U2-SR
ごうこん　合コン　matchmaking party
　　U2-IR2
こうじょ　公助　public support　U3-SR

こうず　構図　composition; structure U4-IR2

こうずい　洪水　flood U3-IR1

こうすいりょう　降水量　precipitation U3-IR2

ごうせい　合成　synthesis; to synthesize U6-IR1

こうせい（な）　公正（な）　fair U1-IR2

こうそく　校則　school rules U2-IR2

こうちく　構築
construction; to construct U6-IR2

こうてき（な）　公的（な）　public U3-SR

こうばい　購買　purchasing; to purchase U1-SR

ごうほうてき（な）　合法的（な）　legal U7-SR

こうみょう（な）　巧妙（な）　clever U1-SR

こうりつ　公立　public U3-L

こうりょく　効力　validity U6-SR

こうれい　恒例　custom U6-IR1

ごかい　誤解　misunderstanding;
to misunderstand U1-IR2

こかつ　枯渇　depletion; to deplete U8-IR1

こかつせいしげん　枯渇性資源
depletable resource U8-IR1

こくさいきょうりょくきこう　国際協力機構
Japan International Cooperation
Agency U3-IR1

こくど　国土　country's land U3-IR2

こくないそうせいさん　国内総生産
gross domestic product U8-IR1

こくれんかんきょうけいかく
国連環境計画　United Nations
Environment Programme U8-IR1

ごげん　語源　etymology U7-IR1

こころがける　心がける　to bear in mind U5-SR

こころみ　試み　experiment U7-IR1

ごさ　誤差　error U3-L

ごじつ　後日　later U6-IR2

こじん　故人　the deceased
U4-IR2　U6-IR1　U7-SR

コスト　cost U8-IR1

こだて　戸建て　detached house U8-IR1

こっきょう　国境　national border U7-IR2

こっけい（な）　滑稽（な）　ridiculous U4-IR1

コツコツ　bit by bit U5-L

こてん　古典　classic U4-L　U7-IR2

こてんてき（な）　古典的（な）　classical U4-IR2

ことがら　事柄　matter U7-IR2

こなす　to perform U7-L

このましい　好ましい　preferable
U1-IR2　U8-L

こふんじだい　古墳時代　Kofun period U2-IR1

ごへんかん　誤変換　misconversion U4-IR2

ゴボウ　burdock U4-L

こぼれる　to spill U4-IR1

ごまかす　to cheat; to deceive U2-L

コミュニティ　community U3-SR

こもる　to be filled with U6-L

ごらく　娯楽　amusement; pastime U7-IR1

こりつ　孤立　isolation; to isolate U7-L

こんがん　懇願　entreaty; to entreat U7-IR2

こんげんてき（な）　根源的（な）
fundamental U7-IR2

コントラスト　contrast U2-SR

こんびににんげん　コンビニ人間
Convenience Store Woman
*Name of a novel U7-L

さ

ザ・ニューヨーカー　The New Yorker U7-L

さいあく（な）　最悪（な）　worst U1-IR1

さいか　災禍　disaster; calamity U3-SR

さいがい　災害　disaster
U1-IR1　U3-IR1　U7-IR1

さいがいえきがくけんきゅうせんたー
災害疫学研究センター　Centre for
Research on the Epidemiology of
Disasters U3-IR1

サイクル　cycle U5-IR1

サイクロン　cyclone U3-IR1

さいげん　再現　reproduction;
recreating; to reproduce; to recreate U6-IR1

さいげんなく　際限なく　endlessly U8-IR2

さいこ　最古　oldest U2-SR　U4-IR1

さいしゅ　採取　collection; to collect U8-IR2

さいしょうげん　最小限　minimum U5-IR2

さいしょく　彩色　coloring; to color U2-IR1

さいせいかのう（な）　再生可能（な）
renewable U8-IR1

ざいたく　在宅　at home U3-SR

さいたん　最短　shortest U5-IR2

さいちゅう　最中　midst U5-IR1

さいてきか　最適化
optimization; to optimize U1-IR1

さいぶんか　細分化
subdivision; to subdivide U2-IR2

ざいむしょう　財務省
Ministry of Finance U8-L

さきゆき　先行き　the future U7-SR

さくいてき（な）　作為的（な）
artificial; intentional U4-IR1

さくげん　削減　reduction; to reduce U8-L

さくし　錯視　optical illusion U1-IR1

さくし　作詞
lyric writing; to write lyrics U6-IR1

さくふう　作風　literary style U7-IR1

さげすむ　to despise U1-IR2

さこく　鎖国　closed country;
to close a country U7-IR2

ささる　刺さる　to resonate U7-SR

さつがい　殺害　killing; to kill U1-IR2

さっかく　錯覚　illusion; to be under
an illusion U1-IR1

ざつだん　雑談　chat; to converse U6-L

さばく　砂漠　desert U4-SR

さまたげる　妨げる　to hinder
U5-IR2　U8-IR1

さめる　覚める　to awake U5-IR1

さらなる　further U6-SR

さんくこすとこうか　サンクコスト効果
sunk cost fallacy U1-SR

さんごしょう　珊瑚礁　coral reef U8-IR2

さんせい　賛成
agreement; to be in favor of U1-L

さんぴりょうろん　賛否両論
mixed opinions U6-IR2

さんぶん　散文　prose U7-IR1

さんみゃく　山脈　mountain range U3-IR2

さんれつ　参列　attendance; to attend U2-IR2

し

しいか　詩歌　poetry U7-IR1

ジーディーピー　GDP U8-IR1

じえいたい　自衛隊　Self-Defense Forces U3-SR

ジェンダー　gender U2-IR2

しか　鹿　deer U4-IR2

しかく　視覚　vision U5-IR1

しがく　史学　(study of) history U7-IR1

しきじりつ　識字率　literacy rate U7-IR1

じぎゃく　自虐　self-deprecation U4-IR1

シグナル　signal U5-IR1

しご　死後　after death U6-IR1

しこうさじょうかく　視交叉上核
suprachiasmatic nucleus U5-SR

じごうじとく　自業自得　something
brought upon oneself U1-IR2

じこく　時刻　time U3-L

じこく　自国　one's own country U7-IR2

しさ　示唆　suggestion; to suggest　U7-IR1

じし　自死　suicide; to suicide　U7-IR2

ししおどし　device for scaring birds
　from gardens　U5-IR1

ししゃ　死者　deceased
　　　　　U2-IR1　U3-IR1　U6-IR1

ししゅつ　支出　expenditure; to expend　U8-L

じじょ　自助　self-help　U3-SR

しずけさ　静けさ　quietness　U5-IR2

しせいがく　死生学　thanatology　U6-IR2

じぜん　事前　in advance
　　　　U1-L　U3-SR　U6-IR2

じぞくかのう（な）　持続可能（な）
　sustainable　U8-IR1

したじき　下敷き
　trapped under something　U3-SR

したしみ　親しみ　familiarity　U6-L

したしむ　親しむ　to be intimate with
　　　　　U7-IR1

しちょうしゃ　視聴者　viewer　U6-IR1

しつおん　室温　room temperature
　　　　　U5-IR2

じつがく　実学　practical science　U7-IR1

しっけ　湿気　humidity　U3-IR2

しつど　湿度　humidity　U5-IR2

しつない　室内　indoor　U2-SR

しっぴつ　執筆　writing; to write　U7-IR2

じつよう　実用　practicality　U2-IR1

シナリオ　scenario　U8-IR1

しのぶ　偲ぶ　to remember　U6-IR2

じばん　地盤　ground　U3-IR2

しべつ　死別
　bereavement; to be bereaved　U6-IR2

しまぐに　島国　island country　U7-IR2

しめる　湿る　to moisten　U3-IR2

じもく　耳目　one's attention　U6-IR1

しゃこう　社交　social　U4-IR1

しゃこうじれい　社交辞令
　pleasantry; lip service　U4-IR1

しゅうかつ　就活
　job hunting; to look for work　U2-IR2

しゅうき　周期　cycle　U5-IR1

しゅうごう　集合
　multiple-dwelling; to gather　U8-IR1

しゅうじがく　修辞学　rhetoric　U7-IR1

しゅうしゅう　収集　collection; to collect
　　　　　U5-L

じゅうだい（な）　重大（な）　significant
　　　　　U5-IR2

じゅうでん　充電
　recharging; to recharge　U8-L

じゅうなん（な）　柔軟（な）　flexible
　　　　　U4-IR2

しゅうは　宗派　denomination　U2-IR1

しゅうまつ　週末　weekend　U5-L

しゅうらい　襲来　attack; to attack
　　　　　U3-IR1

しゅかん　主観　subjectivity　U8-L

しゅくしょう　縮小
　reduction; to reduce　U8-IR1

しゅくはく　宿泊　lodging;
　accommodation; to stay　U8-SR

じゅげむ　寿限無　Jugemu　U4-SR

じゅじゅつてき（な）　呪術的（な）
　magical　U2-IR1

じゅしょう　受賞　awardee; to be
　awarded a prive　U7-IR2

しゅだい　主題　subject; main theme
　　　　　U7-IR1

しゅつど　出土　excavation; to excavate
　　　　　U2-IR1

しゅほう　手法　technique
　　　　U4-IR1　U6-IR1　U8-SR

じゅよう　需要　demand
　　　　U7-IR1　U8-IR2

しゅりゅう　主流　mainstream　U7-L

しゅりょう　狩猟　hunting; to hunt
　　　　　U2-IR1

じゅわき　受話器　receiver　U6-IR2

じゅんすい（な）　純粋（な）　pure
　　　　U3-IR1　U7-IR2

じゅんちょう（な）　順調（な）　steady
　　　　　U4-L

じょうか　浄化　purification; to purify
　　　　　U8-IR2

しょうかき　消火器　fire extinguisher
　　　　　U3-L

じょうき　上記　above-mentioned　U6-SR

しょうきょ　消去　elimination;
　to eliminate　U5-IR1

しょうきょくてき（な）　消極的（な）
　negative　U7-IR2

しょうさん　賞賛　praise; to praise
　　　　　U6-IR1

しょうしつ　消失
　dissipation; to dissipate　U6-IR1

じょうじゅつ　上述　above-mentioned;
　to mention above　U2-IR1

じょうじゅん　上旬
　the beginning of the month　U3-IR2

しょうぞうけん　肖像権　portrait rights
　　　　　U6-IR1

しょうたい　正体　true form
　　　　U5-IR1　U6-L

しょうぼうたい　消防隊　fire brigade
　　　　　U3-SR

しょうめい　照明　lighting　U5-IR2

しょうめつ　消滅　extinguishment;
　to extinguish　U7-IR2

じょうもんじだい　縄文時代
　Jomon period　U2-IR1

じょうりく　上陸
　landfall; to make landfall　U3-IR2

じょうりゅう　上流
　upper class; upstream　U2-SR　U3-IR2

しょき　初期　initial　U2-SR

しょきとうし　初期投資
　initial investment　U8-IR1

しょくにほんぎ　続日本紀
　Shoku Nihongi　U3-L

しょくりょう　食糧　food supply　U8-IR1

しょくりょう　食料　food　U8-IR2

じょじょに　徐々に　gradually　U5-SR

しょせつ　諸説　various theories　U6-L

ショッピング　shopping; to shop　U1-SR

しょひょう　書評　book review　U7-SR

しょみん　庶民　commoner　U2-SR

しょもつ　書物　text　U3-L

しれい　指令　command　U5-SR

しんか　進化　evolution; to evolve
　　　　U2-IR1　U4-IR1

シンガーソングライター
　singer-songwriter　U6-IR1

じんかくけん　人格権　personal rights
　　　　　U6-IR1

しんがたころなういるすかんせんしょう
　新型コロナウイルス感染症
　COVID-19　U7-SR　U8-L

しんぎ　真偽　truth or falseness　U1-IR1

しんきょく　新曲　new song　U6-IR1

しんぐるきょく　シングル曲　single song
　　　　　U6-IR1

じんこう　人工　artificial　U7-IR2

しんこく　申告　report; to report　U5-L

しんしつ　寝室　bedroom　U5-IR2

しんしん　心身　mind and body　U8-IR2

しんすい　浸水　flood; to flood　U3-SR

しんせき　親戚　relative　U4-L

しんそうがくしゅう　深層学習
　deep learning　U6-IR1

じんそく（な）　迅速（な）　quick　U1-IR1

しんちょう　伸長　expansion; to expand
　　　　　U7-IR1

じんてき（な）　人的（な）　human　U8-IR2

しんど　震度
　Japanese seismic intensity scale　U3-L

しんにゅう　侵入　invasion; to invade
　　　　　U1-IR2

しんねん　信念　belief　U1-IR2

しんぱくすう　心拍数　pulse rate　U5-L

しんぶ　深部　deep part　U5-SR

しんやく　新訳　new translation　U7-IR1

しんゆう　親友　close friend　U6-IR1

しんりん　森林　forest　U8-IR2

す

すいい　水位　water level　U3-IR2

すいおん 水温 water temperature U3-IR2
すいじゅん 水準 level U8-IR1
すいしょう 推奨 recommendation; to recommend U3-SR
すいじょうき 水蒸気 water vapor U3-IR2
すいそく 推測 guess; to guess U1-IR2 U4-SR
ずいひつ 随筆 essay U7-IR1
ずいひつか 随筆家 essayist U3-IR1
すいへい 水平 horizontal U1-IR1
すいみん 睡眠 sleep U5-IR1 U6-IR2
すいみんあつ 睡眠圧 sleep pressure U5-IR1
すいりょく 水力 hydraulic power U8-IR1
すうじゅう 数十 several tens U1-L
すうち 数値 numerical value U1-SR U5-L
スキル skill U8-IR2
スクスク healthily U4-L
すっきり refreshed U5-IR1
すっと soon; easily U5-IR2
すっぴん no makeup U2-L
ステージ stage U2-L U5-IR1 U6-IR2
スニップス SNIPPs U5-IR1
スマートフォン smartphone U5-SR
ズレ misalignment U4-IR2
ずれ misalignment U5-SR
ずれる to shift U3-L

せ

せいいん 成員 member U2-IR2
せいかい 正解 correct answer; to be correct U4-IR2
せいけつ（な）清潔（な）clean; neat U2-L
せいさく 製作 production; to produce U7-SR
せいじょう（な）正常（な）normal U1-IR1 U7-L
せいじょうせい 正常性 normality U1-IR1
せいせい 生成 generation; to generate U6-SR
せいぜん 生前 while alive U6-IR1
せいぞん 生存 living; to live U6-IR1
せいたいけい 生態系 ecosystem U8-IR2
せいちょう 清聴 attention; listening; to listen U5-L
せいてき（な）性的（な）sexual U2-IR2
せいとうりつ 正答率 percentage of correct answers U1-L
せいふく 制服 uniform U2-L

せいぶつたようせい 生物多様性 biodiversity U8-IR2
せきどう 赤道 equator U3-IR2
せきゆ 石油 petroleum U8-IR1
セクシュアリティ sexuality U2-IR2
せたい 世帯 household U8-IR1
せっきん 接近 approach; to approach U3-IR2
せってん 接点 point of contact U7-L
せつび 設備 facility U8-L
ぜつめつ 絶滅 extinction; to become extinct U8-IR2
せつやく 節約 saving; to save U8-IR1
せめて at least U2-L
せめる 責める to blame U1-IR2
セリフ words; lines U6-L
ぜんいき 全域 whole area U3-IR2
せんこう 選考 selection; to select U7-L
せんごくじだい 戦国時代 Sengoku period U2-IR2
せんざい 洗剤 detergent U8-SR
ぜんじつ 前日 day before U5-L
ぜんしゃ 前者 the former U1-IR2
せんぜん 戦前 pre-war U3-IR1
ぜんせん 前線 weather front U3-IR2
ぜんちょう 前兆 sign; harbinger U5-IR2
せんでんもんく 宣伝文句 marketing pitch U1-SR
ぜんど 全土 the whole nation U3-IR1
ぜんはん 前半 first half U7-IR2
ぜんめん 全面 entire U6-IR1

そ

そうがく 総額 total amount U8-IR2
そうかん 相関 correlation; to correlate U3-IR2 U5-L
ぞうき 臓器 internal organs U6-SR
そうぎょうしゃ 創業者 founder U6-IR2
そうぐう 遭遇 encounter; to encounter U1-IR1
そうけい（な）早計（な）hasty U7-IR1
そうしき 葬式 funeral U2-IR2 U4-IR2
そうしつ 喪失 loss; to lose U7-SR
そうしつかん 喪失感 sense of loss U6-IR2 U7-SR
そうすう 総数 total number U1-L
そうぞく 相続 inheritance; to inherit U6-SR
そうたいてき（な）相対的（な）relative U5-IR1 U8-L
そうてい 想定 assumption; vision; to assume; to envision U3-SR U4-IR1
そがい 阻害 inhibition; to inhibit U6-IR2

そくしん 促進 promotion; to promote U5-L
ぞくせい 属性 attribute U2-IR1
そくてい 測定 measurement; to measure U5-L
そくど 速度 velocity U8-L
そこなう 損なう to harm U5-SR
そっと gently U8-SR
そなえ 備え preparation U3-SR
そなわる 備わる to be equipped with U6-IR2
そまる 染まる to be dyed U2-SR
そめる 染める to dye U2-SR
そん 損 loss; to lose U1-SR
そんがい 損害 damage U8-IR2
そんしつ 損失 loss U3-IR1 U8-IR2
そんちょう 尊重 respect; to respect U6-SR

た

たいおん 体温 body temperature U5-SR
たいき 大気 atmosphere U8-IR2
たいきゅうせい 耐久性 durability U8-IR1
だいざい 題材 subject U7-IR1
たいしゅう 大衆 the public U7-IR2
たいない 体内 inside the body U5-IR1
だいひょうとりしまりやく 代表取締役 representative director U6-IR1
タイマー timer U5-IR2
タイミング timing U5-SR
だいやるしき ダイヤル式 dial-type U6-IR2
たいわ 対話 dialogue; to converse U6-IR2 U7-SR
たかしお 高潮 storm surge U3-IR2
たかせぶね 高瀬舟 Takasebune *Name of a novel U7-IR2
たこく 他国 other countries U5-IR2 U7-IR2
たしゃ 他者 others U1-IR2 U4-IR1
ダジャレ pun U4-IR2
たすけだす 助け出す to extricate U3-SR
だせいてき（な）惰性的（な）inertial U7-IR1
たたずむ to loiter U6-IR2
だっきゃく 脱却 escape; to escape U8-IR1
たっぷり full; a lot U5-IR2
たてじく 縦軸 vertical axis U1-L U5-L U8-L
たとえる 例える to exemplify U5-IR1
たに 谷 valley U6-L
ためす 試す to try U4-L
ためる 貯める to collect U3-SR
たやすい easy U1-IR2

たわだようこ　多和田葉子　Yoko Tawada U7-IR2

たんきゅう　探求　quest; to explore U4-IR1

たんじかんきょうう　短時間強雨
heavy rain in a short period U3-IR2

たんちょう（な）　単調（な）　monotonous U7-L

たんてき（な）　端的（な）　concise; direct U7-IR2

たんぺん　短編　short story U7-IR1

ち

ちかく　知覚　perception; to perceive U1-IR1　U4-IR1

ちきゅうにちりばめられて　地球にちりばめられて　Scattered All Over the Earth *Name of a novel U7-IR2

ちくせき　蓄積
accumulation; to accumulate U5-IR1

ちけい　地形　terrain U3-IR2

ちけん　知見　knowledge U8-SR

ちじん　知人　acquaintance U3-SR　U6-SR

ちせい　知性　intelligence U4-IR1

ちねつ　地熱　geothermal energy U8-L

ちばだいがく　千葉大学
Chiba University U1-L

ちゃくもく　着目
attention; to pay attention U7-IR1

チャットボット　chatbot U6-IR2

ちゃらちゃら
flashy; showy; to be showy U2-IR2

ちゅうじゅん　中旬
the middle of the month U3-IR2

ちゅうしょう　中傷　libel; to libel U1-IR2

ちゅうしょく　昼食　lunch U3-L

ちゅうなんべい　中南米
Central and South America U3-IR1

ちゅうや　昼夜　day and night U5-SR

ちゅうりゅう　中流　midstream;
middle class U3-IR2　U7-IR1

〜ちょう　〜兆　〜 trillion U8-IR2

ちょうじょう　重畳　overlay; to overlay U3-IR1

ちょうせつ　調節　adjustment; to adjust U5-SR

ちょきん　貯金　saving; to save U5-IR2

ちょくせん　直線　straight line U1-IR1

ちょくめん　直面　facing; to face U7-SR

ちょしょ　著書　literary work U7-IR1

ちょっかん　直感　intuition U6-L

ちょめい（な）　著名（な）
famous; renowned U4-IR1

ちんこん　鎮魂　repose of souls U2-IR1

つ

ついか　追加　addition; to add U6-SR

ついきゅう　追求　pursuit; to pursue U1-IR2

ついきゅう　追究　pursuit; to pursue U7-IR1

ついで　次いで　next U3-IR2

ツール　tool U6-SR

つかいわける　使い分ける　to use for
different purposes; to use properly U2-IR2

つかさどる　司る　to control; to govern U5-IR1

つかれ　疲れ　fatigue U2-L　U8-IR2

つきつける　突き付ける　to thrust on; to
confront U7-IR1　U8-IR1

つきべつ　月別　by month U3-IR2

ツッコミ　straight man U4-SR

つつみちゅうなごんものがたり
提中納言物語　Tsutsumi Chūnagon
Monogatari U2-SR

つなげる　to connect; to link U4-L

つなみ　津波　tsunami U3-IR1

つみかさなる　積み重なる
to accumulate U5-IR2

つゆ　梅雨　rainy season U3-IR2

つらなる　連なる　to stretch out U3-IR2

つらぬく　貫く　to stick to U7-L

て

ディープフェイク　deep fake U6-L

ていえん　庭園　garden U6-IR2

ていじ　提示　presentation; to present U1-SR　U7-IR1

ていしょう　提唱　advocacy; to advocate U4-IR1

ていたい　停滞　stagnation; to stagnate U8-IR1

ていちゃく　定着　establishment; to take
root; to be established U2-IR1　U5-L

ていへん　底辺　bottom U7-SR

データベース　database U3-IR1

てがける　手掛ける　to handle U6-IR1

てき　敵意　hostility U4-IR1

てきおう　適応　adaptation; to adapt U6-IR2　U7-L

てきする　適する　to fit U2-IR2　U5-IR2

てきちゅう　的中　realisation; to realize U7-IR2

てきど（な）　適度（な）　moderate U5-IR2

てくび　手首　wrist U5-L

デジタル　digital U6-IR1

てじゅん　手順　procedure U3-L

てっそく　鉄則
inviolable rule; ironclad rule U3-IR1

てつや　徹夜
all night; to work all night U5-L

デマ　false rumor U1-IR1

テレワーク　remote work U8-L

てんけいてき（な）　典型的（な）　typical U1-SR

てんさい　天災　natural disaster U3-IR1

てんさいとこくぼう　天災と国防　Natural
Disasters and National Defense U3-IR1

てんしゅ　店主　shopkeeper; owner U4-SR

てんすう　点数　score U5-L

てんとう　店頭　in-store U1-IR1

てんねんしげん　天然資源
natural resources U8-IR1

でんりょく　電力　electric power U8-IR1

でんわぼっくす　電話ボックス
telephone box U6-IR2

と

どあい　度合い　degree U8-IR1

といかけ　問いかけ　question U6-IR2

といかける　問いかける　to question U7-SR

どうい　同意　consent; to consent U6-IR1

どうおん　同音　homophone U4-IR2

どうおんいぎご　同音異義語　homonym U4-IR2

どうか　同化　assimilation; to assimilate U4-IR2

どうが　動画　video U6-L

とうかい　倒壊　collapse; to collapse U3-SR

どうきゅうせい　同級生　classmate U7-L

とうこう　投稿　post; to post U2-IR2

とうし　投資　investment; to invest U8-IR1

どうせ　anyhow U1-IR2

どうせい　同性　same sex U2-IR2

とうたつ　到達　arrival; to arrive U3-L　U8-IR1

どうちょう　同調　conformity; tuning;
to go along with; to tune U1-L　U5-SR

どうとくてき（な）　道徳的（な）　moral U6-L

とうなんあじあ　東南アジア
Southeast Asia U2-SR

とうにょうびょう　糖尿病　diabetes U5-IR2

とうほく（ちほう）　東北（地方）
Tohoku (region) U3-IR2

どうよう　動揺　upset; to be upset U1-IR2

とうらい 到来 arrival; dawn; to arrive U7-IR2
とく（な） 得（な） beneficial U8-IR1
どぐう 土偶 clay figure U2-IR1
とくしゅう 特集
   special feature; to feature U2-IR2
とくせい 特性 characteristics; trait
   U8-SR
どくとく（な） 独特（な）
   unique; particular U4-SR
とくめい 匿名 anonymity U1-IR2
とくゆう 特有 peculiar; specific
   U7-IR2
としまわり 年回り year U3-IR1
どしゃ 土砂 earth and sand U3-IR1
どしゃくずれ 土砂崩れ landslide
   U3-IR2
としより 年寄り aged person U2-L
ドストエフスキー Dostoevsky U7-IR2
どだい 土台 foundation U7-IR1
ドッグフード dog food U4-SR
とっけん 特権 privilege U7-IR1
ととのう 整う to be organized U2-L
とない 都内
   within the metropolitan area U3-L
となえる 唱える to advocate U6-L
とびかう 飛び交う to fly about U7-IR2
とぼしい 乏しい lacking U5-L
とまどい 戸惑い confusion U6-IR1
とみ 富 wealth U2-IR2
とよとみひでよし 豊臣秀吉
   Hideyoshi Toyotomi U2-SR
とらわれる 囚われる to be caught by
   U4-IR2
とりいれる 取り入れる to incorporate
   U6-L U8-IR1
とりくみ 取り組み effort; initiative
   U3-L
とりのこす 取り残す to leave behind
   U3-SR
トレードオフ trade-off U8-IR1
トレーニング training; to train U1-IR2

な

ないがしろにする to ignore U8-IR2
ないてき（な） 内的（な） internal U1-IR2
ないめん 内面 inside U2-IR2
ながいき 長生き longevity; to live long
   U4-L
なきつく 泣きつく to come crying
   U4-L
なぐさめ 慰め comfort U6-IR2
なぐる to punch U4-L
なげかける 投げかける to raise U7-L
なぞ 謎 mystery U2-SR U5-IR1
なぞなぞ riddle U4-IR2

ナチュラル（な） natural U2-IR2
なづける 名付ける to name U4-IR1
ならじだい 奈良時代 Nara period
   U2-IR1 U3-L
ならす 鳴らす to ring U5-SR U7-SR

に

にあう 似合う to suit U2-L
〜にさいして 〜に際して
   on the occasion of 〜 U1-IR1 U7-IR1
にさんかたんそ 二酸化炭素
   carbon dioxide U8-IR1
にじみでる にじみ出る
   to seep out; to be revealed U7-SR
にせ 偽 false U1-L U6-L
にっちゅう 日中 daytime U5-SR
にないて 担い手 bearer U7-IR1
にほんかい 日本海 Sea of Japan U3-IR2
にほんしょき 日本書紀 Nihon Shoki
   U3-L
にゅうみん 入眠
   falling asleep; to fall asleep U5-IR2
にゅうもん 入門 introduction; to
   become a pupil of U5-L
にりつはいはん 二律背反 antinomy
   U8-IR1
にんち 認知 cognition; to recognize
   U1-IR1 U4-IR1 U5-L
にんちしょう 認知症 dementia U5-IR2
にんちてき（な） 認知的（な） cognitive
   U1-SR

ね

ネタ act; story; joke material U4-IR2
ねだめ 寝だめ storing up sleep;
   to store up sleep U5-IR2
ねつく 寝つく to fall asleep U5-IR2
ねったいうりん 熱帯雨林
   tropical rainforest U8-IR2
ねったいりん 熱帯林 tropical forest
   U8-IR2
ねっぱ 熱波 heat wave U3-IR1
ねづよい 根強い deep-seated
   U2-IR2 U7-L
ねむけ 眠気 drowsiness U5-IR1
ねむり 眠り sleep U5-IR1
ねんだい 年代 age group U2-IR2
ねんとう 念頭 mind U2-IR2
ねんねん 年々 each year U5-IR2

の

のうない 脳内 intracerebral U5-IR1
のぞましい 望ましい desirable
   U1-IR2 U5-IR2 U8-SR

のりこえる 乗り越える to overcome
   U7-SR
のんれむすいみん ノンレム睡眠
   non-REM sleep U5-IR1

は

バイアス bias U1-IR1
ばいう 梅雨 rainy season U3-IR2
バイオマス biomass U8-L
ばいかい 媒介
   intermediary; to intermediate U7-IR1
はいがん 肺がん lung cancer U6-IR2
はいき 廃棄 disposal; to dispose
   U8-IR2
はいし 廃止 abolition; to abolish
   U2-SR
はいしゅつ 排出 emission; to emit
   U8-IR2
はいしん 配信 stream; to stream
   U6-IR1
ばいぞう 倍増 double; to double U6-L
はいふ 配布 distribution; to distribute
   U3-SR
ハイブリッド hybrid U7-IR2
はいゆう 俳優 actor U6-IR1
はいりこむ 入り込む to penetrate
   U1-SR U3-IR2
はがき postcard U1-IR2
ばくしょう 爆笑 roar of laughter;
   to roar with laughter U7-L
はくす 博す to gain; to earn U7-L
はくねつでんきゅう 白熱電球
   incandescent light bulb U8-IR1
ハザードマップ hazard map U3-SR
はずれる 外れる to deviate
   U2-IR2 U7-L
はせい 派生 derivation; to derive
   U7-IR1
ばつ 罰 penalty U1-IR2
はっしょう 発症 outbreak of an illness;
   to break out U5-IR2
バッチリ perfectly U2-L
はつでん 発電 power generation;
   to generate power U8-IR1
はつばい 発売 product launch;
   to launch a product U2-SR U6-IR2
はてしない 果てしない endless U4-L
はどめ 歯止め brake U8-IR2
はなやか（な） 華やか（な） gorgeous
   U2-IR1
はにわ 埴輪 haniwa U2-IR1
はねあがる 跳ね上がる to spring up
   U3-L
はばひろい 幅広い wide; broad
   U7-IR1 U8-SR

ぱぶりしていけん　パブリシティ権
publicity rights　　　　　U6-IR1
はやくちことば　早口言葉
tongue-twister　　　　　U4-L
はやめる　速める　to accelerate　U8-IR2
ばらつき　dispersion　　　U5-L
はり　針　clock hand　　　U5-SR
ハリケーン　hurricane　　　U3-IR1
はりだす　張り出す　to overlie　U3-IR2
はんがく　半額　half price　U1-SR
はんきょう　反響　reaction; to react
　　　　　　　　　　　　U6-IR1
はんする　反する　to go against　U1-L
バンド　band　　　　　　U2-L
はんとう　半島　peninsula　U2-SR
はんぱつ　反発　repulsion; to repel　U3-L
パンフレット　pamphlet　U3-L
はんめん　反面　on the other hand
　　　　　　　　　　　　U1-IR2

ひ

ピーク　peak　　　U5-IR1　U8-IR1
ひがしにほんだいしんさい　東日本大震災
The Great East Japan Earthquake
　　　　　　　　　U3-IR1　U7-IR1
ひかんてき（な）　悲観的（な）　pessimistic
　　　　　　　　　　　　U8-IR1
ひきおこす　引き起こす　to cause
　　　　　　　U1-IR2　U4-IR1　U6-IR2
ひきがね　引き金　trigger
　　　　　　　　　U4-IR1　U5-SR
ひきこもり　引きこもり　recluse;
　withdrawn from society　U6-IR2
ひきずりこむ　引きずり込む
　to drag under　　　　　U3-L
ひきたてる　引き立てる　to enhance;
　to promote　　　　　　U2-SR
ひきつぐ　引き継ぐ
　to inherit; to take over　U6-IR2
ひきつける　引き付ける
　to draw; to attract　　　U7-L
ひざし　日差し　sunlight　U2-IR1
ひじょうじ　非常時　crisis; emergency
　　　　　　　　　　　　U3-SR
ひそむ　潜む　to lurk　　U1-L
ひだりした　左下　lower-left　U8-L
ひっかかる　引っかかる　to be tricked
　　　　　　　　　　　　U1-IR1
ひっす　必須　indispensability　U2-IR1
ひとごと　他人事
　someone else's business　U7-L
ひとたび　once　　　　　U8-IR2
ひとばん　一晩　one night　U5-IR1
ひとむかし　一昔　decades ago　U8-SR
ひとりひとり　一人ひとり　one by one
　　　　　　　　　　　　U3-SR

ひなん　避難　evacuation; to evacuate
　　　　　　　U1-IR1　U3-SR
ひなん　非難　criticism; blame;
　to blame　　U1-IR2　U8-IR1
ひひょう　批評　review; to review
　　　　　　　　　　　　U7-IR1
ひぼう　誹謗　slander; to slander
　　　　　　　　　　　　U1-IR2
ひまん　肥満　obesity　U5-IR2
ひやくてき（な）　飛躍的（な）
　rapid; dramatic　　　　U6-L
ひゃっかてん　百貨店　department store
　　　　　　　　　　　　U2-IR1
びよう　美容　beauty　U2-IR2
びょうしゃ　描写　depiction; to depict
　　　　　　　　　　　　U7-L
ひょうめい　表明　representation;
　declaration; to represent; to declare
　　　　　　　　　　　　U6-SR
ひょうろん　評論　criticism; to criticize
　　　　　　　　　　　　U7-IR1
ひらのけいいちろう　平野啓一郎
　Keiichiro Hirano　　　　U7-SR
ひろう　披露
　introduction; to introduce　U6-IR1
ひろまる　広まる　to spread
　　　　　　　U7-IR1　U8-IR1
ひんこん　貧困　poverty　U1-IR2　U8-IR1
ヒンドゥー　Hindu　　　U2-IR1

ふ

ファン　fan　　　　　　U6-IR1
ぶい　部位　part　　　　U5-IR1
ふうし　風刺　irony; to be ironic　U4-IR1
ふうすいがい　風水害
　storm and flood damage　U3-IR1
ふうちょう　風潮　trend　U7-L
ブーム　boom　　　　　U6-L
ふうりょく　風力　wind power　U8-IR1
フェイクニュース　fake news　U1-IR1
ふか　負荷　burden　　　U1-IR1
ふかけつ（な）　不可欠（な）
　indispensable; essential　U8-IR2
ふかまる　深まる　to deepen　U5-IR1
ふかんよう（な）　不寛容（な）　intolerant
　　　　　　　　　　　　U1-IR2
ふくげん　復元
　reconstruction; to reconstruct　U7-SR
ふくしまだいいちげんしりょくはつでんしょ
　福島第一原子力発電所　Fukushima
　Daiichi Nuclear Power Station　U7-IR1
ぶけ　武家　warrior families; samurai
　　　　　　　　　　　　U2-IR1
ふごうかく　不合格　failure　U1-IR2
ふさい　負債　debt　　　U5-IR2

ぶしょう　武将　military commander
　　　　　　　　　　　　U1-IR1
ふっかつ　復活　revival; to revive
　　　　　　　U6-SR　U8-IR2
ぶつかる　to collide　　　U3-SR
ぶっし　物資　goods　　U3-SR
ふっとぶ　吹っ飛ぶ　to be blown away
　　　　　　　　　　　　U4-IR1
ぶつり　物理　physics　U3-IR1
ふのう（な）　不能（な）　impossible
　　　　　　　　　　　　U8-IR2
ぶひん　部品　part　　　U7-L
ふへんてき（な）　普遍的（な）　universal
　　　　　　　　　　　　U2-IR1
ふみん　不眠　insomnia　U5-IR2
ふみんしょう　不眠症　insomnia　U5-SR
ふゆかい（な）　不愉快（な）　unpleasant
　　　　　　　　　　　　U4-IR2
ふよう（な）　不要（な）　unnecessary
　　　　　　　U4-SR　U7-IR1
ブラック・ユーモア　black humor　U4-IR1
ブラックボックス　black box　U5-IR1
ふりょ　不慮　unexpected　U7-SR
ブルーライト　blue light　U5-SR
ふるく　古く　ancient
　　　　U3-L　U4-IR1　U7-IR1
プレート　plate　　　　U3-L
ふれーみんぐこうか　フレーミング効果
　framing effect　　　　U1-SR
プロジェクト　project　U6-IR1
プロセス　process　U1-SR　U5-IR1
プロデュース　produce; to produce
　　　　　　　　　　　　U6-IR1
ぶんけん　文献　literature　U2-SR　U3-L
ぶんだん　分断　division; to divide
　　　　　　　　　　　　U7-SR
ぶんぴつ　分泌　secretion; to secrete
　　　　　　　　　　　　U5-SR
ぶんみゃく　文脈　context　U7-L

へ

へいあんじだい　平安時代　Heian period
　　　　　　　U2-IR1　U3-L
へいげん　平原　plain　U3-IR2
へいじつ　平日　weekday　U5-IR2
へいねん　平年　normal year　U3-IR2
ペインティング　painting　U2-IR1
ペース　pace　　　　　U8-IR1
ペスト　The Plague　　　U7-SR
ベストセラー　best-seller　U7-L
へらす　減らす　to decrease　U8-IR1
へんい　変異　variation; to vary　U3-IR1
へんかん　変換　conversion; to convert
　　　　　　　　　　　　U4-IR2
へんしん　変身
　transformation; to transform　U2-IR1

へんどう　変動　change; variation; to vary　U3-IR2　U8-L
べんろん　弁論　argument; to argue　U7-IR1

 ほ

ぼうえい　防衛　defense; to defend　U1-IR1　U4-IR1
ぼうさい　防災　disaster prevention　U3-SR
ぼうさいばっぐ　防災バッグ　emergency bag　U3-SR
ほうしゃせん　放射線　radiation　U7-IR1
ほうしゅつ　放出　release; to release　U5-SR
～ほうだい　～放題　as much ~ as one wants　U1-SR
ほうてき（な）　法的（な）　legal　U6-IR1
ぼうとう　冒頭　beginning　U4-IR1　U7-IR2　U8-SR
ぼうとく　冒涜　blasphemy; sacrilege; to blaspheme　U6-IR1
ぼうふう　暴風　strong wind　U3-IR2
ぼうふうう　暴風雨　storm　U3-IR1
ぼうりょくだんいん　暴力団員　gangster　U1-IR2
ポーランド　Poland　U7-IR1
ぼくめつ　撲滅　eradication; to eradicate　U8-IR1
ボケ　funny man　U4-SR
ぼご　母語　mother tongue　U7-IR2
ぼこく　母国　one's homeland　U7-IR2
ほこり　dust　U2-IR1
ほぜん　保全　preservation; to conserve　U8-IR1
ぼつご　没後　posthumously　U6-IR1
ほどこす　施す　to do　U2-IR1
ほどとおい　程遠い　far away　U7-SR
ほほえむ　微笑む　to smile　U4-IR1
ほりさげる　掘り下げる　to delve into　U7-IR1
ほりのふかい　彫の深い　finely chiseled　U2-IR1
ホルモン　hormone　U5-SR
ほんじつ　本日　today　U1-SR　U4-L　U7-L
ほんしん　本心　True Feelings; Honshin *Name of a novel; true feelings　U7-SR
ほんのう　本能　instinct　U2-IR1
ほんのうてき（な）　本能的（な）　instinctive　U2-IR1　U6-L

 ま

マイナンバーカード　Individual Number Card　U6-SR
まえむき（な）　前向き（な）　positive　U1-IR2
まきおこす　巻き起こす　to give rise to　U6-IR1
マグニチュード　magnitude　U3-L
まさちゅーせっつこうかだいがく　マサチューセッツ工科大学　Massachusetts Institute of Technology　U5-L
マスメディア　mass media　U1-SR
まぜる　混ぜる　to mix　U4-SR
まっき　末期　final period　U3-IR2
まっしろ（な）　真っ白（な）　pure white　U2-SR
マニュアル　instruction manual　U7-L
まにゅあるてき（な）　マニュアル的（な）　instruction manual-like　U2-IR2
まね　真似　imitation; to imitate　U1-L
まよけ　魔除け　talisman　U2-IR1
まれ（な）　rare　U3-IR1
まわりあわせ　回り合わせ　chance; happenstance　U3-IR1
まんざい　漫才　comic performances; manzai　U4-IR2
まんせいか　慢性化　become chronic; to become chronic　U5-IR2

み

みぎうえ　右上　upper-right　U8-L
みこむ　見込む　to expect　U8-L
みこん　未婚　unmarried　U2-SR
みじか（な）　身近（な）　familiar　U5-IR1　U7-SR
みずをさす　水を差す　to hamper　U8-IR1
みだしなみ　身だしなみ　personal appearance　U2-IR2
みだす　乱す　to disturb　U5-SR
みだれる　乱れる　to be disordered　U5-SR
みちすじ　道筋　route　U8-IR1
みちびく　導く　to lead　U5-SR　U8-SR
みなおす　見直す　to review; to reconsider　U8-IR2
みわけ　見分け　distinction　U6-L
みわたす　見渡す　to look out over　U1-IR2

 む

むかしばなし　昔話　old tale　U4-IR2
むかしむかし　昔々　once upon a time　U4-L
むき　向き　direction　U3-SR　U8-IR1
むくわれる　報われる　to be rewarded　U1-IR2
むしば　虫歯　tooth cavity　U2-SR
むせい　無声　silence　U4-IR1
むだづかい　無駄遣い　waste; to waste　U1-SR
むぼうび（な）　無防備（な）　defenseless　U1-SR
むらかみはるき　村上春樹　Haruki Murakami　U7-IR2
むらたさやか　村田沙耶香　Sayaka Murata　U7-L
むりやり　無理やり　forcibly　U2-L
むりょう　無料　free　U1-SR　U8-IR2
むりょくかん　無力感　sense of helplessness　U7-SR
むろまちじだい　室町時代　Muromachi period　U2-SR

め

メイク　makeup; to apply makeup　U2-IR2
めいはく（な）　明白（な）　obvious　U3-IR1
めいぶんか　明文化　stipulation; to stipulate　U2-IR2
めいよきょうじゅ　名誉教授　Emeritus professor　U1-IR1　U6-IR2
メカニズム　mechanism　U5-IR1
めざましどけい　目覚まし時計　alarm clock　U5-SR
めざめ　目覚め　waking　U5-IR1
めざめる　目覚める　to wake up　U5-IR1
めでたい　auspicious　U4-L
めもと　目元　around the eyes　U2-IR2　U6-L
メラトニン　melatonin　U5-SR
メリット　advantage　U1-L
メリハリ　contrast　U5-SR

も

もくざい　木材　timber　U8-IR2
モテる　to be popular with the opposite sex　U2-IR2

もとい rather U6-IR1
ものごと 物事 things U1-IR1
ものわすれ 物忘れ
forgetfulness; to be forgetful U4-SR
モラル morale U1-L
もりおうがい 森鴎外 Ogai Mori
U7-IR2
もりこむ 盛り込む to incorporate
U7-IR2
モンスーン monsoon U3-IR2

や

やかん 夜間 at night U5-SR
やくだつ 役立つ to be useful U1-L
やくめ 役目 role U2-IR1
やすあがり（な） 安上がり（な） cheap
U8-IR1
やっかいもの 厄介者 nuisance U1-IR1
やっきょく 薬局 pharmacy U2-IR1

ゆ

ゆいごんしょ 遺言書 will; testament
U6-SR
ゆうい（な） 優位（な） superior U4-IR1
ゆうえき（な） 有益（な） beneficial
U6-SR
ゆうえつかん 優越感
sense of superiority U4-IR1
ゆうぎせい 遊戯性 playfulness U4-IR2
ゆうじ 有事 emergency U7-IR1
ゆうどう 誘導 induction; to lead
U8-SR
ゆうふく（な） 裕福（な） wealthy U7-SR
ユーモア humor U4-IR2
ゆうり（な） 有利（な） advantageous
U1-IR2
ゆうりょう 有料 fee-based U8-IR2
ゆがみ 歪み distortion U1-IR1
ゆくえふめい 行方不明 missing U3-L
ゆだん 油断 unpreparedness;
to be unprepared U3-IR1
ゆでたまご ゆで卵 boiled egg U4-IR2
ゆでる to boil U4-IR2
ゆらい 由来 origin; to originate
U7-IR1 U8-IR2
ゆるい 緩い loose U3-IR2
ゆるやか（な） gentle U3-IR2
ゆれ 揺れ tremor U3-L

よ

ようちえん 幼稚園 kindergarten U3-L
ようぼう 要望 request; to request
U6-IR1
よか 余暇 leisure time U7-IR1
よくよく carefully U6-L
よげん 予言 prediction; to predict
U7-IR2
よげんしゃ 予言者 prophet U6-L
よこじく 横軸 horizontal axis
U1-L U5-L U8-L
よごす 汚す to pollute U8-SR
よしあし 良し悪し good or bad U2-IR2
よそおい 装い clothing U2-IR2
よそおう 装う
to try to appear; to wear U2-IR1
よち 余地 room; margin U1-SR U7-IR2
よっきゅう 欲求 desire U2-IR1 U5-IR1
よなか 夜中 midnight U5-SR
よびもどす 呼び戻す to call back
U6-IR1
よぼう 予防 prevention; to prevent
U2-SR
よみがえる to bring back U6-IR1
よみて 読み手 reader U7-IR2
よみとる 読み取る to read U1-SR
よりどころ 拠り所 support U6-IR2
よるがた 夜型 nocturnal type U5-SR
よわまる 弱まる to weaken U5-IR1

ら

らくご 落語
rakugo; comic storytelling U4-L

り

リアル（な） real U7-SR
リービひでお リービ英雄
Ian Hideo Levy U7-IR2
りく 陸 land U3-L
りしゅう 履修 undertaking a course;
to undertake a course U5-L
リスク risk U3-IR2 U6-IR2
リズム rhythm U5-SR
リセット reset; to reset U5-SR
りったい 立体 three-dimensional
U2-IR1
りてん 利点 advantage U1-IR2 U8-L
リベラルアーツ liberal arts U7-IR1

りゅうつう 流通
distribution; to distribute U7-IR1
りょうかい 了解
understanding; to understand U2-IR2
りょうこう（な） 良好（な） good U6-IR2
りょうりつ 両立 coexistence;
compatibility; to be in balance U8-IR1
りんりてき（な） 倫理的（な） ethical
U6-IR1

る

るいじゅうよんせい ルイ14世
Louis XIV U2-IR2
ルート route U3-SR

れ

れつい 劣位 inferiority U4-IR1
れっとう 列島 archipelago U3-IR2
れむすいみん レム睡眠 REM sleep
U5-IR1
れんけい 連携
cooperation; to cooperate U3-SR

ろ

ろうにゃくなんにょ 老若男女
men and women of all ages U2-IR2
ろうりょく 労力 effort U1-SR
ロール role U2-IR2
ろくおん 録音 recording; to record
U6-IR2

わ

わく 湧く to well up U1-SR
わく 枠 frame U8-L
わくぐみ 枠組み framework U2-IR2
わざと deliberately U1-L
わみょうるいじゅしょう 和名類聚抄
Wamyo Ruijusho U2-SR
わる 割る to divide U1-L
わるぐち 悪口 bad-mouthing U1-L

を

～をもとに ～を基に based on ～
U8-IR1
～をもとにする ～を基にする
based on ～ U2-IR2

著者紹介

ボイクマン 総子（ぼいくまん ふさこ）
大阪外国語大学大学院言語社会研究科博士後期課程修了、博士（言語・文化学）。現在、東京大学大学院総合文化研究科教授。著書に、『聞いて覚える話し方 日本語生中継』シリーズ、『ストーリーで覚える漢字』シリーズ、『わたしのにほんご』（くろしお出版・共著）、『生きた素材で学ぶ 新・中級から上級への日本語』、『東京大学教養学部のアカデミック・ジャパニーズ J-PEAK』シリーズ（ジャパンタイムズ出版・共著）がある。

根本 愛子（ねもと あいこ）
一橋大学大学院言語社会研究科第2部門博士課程修了、博士（学術）。現在、東京大学大学院総合文化研究科准教授。著書に、『日本語学習動機とポップカルチャー～カタールの日本語学習者を事例として～（M-GTA モノグラフ・シリーズ3）』（ハーベスト社）、『東京大学教養学部のアカデミック・ジャパニーズ J-PEAK』シリーズ（ジャパンタイムズ出版・共著）がある。

トンプソン 美恵子（とんぷそん みえこ）
お茶の水女子大学大学院人間文化創成科学研究科博士後期課程修了、博士（人文科学）。現在、東京大学大学院総合文化研究科准教授。著書に、『日本語学習アドバイジング―自律性を育むための学習支援』（ひつじ書房・共著）がある。

窪田 愛（くぼた あい）
ミシガン州立大学言語学科博士課程修了、博士（言語学）。現在、東京大学大学院総合文化研究科講師。

参考文献

〈本書について〉

1）リベラルアーツ

菅付雅信 編（2018）『これからの教養 激変する世界を生き抜くための知の 11 講』ディスカヴァー・トゥエンティワン

瀬木比呂志（2015）『リベラルアーツの学び方』ディスカヴァー・トゥエンティワン

山口周（2021）『自由になるための技術 リベラルアーツ』講談社

2）アカデミック・ジャパニーズ

門倉正美（2006）「〈学びとコミュニケーション〉の日本語力 アカデミック・ジャパニーズからの発信」門倉正美・筒井洋一・三宅和子 編『アカデミック・ジャパニーズの挑戦』ひつじ書房, 3-20

山本富美子（2004）「アカデミック・ジャパニーズに求められる能力とは―論理的・分析的・批判的思考法と語彙知識をめぐって―」『移転記念シンポジウム―アカデミック・ジャパニーズを考える―報告書』東京外国語大学留学生日本語教育センター, 1-6

3）研究知見

菅長陽一・松下達彦（2013）「オンライン日本語テキスト語彙分析器 J-LEX」http://www17408ui.sakura.ne.jp/

国際交流基金・横山紀子（2008）『聞くことを教える（国際交流基金教授法シリーズ 5）』ひつじ書房

Koda K. and Yamashita J. (ed.) (2019) *Reading to Learn in a Foreign Language: An Integrated Approach to Foreign Language Instruction and Assessment*. Routledge Research in Language Education.

〈ユニット 1 〉

池田朋矢・一川誠（2023）「災害時の危険判断に避難指示文による同調バイアスが及ぼす影響」『日本感性工学会論文誌』22（1）, 147-154

池田まさみ・森津太子・高比良美詠子・宮本康司（2020）「被害者非難」『錯思コレクション 100』https://www.jumonji-u.ac.jp/sscs/ikeda/cognitive_bias/cate_s/s_19.html

池田まさみ他 監修（2023）『Newton 別冊「認知」のメカニズムと心のクセに迫るバイアスの心理学』ニュートンプレス

植田一博 監修（2023）『やさしくわかる！ 文系のための東大の先生が教えるバイアスの心理学』ニュートンプレス

情報文化研究所（2022）『情報を正しく選択するための認知バイアス事典 行動経済学・統計学・情報学編』フォレスト出版

髙田実穂（2021）「証言 当事者たちの声 犯罪被害者は 2 度苦しむ」『NHK 事件記者取材 NOTE』https://www3.nhk.or.jp/news/special/jiken_kisha/shougen/shougen12/

日本赤十字社（2021）「知ってほしい！ 避難の妨げになる『正常性バイアス・同調性バイアス』」『赤十字 NEWS No. 976』https://www.jrc.or.jp/about/publication/news/20210901_020612.html

藤田政博（2022）『バイアスとは何か』ちくま新書

Asch, S.E. (1955) Opinions and social pressure. *Scientific American. 193 (5)*, 31-35.

Hasher, L., Goldstein, D., and Toppino, T. (1977) Frequency and the conference of referential validity. *Journal of Verbal Learning and Verbal Behavior, 16*, 107-112.

Lalancette, M.-F., & Standing, L. (1990) Asch fails again. *Social Behavior and Personality: An International Journal, 18 (1)*, 7-12.

Lerner, M., & Simmons, C. H. (1966) Observer's Reaction to the "Innocent Victim": Compassion or Rejection? *Journal of Personality and Social Psychology, 4 (2)*, 203-210.

Ritter, C., Benson, D. E., & Snyder, C. (1990) Belief in a just world and depression. *Sociological Perspective, 25*, 235-252.

Ross, L. (1977) The Intuitive Psychologist and His Shortcomings: Distortions in the Attribution Process. *Advances in Experimental Social Psychology, 10*, 173-220.

Zajonc, R. B. (1968) Attitudinal effects of mere exposure. Journal of Personality and Social Psychology, 9 (2) Part 2, 1-27.

〈ユニット 2 〉

栗田宣義（2021）『メイクとファッション―美容化粧服飾の戦略と呪縛』晃洋書房

国立国会図書館（n.d.）「本の万華鏡 江戸の化粧」https://www.ndl.go.jp/kaleido/entry/29/1.html

資生堂ビューティークリエーションセンター（2023）『日本の化粧の変遷 100 年』玄光社

鈴森正幸（2018）「人はなぜ化粧をするのか」『日本香粧品学会誌』42（1）, 27-35

樋口清之（1982）『化粧の文化史』国際商業出版

平松隆円（2020）『新装版 化粧にみる日本文化』水曜社

平松隆円・牛田好美（2007）「化粧規範に関する研究—化粧を施す生活場面とそれを既定する化粧意識と個人差要因」『繊維製品消費科学』48（12），843-852

ポーラ文化研究所（2016）『明治・対象・昭和の化粧文化—時代背景と化粧・美容の変遷』ポーラ文化研究所

ポーラ文化研究所（2020）「原始化粧から伝統化粧の時代へ　平安時代3」https://www.cosmetic-culture.po-holdings.co.jp/culture/cosmehistory/009.html

ポーラ文化研究所（2021）「伝統化粧の完成期　江戸時代6　メーク＆トレンド＜黒〔お歯黒・眉化粧〕＞」https://www.cosmetic-culture.po-holdings.co.jp/culture/cosmehistory/019.html

ポーラ文化研究所（2023）「さまざまな道具を使用するお歯黒化粧」https://www.cosmetic-culture.po-holdings.co.jp/culture/history/37.html

黄順姫（2019）『身体文化・メディア・権力的象徴—化粧とファッションの社会学』学文社

山村博美（2016）『化粧の日本史—美意識の移りかわり』吉川弘文館

レファレンス協同データベース（2013）「インド人が額にしている赤いポッチは何というのか」https://crd.ndl.go.jp/reference/entry/index.php?page=ref_view&id=1000126659

〈ユニット3〉

大石久和（2012）『国土と日本人』中公新書

遠藤洋和（2015）「異常気象と気候変動〜要因解明への道　第7回　過去100年に観測された梅雨の変化」『隔月刊地球温暖化2015年5月号』37，44-45

気象庁（2023）「気候変動監視レポート2023」https://www.data.jma.go.jp/cpdinfo/monitor/2023/pdf/ccmr2023_all.pdf

気象庁（n.d. a）「過去の気象データ」https://www.data.jma.go.jp/stats/etrn/view/nml_sfc_ym.php?prec_no=44&block_no=47662&year=&month=&day=&view=

気象庁（n.d. b）「関東大震災　写真集」https://www.data.jma.go.jp/eqev/data/1923_09_01_kantoujishin/album.html

気象庁（n.d. c）「関東大震災から100年特設サイト」https://www.data.jma.go.jp/eqev/data/1923_09_01_kantoujishin/gaiyo.html

気象庁（n.d. d）「コラム『梅雨』」https://www.data.jma.go.jp/cpd/j_climate/kinki/column.html

気象庁（n.d. e）「台風とは」https://www.jma.go.jp/jma/kishou/know/typhoon/1-1.html

気象庁（n.d. f）「台風による災害の例」https://www.jma.go.jp/jma/kishou/know/typhoon/6-1.html

気象庁（n.d. g）「台風の発生、接近、上陸、経路」https://www.jma.go.jp/jma/kishou/know/typhoon/1-4.html

気象庁（n.d. h）「梅雨入りと梅雨明け」https://www.data.jma.go.jp/cpd/baiu/index.html

気象庁（n.d. i）「はれるんランド　梅雨（つゆ）はなんで毎年夏ごろにくるの？」https://www.jma.go.jp/jma/kids/kids/faq/d2_04.html

国際協力事業団（2017）「各地域の特徴は？　世界の災害を知る」『mundi 2017年10月号』89，4-7, https://www.jica.go.jp/Resource/publication/mundi/1710/ku57pq000022jpbu-att/02.pdf#page=2

国土交通省（2021）「令和4年版日本の水資源の現況」https://www.mlit.go.jp/mizukokudo/mizsei/content/001572566.pdf

国土交通省（2023）「令和5年防災白書」https://www.bousai.go.jp/kaigirep/hakusho/pdf/r5_all.pdf

地震本部（n.d.）「地震をみてみよう」https://anzenkyouiku.mext.go.jp/mextshiryou/data/saigai05.pdf

総務省消防庁（n.d.）「防災・危機管理eカレッジ　東日本大震災　4.『自助』『共助』『公助』」https://www.fdma.go.jp/relocation/e-college/cat63/cat39/cat22/4.html

寺田寅彦（1934）「天災と国防」青空文庫 https://www.aozora.gr.jp/cards/000042/files/2509_9319.html（初出：『経済往来』1934年）

東京消防庁（n.d.）「防災の日と二百十日」https://www.tfd.metro.tokyo.lg.jp/libr/qa/qa_59.htm

東京都（2023）『東京都防災ガイドブック』https://www.bousai.metro.tokyo.lg.jp/content/e_book_04/guide-japanese/pdf/guide-janapese.pdf

内閣府（防災担当）（2010）『みんなで減災』https://www.bousai.go.jp/kyoiku/keigen/gensai/pdf/minna_web2010_all.pdf

内閣府（2014）『平成26年版防災白書』（付属資料）https://www.bousai.go.jp/kaigirep/hakusho/pdf/H26_fuzoku shiryou.pdf

文部科学省（2004）『地震の発生メカニズムを探る』https://www.jishin.go.jp/main/pamphlet/eq_mech/eq_mecha.pdf

UCLouvain, Center for research on the Epidemiology of Disasters CRED, &USAID. (2022). *2021 Disasters in numbers: Extreme events defining our lives.*, https://www.cred.be/sites/default/files/2021_EMDAT_report.pdf

UCLouvain, Center for research on the Epidemiology of Disasters CRED, &USAID. (2023). *2022 Disasters in numbers: Climate in action.*, https://www.cred.be/sites/default/files/2022_EMDAT_report.pdf

〈ユニット 4〉
雨宮俊彦（2016）『笑いとユーモアの倫理学—何が可笑しいの？』ミネルヴァ書房
井山弘幸（2007）『笑いの方程式—あのネタはなぜ受けるのか』化学同人
上野行良（1992）「ユーモア現象に関する諸研究とユーモアの分類化について」『社会心理学研究』7 (2), 112-120
ウラさんのお笑い塾（2022）「ネタを選ぶだけで約3分の漫才が完成！カスタム漫才台本『健康が1番や』」https://note.com/takeharaworld/n/n8041bfeb121a
NHK for School（2024）「落語『じゅげむ』」『おはなしのくにクラシック』2024年1月22日放送 https://www2.nhk.or.jp/school/watch/bangumi/?das_id=D0005150091_00000
織田正吉（2013）『笑いのこころ ユーモアのセンス』岩波書店
木村覚（2020）『笑いの哲学』講談社
鴻上尚史（2022）『人間ってなんだ』講談社
柴原直樹（2006）「笑いの発生メカニズム」『近畿福祉大学紀要』7 (1), 1-11
志水彰・角辻豊・中村真（1994）『人はなぜ笑うのか—笑いの精神生理学』講談社
HugKum編集部（2023）「『寿限無』の全文を知ってる？ それぞれの意味と落語のあらすじをチェック」『HugKum』小学館 https://hugkum.sho.jp/458645
松阪崇久（2014）「ヒトはなぜ笑うのか？—行動学の視点から—」『笑い学研究』21, 5-18
森下伸也（2003）『もっと笑うためのユーモア学入門』新曜社
ゆめあるチャンネル（2017）「じゅげむ（寿限無）【落語、昔話、動く絵本】」2017年12月14日公開 https://www.youtube.com/watch?v=fJz8zvehVCE&t=18s
ワインガートナー, T.（2009）「予告されるジョーク—日本人とドイツ語圏人のジョーク比較」日本笑い学会 編『笑いの世紀—日本笑い学会の15年』創元社, 350-356
van Hooff, J. A. (1972) A comparative approach to the phylogeny of laughter and smiling. In R. A. Hinde (Ed), *Nonverbal communication*. Cambridge U. Press, 209-223.
Wiseman, R. (2011) *1001 jokes*. https://richardwiseman.files.wordpress.com/2011/09/jokes1.pdf

〈ユニット 5〉
アリナミン製薬（n.d.）「健康サイト」https://alinamin-kenko.jp/
大川匡子（2006）「快適ライフのための睡眠」『繊維機械学会誌』59 (11), 605-611
岡靖哲（2010）「現代の睡眠事情と睡眠障害」『ファルマシア』46 (11), 1021-1025
厚生労働省（n.d.）「体内時計」https://www.e-healthnet.mhlw.go.jp/information/dictionary/heart/yk-039.html
厚生労働省（n.d.）「睡眠・覚醒リズム障害」https://www.e-healthnet.mhlw.go.jp/information/dictionary/heart/yk-007.html
厚生労働省（n.d.）「眠りのメカニズム」https://www.e-healthnet.mhlw.go.jp/information/heart/k-01-002.html
瀬尾明彦・砂川久弥・土井幸輝・鈴木哲（2008）「睡眠が翌日終日の認知・運動機能に与える影響」『IT ヘルスケア』33 (22), 96-105
総務省（2022）「令和3年社会生活基本調査 生活時間及び生活行動に関する結果 結果概要」https://www.stat.go.jp/data/shakai/2021/pdf/gaiyoua.pdf
ニュートンプレス（2023）『Newton別冊 睡眠の科学知識—眠りの科学で、最高のパフォーマンスを手にいれる—』ニュートンプレス
柳沢正史（2018）「私たちはなぜ眠るのか？ 睡眠研究の歴史と未だ明らかでない睡眠の謎」https://doctorbook.jp/contents/347
柳沢正史（2018）「質の高い睡眠に必要なキーワードとは？ 睡眠研究の今後は？」https://doctorbook.jp/contents/349
柳沢正史 監修（2023）『ニュートン超図解新書 最強に強い睡眠』ニュートンプレス
Diekelmann, S., Wilhelm, I. & Bornm J. (2009) The whats and whens of sleep-dependent memory consolidation. *Sleep Medicine Reviews. 13*, 309-321.
Kripke DF, et al. (2002) Mortality associated with sleep duration and insomnia. *Archives of General Psychiatry. 59 (2)*: 131-6.
OECD (2021) *Gender data portal 2021: Time use across the world.*
Okano, K., Kaczmarzyk, J.R., Dave, N. et al. (2019) Sleep quality, duration, and consistency are associated with better academic performance in college students. *npj science of learning. 4*, Article number: 16., https://doi.org/10.1038/s41539-019-0055-z
Tamakoshi, A. and Ohno, Y., JACC Study Group (2004) Self-Reported Sleep Duration as a Predictor of All-Cause Mortality: Results from the JACC Study, Japan. *Sleep. 2004 Feb 1; 27 (1)*, 51-54.

〈ユニット6〉

NHK（2019）『［NHKスペシャル］AIでよみがえる美空ひばり｜新曲 あれから｜NHK』2019年10月8日公開 https://www.youtube.com/watch?v=nOLuI7nPQWU

NTTコムウェア（2018）「AI（人工知能）、ロボットは『不気味の谷』をどう超えていくのか？ 求められる『汎用的な思考力』」https://www.nttcom.co.jp/comware_plus/trend/201809_1.html

江間有沙（2021）『絵と図でわかるAIと社会 未来を開く技術との関わり方』技術評論社

江間有沙（2021）「第8章『本人らしさ』の探究と演出—人工知能技術による『よみがえり』をめぐる論点」金子務・酒井邦嘉 監修, 公益財団法人日本科学協会 編『科学と倫理—AI時代に問われる探究と責任』中央公論新社, 163-183

ORICON NEWS（2019）「美空ひばりさん、30年ぶりの新曲「あれから」がCD化 AIで歌声を蘇らせる世界初の試み」『Huffpost日本エディション』https://www.huffingtonpost.jp/entry/misora-hibari-ai_jp_5dd21a07e4b0d2e79f8f5b96

坂口幸弘（2024）「第12章 宗教とグリーフサポート」石丸昌彦・山崎浩司 編著『グリーフサポートと死生学』放送大学教育振興会, 182-196

志和浩司（2020）「AI美空ひばり どこまでがゆるされ、どこからが冒とくか」『Yahoo! ニュース オリジナル THE PAGE』https://news.yahoo.co.jp/articles/1cbf81bb6ae48439b17a94a665f219a3b918de85

政府広報オンライン（2024）「『個人情報保護法』をわかりやすく解説 個人情報の取扱いルールとは？」https://www.gov-online.go.jp/useful/article/201703/1.html

谷井将人（2019）「『AI美空ひばり』の舞台裏『冗談でやっていいことではない』—故人をよみがえらせたヤマハの技術者の思い」『ITmedia』https://www.itmedia.co.jp/news/articles/1910/02/news076.html

塚田有那・高橋ミレイ 編著（2021）『RE-END 死から問うテクノロジーと社会』ビー・エヌ・エヌ

NEWS ONLINE編集部（2019）「"AI美空ひばり"は『嫌だ』親友の中村メイコ語る」『ニッポン放送NEWS ONLINE』https://news.1242.com/article/192316

ハフポスト日本版編集部（2020）「山下達郎さんがNHK紅白の『AI美空ひばり』をバッサリ斬る。『一言で申し上げると冒涜です』」『Huffpost日本エディション』https://www.huffingtonpost.jp/entry/story_jp_5e24f25bc5b673621f782186

原田晋也（2020）「『AI美空ひばり』に賛否 故人の「再現」議論の契機に」『東京新聞』https://www.tokyo-np.co.jp/article/7226

福井健策（2021）「よみがえる故人たち—偉人アンドロイド・作家AIと肖像権、著作権、尊厳—」『情報通信政策研究』5（1）, 111-124

ベルガーディア鯨山（n.d.）「風の電話」https://bell-gardia.jp/guide/kaze-no-denwa/

星野眞三雄（2021）「見えない、聞こえない、それでも亡き人を感じる 大槌町「風の電話」に人絶えず」『The Asahi Shimbun Globe+』https://globe.asahi.com/article/14055333

松原仁・中島岳志・江間有沙（2020）『集英社e選書トークス AIを使って、亡くなった大切な人に会いたいですか？（Miraikanトークス）』集英社

美空ひばり公式YouTubeチャンネル（2020）『美空ひばり（AI歌唱）/あれから』2020年3月17日公開 https://www.youtube.com/watch?v=bOd9DOf516I

森政弘（1970）「不気味の谷」『エナジー』エッソ・スタンダード石油, 7（4）, 33-35

山崎浩司（2024）「第1章 グリーフサポートとは何か」石丸昌彦・山崎浩司 編著『グリーフサポートと死生学』放送大学教育振興会, 11-26

山田敏弘（2024）「生成AIで死者を"復活"させるビジネスは人を救うのか 指摘される懸念とは？」『ITmedia ビジネスオンライン』https://www.itmedia.co.jp/business/articles/2404/27/news029.html

ヤマハ株式会社（n.d.）「美空ひばり VOCALIOD: AI」https://www.yamaha.com/ja/stories/new-values/vocaloid-ai/

Whatever Co.（2020）「D.E.A.D. Digital Employment After Death SURVEY 死後の肖像の扱い方についての意識調査結果」https://dead.work/assets/dead_survey_ja.pdf

Jee, C. (2022) Technology that lets us "speak" to our dead relatives has arrived. Are we ready?, *MIT Technology Review*, https://www.technologyreview.com/2022/10/18/1061320/digital-clones-of-dead-people/

Katz, L. (2021) Talk with your dead loved ones—through a chatbot, CNET, https://www.cnet.com/culture/hereafter-ai-lets-you-talk-with-your-dead-loved-ones-through-a-chatbot/

Mesa, N. (2023) The uncanny valley, explained: Why you might find AI creepy, National Geographic.（荒井ハンナ 訳（2023）「AIやロボットにぞっとする感覚、「不気味の谷」とは何か」ナショナルジオグラフィック日本語版）https://www.nikkei.com/article/DGXZQOUC276AO0X21C23A0000000/

Morris, M. R., Brubaker, J. R. (2024) Generative Ghosts: Anticipating Benefits and Risks of AI Afterlives, https://arxiv.org/pdf/2402.01662

〈ユニット7〉

冲永隆子（2004）「『安楽死』問題にみられる日本人の死生観—自己決定権をめぐる一考察—」『帝京大学短期大学紀要』（24）, 69-95

桑原武夫（1950）『文学入門』岩波新書

桑原武夫（n.d.）「文学」『改訂新版 世界大百科事典』平凡社 https://kotobank.jp/word/%E6%96%87%E5%AD%A6-128321#goog_rewarded

鴻巣友季子（2022）『文学は予言する』新潮社

産経新聞（2016）「芥川賞選評 作家、川上弘美さん『過不足のない描写力とユーモアがある』」2016年7月20日 https://www.sankei.com/article/20160720-HDRHKWGR2VISNPIKOPVRNQIBME/

寿台順誠（2016）「『諦め』としての安楽死—森鷗外の安楽死観—」『生命倫理』26（1）, 15-25

小学館国語辞典編集部 編（n.d.）「文学」『精選版 日本国語大辞典』https://kotobank.jp/word/%E6%96%87%E5%AD%A6-128321#goog_rewarded

ダムロッシュ デイヴィッド 著, 秋草俊一郎・奥彩子・桐山大介・小松真帆・平塚隼介・山辺弦 訳（2011）『世界文学とは何か？』国書刊行会

多和田葉子（2018）『地球にちりばめられて』講談社

土屋勝彦（2004）「越境する中間地帯を求めて—多和田葉子論への試み—」『人間文化研究』2, 67-82

西成彦（2020）「世界文学は何語で書かれるか」坪井秀人・瀧井一博・白石恵理・小田龍哉 編『越境する歴史学と世界文学』臨川書店, 121-135

日本経済新聞（2020）「小説『ペスト』100万部 コロナ禍受け人気に火」2020年4月9日 https://www.nikkei.com/article/DGXMZO57850960Z00C20A4CR0000/

沼野充義（2012）『世界は文学でできている—対話で学ぶ〈世界文学〉連続講義—』光文社

沼野充義（2017）『つまり、読書は冒険だ。—対話で学ぶ〈世界文学〉連続講義5—』光文社

平野啓一郎（2020）「文学は何の役に立つのか？」『日本近代文学』102（0）, 1-22.

平野啓一郎（2023）『本心』文春文庫

松村明 監修（n.d.）「文学」『デジタル大辞泉』https://kotobank.jp/word/%E6%96%87%E5%AD%A6-128321#goog_rewarded

村田沙耶香（2016）『コンビニ人間』文藝春秋

森鷗外（1916）「高瀬舟」青空文庫 https://www.aozora.gr.jp/cards/000129/files/45245_22007.html（初出：『中央公論』第31年第1号, 1916年）

横山芙美（2018）「村田沙耶香の小説『コンビニ人間』が、米雑誌『ザ・ニューヨーカー』が選ぶ『The Best Books of 2018』に選出！」『GQ』https://www.gqjapan.jp/culture/bma/20181218/sayaka-murata

〈ユニット8〉

環境省（n.d.）「みんなで学ぶ、みんなで守る生物多様性」https://www.biodic.go.jp/biodiversity/about/about.html

国立環境研究所動画チャンネル（2020）「第2回 環境と経済はどっちが大事？」2020年6月29日公開 https://www.youtube.com/watch?v=_fH-agG5Ihg

田畑智博・文多美（2012）「住宅での使用実態を考慮した家庭用光源商品の切り替え対策の環境的・経済的評価」『環境科学会誌』25（5）, 367-377

D. H. メドウズ・D. L. メドウズ・J. ランダース・W. W. ベアランズ三世 著, 大来佐武郎 監訳（1972）『成長の限界—ローマ・クラブ「人類の危機」レポート』ダイヤモンド社

Ebeling, F., and S. Lotz (2015) Domestic Uptake of Green Energy Promoted by Opt-out Tariffs, *Nature Climate Change, 5*, 868–871.

Dasgupta, P. (2021) *The Economics of Biodiversity: The Dasgupta Review*. London: HM Treasury, https://www.gov.uk/government/publications/final-report-the-economics-of-biodiversity-the-dasgupta-review

「ダスグプタ・レビュー 概要メッセージ」https://assets.publishing.service.gov.uk/media/6082ea4fd3bf7f01357512dd/Dasgupta_Review_FINAL_translation_Headline_Messages.pdf

Dasgupta, P. (2021) *The Economics of Biodiversity: The Dasgupta Review*. Abridged Version. London: HM Treasury.（WWFジャパン 訳（2021）『生物多様性の経済学：ダスグプタ・レビュー要約版』）

Hepburn, C., O'Callaghan, B., Stern, N., Stiglitz, J., and Zenghelis, D. (2020), Will COVID-19 fiscal recovery packages accelerate or retard progress on climate change? *Oxford Review of Economic Policy, 36 (1)*, S359-S381.

IRENA (2020) Renewable Power Generation Costs in 2019. https://www.irena.org/publications/2020/Jun/Renewable-Power-Costs-in-2019

Pechey, R., E. Cartwright, M. Pilling, G. J. Hollands, M. Vasiljevic, S. A. Jebb, and T. M. Marteau (2019), Impact of Increasing the Proportion of Healthier Foods Available on Energy Purchased in Worksite Cafeterias: A Stepped Wedge Randomized Controlled Pilot Trial, *Appetite, 133*, 286-296.

Reisch, L. A. and C. R. Sunstein (2016) Do Europeans Like Nudges?, *Judgment and Decision Making, 11 (4)*, 310-325.

UNEP (2011) *Towards a Green Economy: Pathways to Sustainable Development and Poverty Eradication*. https://sustainabledevelopment.un.org/index.php?page=view&type=400&nr=126&menu=35

東京大学教養学部の
アカデミック・ジャパニーズ

J–PEAK

Japanese
for
Liberal Arts
at
the University of Tokyo

上級
✦✦✦◆✦✦
Advanced
Level

 the japan times PUBLISHING

もくじ
Contents

単語リスト・文型表現
Vocabulary List & Building Sentences

単語リストの記号 Symbols in Vocabulary List

★★ = terms you should be able to use on your own, including reading and writing (active vocabulary)

★ = terms you should be able to read and understand the meaning of, even if you cannot write them (passive vocabulary)

[N] = noun   [N スル] = nouns that become verbs by adding *suru*

[V] = verb   [い Adj.] = い adjective   [な Adj.] = な adjective   [Adv.] = adverb

[Conj.] = conjugation   [Others] = suffix, expression, etc.

品詞と活用形の記号 Symbols for Parts of Speech and Conjugations

名詞	noun	**N**	学生
い形容詞	い adjective	**イA い**	おいしい
い形容詞語幹	stem of い adjective	**イA**	おいし
な形容詞	な adjective	**ナA な**	有名な
な形容詞語幹	stem of な adjective	**ナA**	有名
動詞	verb		
辞書形	dictionary form	**V dic**	行く
マス形	ます form	**V ます**	行きます
マス形語幹	stem of ます form	**V ます**	行き
ナイ形	ない form	**V ない**	行かない
ナイ形語幹	stem of ない form	**V ない**	行か
テ形	て form	**V て**	行って
普通体	plain form	**plain**	

名詞	affirmative	negative
non-past	学生だ	学生じゃない
past	学生だった	学生じゃなかった

な形容詞	affirmative	negative
non-past	有名だ	有名じゃない
past	有名だった	有名じゃなかった

い形容詞	affirmative	negative
non-past	おいしい	おいしくない
past	おいしかった	おいしくなかった

動詞	affirmative	negative
non-past	行く	行かない
past	行った	行かなかった

だ・である体 Plain style

	です・ます体（丁寧体）	だ体（普通体）	である体
文の終わり			
V	行きます	行く	
	行きました	行った	
	行きません	行かない	
	行きませんでした	行かなかった	
イA	忙しいです	忙しい	
	忙しかったです	忙しかった	
	忙しくないです	忙しくない	
	忙しくなかったです	忙しくなかった	
ナA	重要です	重要だ	重要である
	重要でした	重要だった	重要であった
	重要じゃないです	重要ではない	
	重要じゃなかったです	重要ではなかった	
N	問題です	問題だ	問題である
	問題でした	問題だった	問題であった
	問題じゃないです	問題ではない	
	問題じゃなかったです	問題ではなかった	
その他	述べています	述べている	
	変えましょう	変えよう	
	変えてください	変えてほしい／変えてもらいたい	
	考えてみたいです	考えてみたい	
	考えなければなりません	考えなければならない	
	違うんです	違うのだ	違うのである
	違うでしょう	違うだろう	違うであろう
	行くのでしょうか	行くのだろうか	行くのであろうか
	するみたいです	するようだ	するようである
	（人々は）考えています	〜と考えられている	
	（人々は）言っています	〜と言われている	
	〜そうです	〜という 〜とのことだ	〜という 〜とのことである

	です・ます体（丁寧体）	だ体（普通体）	である体
文の途中			
V	行って、	行き、	
	行かなくて、　しなくて、	行かず、　せず、	
	行かないで、　しないで、	行かず（に）、　せず（に）、	
イA	忙しくて、	忙しく、	
	忙しくなくて、	忙しくなく、	
	忙しいし、	忙しく、	
ナA	重要で、	重要で、	重要であり、
	重要じゃなくて、	重要で（は）なく、	
N	問題で、	問題で、	問題であり、
	問題じゃなくて、	問題で（は）なく、	
その他	住んでいて、	住んでおり、	
	住んでいなくて、	住んでいなくて、	住んでおらず、
	（理由）から、	（理由）ので／（理由）ため、	
	～けど、	～けれど（も）／が、	
	～たら、	～ば／場合／と、	
	～時、	～時／際、	

◎その他に、「いろんな／いろいろな」は、「だ・である体」で「さまざまな」になるなど、
　単語レベルで変化する場合があります。

例）

カジュアルな表現	**フォーマルな表現**
だけど／でも	だが／しかし
すごく／とても	非常に
ちょっと／少し	多少／わずか（に）
どんどん	急激に／急速に
だんだん	次第に／徐々に
こんな／そんな／あんな	このような／そのような／あのような
もっと	さらに／より
もう	すでに

		ていねいに読む1		Intensive Reading 1	
★★	認知	にんち		cognition; to recognize	[Nスル]
	バイアス			bias	[N]
★	知覚	ちかく		perception; to perceive	[Nスル]
★	歪み	ゆがみ		distortion	[N]
	偏り	かたより		bias	[N]
	錯視	さくし		optical illusion	[N]
★★	錯覚	さっかく		illusion; to be under an illusion	[Nスル]
★★	直線	ちょくせん		straight line	[N]
★★	水平	すいへい		horizontal	[N]
★★	物事	ものごと		things	[N]
★★	正常性	せいじょうせい		normality	[N]
★★	災害	さいがい		disaster	[N]
★	遭遇	そうぐう		encounter; to encounter	[Nスル]
★★	正常（な）	せいじょう（な）		normal	[なAdj.]
★★	～に際して	～にさいして		on the occasion of ～	[Others]
	過小評価	かしょうひょうか		underestimation; to underestimate	[Nスル]
★	負荷	ふか		burden	[N]
★★	防衛	ぼうえい		defense; to defend	[Nスル]
★★	避難	ひなん		evacuation; to evacuate	[Nスル]
★★	最悪（な）	さいあく（な）		worst	[なAdj.]
★★	及ぼす	およぼす		to affect; to cause	[V]
★★	名誉教授	めいよきょうじゅ		Emeritus professor	[N]
	真偽	しんぎ		truth or falseness	[N]
★	軽減	けいげん		reduction; to reduce	[Nスル]
★★	近年	きんねん		recent years	[N]
	SNS	エスエヌエス		social media	[N]
	フェイクニュース			fake news	[N]
	デマ			false rumor	[N]
★★	引っかかる	ひっかかる		to be tricked	[V]
	過信	かしん		overconfidence; to be overconfident	[Nスル]
★★	ありとあらゆる			every possible	[Others]
★★	勘違い	かんちがい		misunderstanding; to misunderstand	[Nスル]
★★	厄介者	やっかいもの		nuisance	[N]
★★	最適化	さいてきか		optimization; to optimize	[Nスル]
★	迅速（な）	じんそく（な）		quick	[なAdj.]
	クリティカル・シンキング			critical thinking	[N]

★★	引き起こす	ひきおこす	to cause	[V]
★★	非難	ひなん	criticism; blame; to blame	[Nスル]
★★	侵入	しんにゅう	invasion; to invade	[Nスル]
	暴力団員	ぼうりょくだんいん	gangster	[N]
★★	殺害	さつがい	killing; to kill	[Nスル]
★★	遺族	いぞく	bereaved family	[N]
★	はがき		postcard	[N]
	落ち度	おちど	fault	[N]
★★	責める	せめる	to blame	[V]
★★	誤解	ごかい	misunderstanding; to misunderstand	[Nスル]
★	いじめ		bullying	[N]
★★	感染症	かんせんしょう	infectious disease	[N]
★★	感染	かんせん	infection; to infect	[Nスル]
	自業自得	じごうじとく	something brought upon oneself	[N]
★	貧困	ひんこん	poverty	[N]
★★	見渡す	みわたす	to look out over	[V]
★★	主（な）	おも（な）	main	[なAdj.]
★★	公正（な）	こうせい（な）	fair	[なAdj.]
★★	仮説	かせつ	hypothesis	[N]
	行い	おこない	conduct	[N]
	報われる	むくわれる	to be rewarded	[V]
★	罰	ばつ	penalty	[N]
★★	信念	しんねん	belief	[N]
★★	動揺	どうよう	upset; to be upset	[Nスル]
	さげすむ		to despise	[V]
★★	望ましい	のぞましい	desirable	[いAdj.]
★	好ましい	このましい	preferable	[いAdj.]
★	トレーニング		training; to train	[Nスル]
★★	どうせ		anyhow	[Adv.]
★★	前者	ぜんしゃ	the former	[N]
★	前向き（な）	まえむき（な）	positive	[なAdj.]
★	規律	きりつ	discipline	[N]
	うつ病	うつびょう	depression	[N]
★	利点	りてん	advantage	[N]
	帰属	きぞく	attribution; to attribute	[Nスル]
★★	誤り	あやまり	error	[N]
★	外的（な）	がいてき（な）	external	[なAdj.]
★	内的（な）	ないてき（な）	internal	[なAdj.]
★★	他者	たしゃ	others	[N]
	過大評価	かだいひょうか	overestimation; to overestimate	[Nスル]
★★	不合格	ふごうかく	failure	[N]
★★	追求	ついきゅう	pursuit; to pursue	[Nスル]
★	因果関係	いんがかんけい	causal relationship	[N]
★★	推測	すいそく	guess; to guess	[Nスル]

	てDANGER		**ていねいに読む2**　Intensive Reading 2	

	因果応報	いんがおうほう	retribution	[N]
	言い回し	いいまわし	expression	[N]
★★	返る	かえる	to return	[V]
★★	有利（な）	ゆうり（な）	advantageous	[なAdj.]
★	反面	はんめん	on the other hand	[N]
	誹謗	ひぼう	slander; to slander	[Nスル]
	中傷	ちゅうしょう	libel; to libel	[Nスル]
	匿名	とくめい	anonymity	[N]
	たやすい		easy	[いAdj.]
	拡散	かくさん	spread; to spread	[Nスル]
★★	悪化	あっか	worsening; to worsen	[Nスル]
★	駆使	くし	making full use of; to make full use of	[Nスル]
	不寛容（な）	ふかんよう（な）	intolerant	[なAdj.]
★	思いやり	おもいやり	consideration	[N]

			すばやく読む　Speed Reading	

	無駄遣い	むだづかい	waste; to waste	[Nスル]
★★	後悔	こうかい	regret; to regret	[Nスル]
★★	読み取る	よみとる	to read	[V]
★★	一連	いちれん	series	[N]
★★	認知的（な）	にんちてき（な）	cognitive	[なAdj.]
★★	プロセス		process	[N]
★★	入り込む	はいりこむ	to penetrate	[V]
★★	余地	よち	room; margin	[N]
★	マスメディア		mass media	[N]
	無防備（な）	むぼうび（な）	defenseless	[なAdj.]
	購買	こうばい	purchasing; to purchase	[Nスル]
★★	意欲	いよく	will	[N]
★	巧妙（な）	こうみょう（な）	clever	[なAdj.]
	半額	はんがく	half price	[N]
★★	無料	むりょう	free	[N]
	フレーミング効果	ふれーみんぐこうか	framing effect	[N]
★	店頭	てんとう	in-store	[N]
★	ショッピング		shopping; to shop	[Nスル]
	売り切れ	うりきれ	sold out	[N]
	売り文句	うりもんく	sales pitch	[N]
	希少性	きしょうせい	rarity	[N]
★	本日	ほんじつ	today	[N]
	お買い得	おかいどく	bargain	[N]
★★	湧く	わく	to well up	[V]
★★	提示	ていじ	presentation; to present	[Nスル]
★★	数値	すうち	numerical value	[N]
	アンカリング		anchoring	[N]

		すばやく読む	Speed Reading	
★★	宣伝文句	せんでんもんく	marketing pitch	[N]
★	～放題	～ほうだい	as much ~ as one wants	[Others]
★★	損	そん	loss; to lose	[Nスル]
★★	典型的（な）	てんけいてき（な）	typical	[なAdj.]
	サンクコスト効果	さんくこすとこうか	sunk cost fallacy	[N]
	労力	ろうりょく	effort	[N]
★	惜しむ	おしむ	to regret	[V]
★	賢い	かしこい	wise	[いAdj.]

		聞く	Listening	
★★	潜む	ひそむ	to lurk	[V]
★	同調	どうちょう	conformity; to go along with	[Nスル]
★★	賛成	さんせい	agreement; to be in favor of	[Nスル]
★★	真似	まね	imitation; to imitate	[Nスル]
★	演技	えんぎ	performance; to perform	[Nスル]
★	偽	にせ	false	[N]
★★	わざと		deliberately	[Adv.]
★★	事前	じぜん	in advance	[N]
	縦軸	たてじく	vertical axis	[N]
	正答率	せいとうりつ	percentage of correct answers	[N]
★	総数	そうすう	total number	[N]
★★	割る	わる	to divide	[V]
	横軸	よこじく	horizontal axis	[N]
★★	回数	かいすう	frequency	[N]
★★	役立つ	やくだつ	to be useful	[V]
★★	メリット		advantage	[N]
	千葉大学	ちばだいがく	Chiba University	[N]
★★	数十	すうじゅう	several tens	[N]
★★	開設	かいせつ	opening; to open	[Nスル]
	キャプション		caption	[N]
★	悪口	わるぐち	bad-mouthing	[N]
★	モラル		morale	[N]
★★	反する	はんする	to go against	[V]

1 ～に際し（て）　on the occasion of ~; when ~; during ~

① これは、心理的に大きな負荷がかかる非常事態に際して、自らの心をストレスから守るための一種の防衛反応だと考えられている。　p.24-25

This is thought to be a kind of defense response to protect one's own mind from stress on the occasion of emergency situations that place a heavy psychological burden on it.

② 今後の金融政策の決定に際しては、労働市場の状況や国政情勢などを考慮すると発表された。

It was announced that labor market conditions and the national political situation will be taken into consideration when making future monetary policy decisions.

③ このセミナーでは、新たなビジネスを始めるに際し、必要となる資金の調達方法について解説します。

This seminar will explain how to raise the funds needed on the occasion of starting a new business.

> V dic
> N ｝ に際し（て）
>
> Indicates the occasion of doing something or having done something. Used in formal situations.

---

❶ 日本への留学に際しては、＿＿＿＿＿＿＿＿＿＿＿＿＿＿＿＿＿＿＿＿＿＿＿＿＿＿＿。

❷ 先日は、＿＿＿＿＿＿＿＿＿＿＿に際し、お祝いをいただき、ありがとうございました。

❸ ＿＿＿＿＿＿＿＿＿＿＿に際して、＿＿＿＿＿＿＿＿＿＿＿＿＿＿＿＿＿＿＿。

2 Nに限らず　not limited to N

① 災害などの非常時に限らず、日常生活でも判断に影響を及ぼす認知バイアスは数多くある。　p.25

Many cognitive biases influence our decisions, and this is not limited to emergencies such as disasters, but also in everyday life.

② 事故防止のためには、子ども向けの製品に限らず、製品全てが安全に配慮されたものであるべきだ。

To prevent accidents, all products should take safety into consideration, and this is not limited to those for children.

③ 教育学は、学校に限らず、家庭や社会での教育のあり方を幅広く考える学問分野である。

Education is a broad field of study that is not limited to schools, but also in the home and in society.

> **N** に限らず
>
> Indicates that something is not limited to N, but rather to everything else in the group/ category to which N belongs.

❶ 寿司は、日本に限らず、＿＿＿＿＿＿＿＿＿＿＿＿＿＿＿＿＿＿＿＿＿＿＿＿＿＿＿＿＿。

❷ この＿＿＿＿＿＿＿＿＿＿は、＿＿＿＿＿＿＿＿＿＿＿＿＿＿＿＿に限らず、誰でも

＿＿＿＿＿＿＿＿＿＿＿＿＿＿＿＿＿＿＿＿＿＿＿＿＿＿＿＿＿＿＿＿＿＿＿＿＿＿＿。

❸ ＿＿＿＿＿＿＿＿に限らず、＿＿＿＿＿＿＿＿＿＿＿＿＿＿＿＿＿＿＿＿＿＿＿＿＿＿。

③ （ただ／ほんの）〜に（しか）過ぎない nothing more than ~; merely ~

① ここで挙げたバイアスは、数ある認知バイアスのごく一部に過ぎない。 `p.25`

The biases listed here represent nothing more than a small fraction of the many cognitive biases that exist.

② 私は何の力もないただの一人の学生にしか過ぎませんが、何か社会の役に立つことをしたいです。

I am nothing more than a single powerless student, but I want to do something useful for society.

③ 彼は、その仕事を自分の意思でやっているのではなく、ただ言われたことをやっているに過ぎなかった。

He was not doing the job on his own initiative; he was merely doing what he was told to do.

Expresses that there is nothing more noteworthy or significant than what is stated. Adjectives tend to be less common in this construction, but when they appear, they typically take either of the following patterns (ii) or (iii).

(i)　?? そのケーキは人気がある。しかし、特別おいしいわけではなく、ただ大きいに過ぎない。

(ii)　○ そのケーキはあのケーキ {より／に比べると}、{わずかに／たったの} 1cm 大きいに過ぎない。

(iii)　○ そのケーキは人気がある。しかし、特別おいしいわけではなく、ただ大きい {だけ／から} に過ぎない。

❶ 日本語を勉強したと言っても、_____に過ぎない。

❷ 入学試験で_____は、全体のうちわずか_____に過ぎない。

❸ _____にしか過ぎない。

4 ～あまり（に）　because ~ too much; because of too much ~

① もう戻ってこない費用や労力や時間を惜しむあまり、合理的な判断ができなくなってしまうのである。　　　　　　　　　　　　　　　　　　　　　　　　　　　　　　p.35

People are unable to make rational decisions because of too much reluctance to waste money, effort, or time that they will never get back.

② 初めての面接では、緊張のあまりに、うまく挨拶さえできなかった。

At my first interview, I couldn't even manage a proper greeting because my nerves were too much.

③ 将来のことが心配なあまり、食事も喉を通らず、夜も眠れない。

I can't eat or sleep at night because of too much concern about the future.

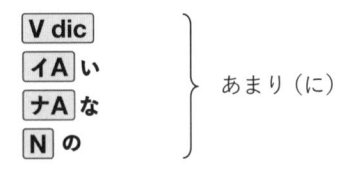

あまり（に）

Expresses that the excesses shown in the antecedent clause caused the situation shown in the result clause. The predicate in the antecedent clause typically represents a psychological action or state: e.g., 惜しむ, 緊張（する / の）, 心配（する / な）. Thus, a non-psychological action such as 飲む cannot be used.

×酒をたくさん飲むあまり、二日酔いになる。

❶ _____時、_____あまり、涙が出てきた。

❷ 留学したばかりの頃は、_____あまりに、_____しまった。

❸ _____あまり、_____。

11

			ていねいに読む 1　Intensive Reading 1	
★	衣食住	いしょくじゅう	necessities of life	[N]
★	必須	ひっす	indispensability	[N]
★★	普遍的（な）	ふへんてき（な）	universal	[なAdj.]
	百貨店	ひゃっかてん	department store	[N]
	薬局	やっきょく	pharmacy	[N]
	呪術的（な）	じゅじゅつてき（な）	magical	[なAdj.]
	縄文時代	じょうもんじだい	Jomon period	[N]
	土偶	どぐう	clay figure	[N]
	古墳時代	こふんじだい	Kofun period	[N]
	埴輪	はにわ	haniwa	[N]
	顔面	がんめん	face	[N]
	顔料	がんりょう	pigment	[N]
	彩色	さいしょく	coloring; to color	[Nスル]
★	出土	しゅつど	excavated; to excavate	[Nスル]
★★	死者	ししゃ	deceased	[N]
	鎮魂	ちんこん	repose of souls	[N]
	魔除け	まよけ	talisman	[N]
	ヒンドゥー		Hindu	[N]
★★	教徒	きょうと	believer	[N]
	宗派	しゅうは	denomination	[N]
	悪霊	あくりょう	evil spirit	[N]
★★	役目	やくめ	role	[N]
	帰属	きぞく	attribution; to attribute	[Nスル]
	属性	ぞくせい	attribute	[N]
★	アイデンティティ		identity	[N]
★	飛鳥時代	あすかじだい	Asuka period	[N]
★★	奈良時代	ならじだい	Nara period	[N]
★	絵画	かいが	painting	[N]
★★	平安時代	へいあんじだい	Heian period	[N]
★	宮廷	きゅうてい	royal court	[N]
★★	後期	こうき	latter stage	[N]
★★	定着	ていちゃく	establishment; to take root; to be established	[Nスル]
★	武家	ぶけ	warrior families; samurai	[N]
★	武将	ぶしょう	military commander	[N]
★★	権威	けんい	authority	[N]
★★	施す	ほどこす	to do	[V]
	外敵	がいてき	foreign enemy	[N]
★★	実用	じつよう	practicality	[N]
	エジプト		Egypt	[N]
★	日差し	ひざし	sunlight	[N]
★	ほこり		dust	[N]
★	アイライン		eyeliner	[N]

ていねいに読む 1 Intensive Reading 1

★	狩猟	しゅりょう	hunting; to hunt	[Nスル]
	ペインティング		painting	[N]
	あざ		bruise	[N]
	傷跡	きずあと	scar	[N]
★★	本能	ほんのう	instinct	[N]
★	異性	いせい	the opposite sex	[N]
★	変身	へんしん	transformation; to transform	[Nスル]
★★	本能的 (な)	ほんのうてき (な)	instinctive	[なAdj.]
★★	欲求	よっきゅう	desire	[N]
★★	進化	しんか	evolution; to evolve	[Nスル]
★	装う	よそおう	to try to appear; to wear	[V]
	追いつき追い越せ	おいつきおいこせ	catch up with and overtake	[Others]
	彫の深い	ほりのふかい	finely chiseled	[Others]
	顔立ち	かおだち	facial features	[N]
★	立体	りったい	three-dimensional	[N]
★★	華やか (な)	はなやか (な)	gorgeous	[なAdj.]
★	アイメイク		eye makeup	[N]
	切れ長 (な)	きれなが (な)	almond-shaped	[なAdj.]
★	アピール		appeal; to appeal	[Nスル]
	上述	じょうじゅつ	above-mentioned; to mention above	[Nスル]
	一義的 (な)	いちぎてき (な)	definitive; unequivocal	[なAdj.]
★★	欠かせない	かかせない	indispensable	[Others]

ていねいに読む2 Intensive Reading 2

★	投稿	とうこう	post; to post	[Nスル]
	校則	こうそく	school rules	[N]
★	使い分ける	つかいわける	to use for different purposes; to use properly	[V]
★★	内面	ないめん	inside	[N]
	老若男女	ろうにゃくなんにょ	men and women of all ages	[N]
★★	規範	きはん	norms	[N]
	成員	せいいん	member	[N]
★★	枠組み	わくぐみ	framework	[N]
	明文化	めいぶんか	stipulation; to stipulate	[Nスル]
★	暗黙	あんもく	implicit	[N]
★★	了解	りょうかい	understanding; to understand	[Nスル]
	ジェンダー		gender	[N]
★	戦国時代	せんごくじだい	Sengoku period	[N]
	ルイ14世	るいじゅうよんせい	Louis XIV	[N]
★★	富	とみ	wealth	[N]
★★	稼ぐ	かせぐ	to earn	[V]
	ロール		role	[N]
★★	適する	てきする	to fit	[V]
	装い	よそおい	clothing	[N]

	おとしめる		to show contempt for	[V]
	身だしなみ	みだしなみ	personal appearance	[N]
★★	近年	きんねん	recent years	[N]
★★	依然として	いぜんとして	still	[Adv.]
★	根強い	ねづよい	deep-seated	[いAdj.]
	合コン	ごうこん	matchmaking party	[N]
	セクシュアリティ		sexuality	[N]
★★	性的（な）	せいてき（な）	sexual	[なAdj.]
	モテる		to be popular with the opposite sex	[V]
★	特集	とくしゅう	special feature; to feature	[Nスル]
	口紅	くちべに	lipstick	[N]
★	集まり	あつまり	gathering	[N]
	気合	きあい	spirit; fighting spirit	[N]
★	同性	どうせい	same sex	[N]
★	メイク		makeup; to apply makeup	[Nスル]
★★	年代	ねんだい	age group	[N]
★★	美容	びよう	beauty	[N]
	細分化	さいぶんか	subdivision; to subdivide	[Nスル]
	就活	しゅうかつ	job hunting; to look for work	[Nスル]
★	葬式	そうしき	funeral	[N]
	参列	さんれつ	attendance; to attend	[Nスル]
★	念頭	ねんとう	mind	[N]
	アスリート		athlete	[N]
	ちゃらちゃら		flashy; showy; to be showy	[Nスル]
★★	外れる	はずれる	to deviate	[V]
	ギャル		gal; gyaru	[N]
	目元	めもと	around the eyes	[N]
	OL	オーエル	office lady	[N]
	ナチュラル（な）		natural	[なAdj.]
★★	キャリアウーマン		career woman	[N]
★	マニュアル的（な）	まにゅあるてき（な）	instruction manual-like	[なAdj.]
★★	～を基にする	～をもとにする	based on ~	[Others]
★	良し悪し	よしあし	good or bad	[N]

	お歯黒	おはぐろ	tooth blackening	[N]
★★	染める	そめる	to dye	[V]
	浮世絵	うきよえ	ukiyoe	[N]
★	染まる	そまる	to be dyed	[V]
	最古	さいこ	oldest	[N]
	魏志倭人伝	ぎしわじんでん	Wajinden	[N]
★	漢和辞典	かんわじてん	Kanji-Japanese dictionary	[N]
	和名類聚抄	わみょうるいじゅしょう	Wamyo Ruijusho	[N]
★★	東南アジア	とうなんあじあ	Southeast Asia	[N]

		すばやく読む	Speed Reading	
★★	半島	はんとう	peninsula	[N]
★★	文献	ぶんけん	literature	[N]
★★	謎	なぞ	mystery	[N]
	虫歯	むしば	tooth cavity	[N]
★★	予防	よぼう	prevention; to prevent	[Nスル]
★	薄暗い	うすぐらい	dim	[いAdj.]
★★	室内	しつない	indoor	[N]
	引き立てる	ひきたてる	to enhance; to promote	[V]
	コントラスト		contrast	[N]
	上流	じょうりゅう	upper class	[N]
★★	鎌倉（時代）	かまくら（じだい）	Kamakura (period)	[N]
★★	初期	しょき	initial	[N]
	提中納言物語	つつみちゅうなごんものがたり	Tsutsumi Chunagon Monogatari	[N]
★	真っ白（な）	まっしろ（な）	pure white	[なAdj.]
	変わり者	かわりもの	eccentric	[N]
	色気	いろけ	sex appeal	[N]
★	室町時代	むろまちじだい	Muromachi period	[N]
★	公家	くげ	court noble	[N]
	元服	げんぷく	coming-of-age ceremony; to come of age	[Nスル]
	足利義尚	あしかがよしひさ	Yoshihisa Ashikaga	[N]
★	豊臣秀吉	とよとみひでよし	Hideyoshi Toyotomi	[N]
	未婚	みこん	unmarried	[N]
	既婚	きこん	married	[N]
	開国	かいこく	opening of the country; to open the country	[Nスル]
★★	廃止	はいし	abolition; to abolish	[Nスル]
	華族	かぞく	noble	[N]
★★	禁止令	きんしれい	prohibition order	[N]
★	皇后	こうごう	Empress	[N]
★★	庶民	しょみん	commoner	[N]
★★	発売	はつばい	product launch; to launch a product	[Nスル]

		聞く	Listening	
★	着替える	きがえる	to change one's clothes	[V]
★★	せめて		at least	[Adv.]
★	ごまかす		to cheat; to deceive	[V]
★★	疲れ	つかれ	fatigue	[N]
★★	バンド		band	[N]
★★	ステージ		stage	[N]
★★	無理やり	むりやり	forcibly	[Adv.]
	すっぴん		no makeup	[N]
	彼氏	かれし	boyfriend	[N]
	バッチリ		perfectly	[Adv.]
★★	整う	ととのう	to be organized	[V]

		聞く　Listening		
★★	清潔（な）	せいけつ（な）	clean; neat	[なAdj.]
★	～感	～かん	sense of ~	[Others]
★	今どき	いまどき	current; nowadays	[N]
★★	年寄り	としより	aged person	[N]
★★	制服	せいふく	uniform	[N]
★★	似合う	にあう	to suit	[V]
★★	機嫌	きげん	mood	[N]

1 Nにおいて　at N; on N; in N

① 武家社会においても、身分の高い武将が権威の象徴として化粧を施している。　p.52

Even in Japan's samurai society, high-ranking military commanders would apply makeup as a symbol of authority.

② 今年度の卒業式は、大学講堂において本日午後 1 時より開催される。

This year's graduation ceremony will be held today at 1:00 p.m. in the university auditorium.

③ このレポートは、内容の豊かさにおいては誰もが認めたが、独自性という点においては評価が分かれた。

This report was universally acknowledged for its richness of content, but opinions were divided on its originality.

N において
N₁ における N₂

An expression indicating the place, time, or situation of an action or event. において can be replaced by で without changing the meaning, although N において is a more formal expression than N で. It may also indicate the field or area of the topic.

---

❶ 現代において、＿＿＿＿＿＿＿＿＿＿＿＿＿＿＿＿＿＿＿＿＿は考えられない。

❷ ＿＿＿＿＿＿における社会問題といえば、＿＿＿＿＿＿＿＿＿＿＿＿が挙げられる。

❸ ＿＿＿＿＿＿＿＿＿という点においては、＿＿＿＿＿＿＿＿＿＿＿＿＿＿＿。

② Nによる　because of N; due to N

① （化粧の目的の）四つ目は、人間の持つ「本能」によるものである。　(p.53)

The fourth (purpose of makeup) is due to an instinct that humans possess.

② 事故による渋滞が発生していることから、通常よりも時間がかかることが予想される。

Due to traffic congestion caused by the accident, travel is expected to take longer than usual.

③ 円安により、外国人旅行客が増えているという。

The increase in the number of foreign tourists is due to the weak yen.

Unit 2 化粧の社会学

| N₁ による N₂ | An expression that indicates cause or reason. |
| N により | |

---

❶ ＿＿＿＿＿＿＿＿＿＿＿＿＿＿による被害は、これまでにないほど大きくなると考えられる。

❷ ＿＿＿＿＿＿＿＿＿＿＿＿＿＿＿＿＿＿により、予定を変更せざるを得なくなった。

❸ ＿＿＿＿＿＿＿＿＿により、＿＿＿＿＿＿＿＿＿＿＿＿＿＿＿＿＿＿＿＿＿。

③ 〜からといって、…（否定的な表現）　… just because 〜; … even if 〜

① 長きにわたる習慣は、新たな美意識が輸入されたからといって、簡単には変わらなかったということだろう。　(p.62)

Long-established customs were not so easily changed just because a new sense of aesthetics was imported.

② スポーツ選手だからといって、走るのが速いとは限らない。

Just because you're an athlete does not mean you're a fast runner.

③ その作者が書いた小説を全て読んだからといって、その人のことがわかるわけではない。

Even if you've read all the novels written by the author, it doesn't mean that you know who he or she really is.

---

plain からといって、〜ない

A conjunction that indicates reason, but conveys that what is expressed in the result clause is different from the result usually to be expected. Often followed by negative expressions such as わけではない and とは限らない .

---

❶ ＿＿＿＿＿＿＿＿＿＿＿＿＿＿＿＿＿＿からといって、何をしても許されるわけではない。

❷ ＿＿＿＿＿＿＿＿＿＿＿＿＿＿＿＿からといって、＿＿＿＿＿＿＿わけではない。

❸ ＿＿＿＿＿＿＿＿＿＿＿＿＿＿＿＿からといって、＿＿＿＿＿＿＿とは限らない。

			ていねいに読む1　Intensive Reading 1	
	天災	てんさい	natural disaster	[N]
★★	災害	さいがい	disaster	[N]
★	油断	ゆだん	unpreparedness; to be unprepared	[Nスル]
	警句	けいく	epigram; aphorism	[N]
★★	戦前	せんぜん	pre-war	[N]
★★	物理	ぶつり	physics	[N]
	随筆家	ずいひつか	essayist	[N]
	天災と国防	てんさいとこくぼう	Natural Disasters and National Defense	[N]
	襲来	しゅうらい	attack; to attack	[Nスル]
	データベース		database	[N]
	災害疫学研究センター	さいがいえきがくけんきゅうせんたー	Centre for Research on the Epidemiology of Disasters	[N]
★	洪水	こうずい	flood	[N]
	暴風雨	ぼうふうう	storm	[N]
	干ばつ	かんばつ	drought	[N]
	土砂	どしゃ	earth and sand	[N]
	熱波	ねっぱ	heat wave	[N]
	寒波	かんぱ	cold wave	[N]
★	火山	かざん	volcano	[N]
★★	死者	ししゃ	deceased	[N]
★	損失	そんしつ	loss	[N]
★	全土	ぜんど	the whole nation	[N]
	ハリケーン		hurricane	[N]
	災禍	さいか	disaster; calamity	[N]
	重畳	ちょうじょう	overlay; to overlay	[Nスル]
	回り合わせ	まわりあわせ	chance; happenstance	[N]
★★	純粋（な）	じゅんすい（な）	pure	[なAdj.]
	変異	へんい	variation; to vary	[Nスル]
	東日本大震災	ひがしにほんだいしんさい	The Great East Japan Earthquake	[N]
	インドネシア		Indonesia	[N]
★★	沖	おき	open sea	[N]
	サイクロン		cyclone	[N]
	国際協力機構	こくさいきょうりょくこう	Japan International Cooperation Agency	[N]
	風水害	ふうすいがい	storm and flood damage	[N]
	中南米	ちゅうなんべい	Central and South America	[N]
	津波	つなみ	tsunami	[N]
	年回り	としまわり	year	[N]
	鉄則	てっそく	inviolable rule; ironclad rule	[N]
★	明白（な）	めいはく（な）	obvious	[なAdj.]
★★	まれ（な）		rare	[なAdj.]

	暴風	ぼうふう	strong wind	[N]
	豪雨	ごうう	torrential rain	[N]
	高潮	たかしお	storm surge	[N]
	気象	きしょう	weather	[N]
★	気候	きこう	climate	[N]
★	地形	ちけい	terrain	[N]
★	列島	れっとう	archipelago	[N]
	モンスーン		monsoon	[N]
★	山脈	さんみゃく	mountain range	[N]
★	連なる	つらなる	to stretch out	[V]
	高気圧	こうきあつ	high atmospheric pressure	[N]
★	湿る	しめる	to moisten	[V]
★★	入り込む	はいりこむ	to penetrate	[V]
★★	ぶつかる		to collide	[V]
	湿気	しっけ	humidity	[N]
★★	帯びる	おびる	to take on	[V]
	日本海	にほんかい	Sea of Japan	[N]
	～側	～がわ	~ side	[Others]
	降水量	こうすいりょう	precipitation	[N]
★★	変動	へんどう	change; variation; to vary	[Nスル]
	月別	つきべつ	by month	[N]
★★	次いで	ついで	next	[Conj.]
	梅雨	ばいう／つゆ	rainy season	[N]
	張り出す	はりだす	to overlie	[V]
★	前線	ぜんせん	weather front	[N]
	平年	へいねん	normal year	[N]
★	中旬	ちゅうじゅん	the middle of the month	[N]
	上旬	じょうじゅん	the beginning of the month	[N]
★★	東北（地方）	とうほく（ちほう）	Tohoku (region)	[N]
★	下旬	げじゅん	the end of the month	[N]
	赤道	せきどう	equator	[N]
★	海面	かいめん	sea surface	[N]
★	水蒸気	すいじょうき	water vapor	[N]
★★	接近	せっきん	approach; to approach	[Nスル]
★★	上陸	じょうりく	landfall; to make landfall	[Nスル]
★★	末期	まっき	final period	[N]
	大雨	おおあめ	heavy rain	[N]
★	河川	かせん	rivers	[N]
	平原	へいげん	plain	[N]
★★	ゆるやか（な）		gentle	[なAdj.]
★★	国土	こくど	country's land	[N]
★★	上流	じょうりゅう	upstream	[N]
	中流	ちゅうりゅう	midstream	[N]
★	下流	かりゅう	downstream	[N]
★★	域	いき	region	[N]

Unit
3
自然災害

	ていねいに読む2		Intensive Reading 2	
	急流	きゅうりゅう	rapid flow	[N]
	全域	ぜんいき	whole area	[N]
	水位	すいい	water level	[N]
★★	急激 (な)	きゅうげき (な)	rapid	[なAdj.]
	地盤	じばん	ground	[N]
★	緩い	ゆるい	loose	[いAdj.]
	土砂崩れ	どしゃくずれ	landslide	[N]
★★	近年	きんねん	recent years	[N]
★★	リスク		risk	[N]
★	気温	きおん	air temperature	[N]
★	相関	そうかん	correlation; to correlate	[Nスル]
★★	短時間強雨	たんじかんきょうう	heavy rain in a short period	[N]
	近海	きんかい	coastal waters	[N]
	水温	すいおん	water temperature	[N]

	すばやく読む		Speed Reading	
	自助	じじょ	self-help	[N]
	共助	きょうじょ	mutual support	[N]
	公助	こうじょ	public support	[N]
★★	事前	じぜん	in advance	[N]
	備え	そなえ	preparation	[N]
★	コミュニティ		community	[N]
★★	消防隊	しょうぼうたい	fire brigade	[N]
★	自衛隊	じえいたい	Self-Defense Forces	[N]
★★	公的 (な)	こうてき (な)	public	[なAdj.]
★	非常時	ひじょうじ	crisis; emergency	[N]
	下敷き	したじき	trapped under something	[N]
	助け出す	たすけだす	to extricate	[V]
★★	避難	ひなん	evacuation; to evacuate	[Nスル]
	かけ合う	かけあう	to call out to	[V]
	取り残す	とりのこす	to leave behind	[V]
★	物資	ぶっし	goods	[N]
★★	配る	くばる	to distribute	[V]
★★	知人	ちじん	acquaintance	[N]
★★	家具	かぐ	furniture	[N]
★★	向き	むき	direction	[N]
	倒壊	とうかい	collapse; to collapse	[Nスル]
	浸水	しんすい	flood; to flood	[Nスル]
★	在宅	ざいたく	at home	[N]
	推奨	すいしょう	recommendation; to recommend	[Nスル]
	防災	ぼうさい	disaster prevention	[N]
★★	防災バッグ	ぼうさいばっぐ	emergency bag	[N]
★	各自	かくじ	each	[N]
	冠水	かんすい	flood; to be flooded	[Nスル]

すばやく読む Speed Reading

	雨水	あまみず	rain water	[N]
	貯める	ためる	to collect	[V]
	ハザードマップ		hazard map	[N]
★	配布	はいふ	distribution; to distribute	[Nスル]
★★	連携	れんけい	cooperation; to cooperate	[Nスル]
★★	想定	そうてい	vision; to envision	[Nスル]
★★	ルート		route	[N]
★★	一人ひとり	ひとりひとり	one by one	[N]

聞く Listening

	マグニチュード		magnitude	[N]
	プレート		plate	[N]
★★	境界	きょうかい	boundary	[N]
★	陸	りく	land	[N]
★★	引きずり込む	ひきずりこむ	to drag under	[V]
★★	反発	はんぱつ	repulsion; to repel	[Nスル]
	跳ね上がる	はねあがる	to spring up	[V]
	海溝	かいこう	ocean trench	[N]
	活断層	かつだんそう	active fault	[N]
★	ずれる		to shift	[V]
★★	古く	ふるく	ancient	[N]
	日本書紀	にほんしょき	Nihon Shoki	[N]
	続日本紀	しょくにほんぎ	Shoku Nihongi	[N]
★★	奈良時代	ならじだい	Nara period	[N]
★★	平安時代	へいあんじだい	Heian period	[N]
★★	書物	しょもつ	text	[N]
	関東大震災	かんとうだいしんさい	Great Kanto Earthquake	[N]
★★	神奈川（県）	かながわ（けん）	Kanagawa (Prefecture)	[N]
★★	昼食	ちゅうしょく	lunch	[N]
★★	重なる	かさなる	to overlap	[V]
★★	火災	かさい	fire	[N]
★★	行方不明	ゆくえふめい	missing	[N]
★★	取り組み	とりくみ	effort; initiative	[N]
★	揺れ	ゆれ	tremor	[N]
★★	到達	とうたつ	arrival; to arrive	[Nスル]
★★	時刻	じこく	time	[N]
	震度	しんど	Japanese seismic intensity scale	[N]
	緊急地震速報	きんきゅうじしんそくほう	Earthquake Early Warning	[N]
	誤差	ごさ	error	[N]
★	いざという時	いざというとき	in an emergency	[Others]
★★	手順	てじゅん	procedure	[N]
★	都内	とない	within the metropolitan area	[N]
★	公立	こうりつ	public	[N]

		聞く Listening		
★★	幼稚園	ようちえん	kindergarten	[N]
	消火器	しょうかき	fire extinguisher	[N]
	AED	エーイーディー	AED	[N]
★	パンフレット		pamphlet	[N]
★★	文献	ぶんけん	literature	[N]

1　N ばかりは　just N; only N

① 天災ばかりは科学の力でもその襲来を中止させるわけにはいかない。　`p.77`

Just natural disasters are the only things that even the power of science cannot halt.

② 明日からの撮影旅行、いいカメラも買ったし、撮影ポイントも決めてある。あとは天気次第だが、こればかりは仕方がない。晴れるのを祈るのみだ。

I'm going on a photo trip tomorrow. I bought a nice camera, and I've already decided on where to shoot. That's just all I can do. The rest depends on the weather. I only hope it clears up.

③ 彼は目立つ学生ではなかった。だが、走ることばかりは誰にも負けたことはなかった。

He had never been a great student. Just running was the only thing in which he was never defeated.

> **N** ばかりは
>
> Emphatically expresses an exceptional case. Often used with demonstratives such as これ and この. (Can be replaced with だけは without changing the meaning.)

❶ 今まで＿＿＿＿＿＿＿＿＿＿＿＿＿＿を許してきたけれど、今度ばかりは我慢できない。

❷ ＿＿＿＿＿＿ばかりは絶対に嫌だ。なぜなら、＿＿＿＿＿＿＿＿＿＿＿＿＿＿＿＿。

❸ ＿＿＿＿＿＿＿＿＿＿＿＿＿＿。だが、＿＿＿＿＿＿ばかりは一人では決められない。

2　〜わけにはいかない　cannot ~; cannot ~ but; cannot help -ing

① 天災ばかりは科学の力でもその襲来を中止させるわけにはいかない。　`p.77`

Just natural disasters are the only things that even the power of science cannot halt.

② 明日は大事な試験の日だ。絶対に寝坊するわけにはいかない。

Tomorrow is the day of my crucial exam. I absolutely cannot oversleep.

③ Ａ：これは私がやるから、みんなは先に帰っていいよ。

　　Ｂ：そんなわけにはいかないよ。一緒にやろう。

A: I'll take care of this. You guys can head home.

B: I cannot let you do that. Let's do it together.

> **V dic** わけにはいかない
>
> Expresses the meaning that "it is impossible/inappropriate to do something" based on common sense, previous experience, or circumstances. Can immediately follow そのような and そんな when the intent is clear from the context.
>
> cf. **Vない** わけにはいかない
> Expresses the meaning that "it is impossible/inappropriate not to do something" based on common sense, previous experience, or circumstances.
>
> 例）人間は生きていく以上、人と関わらないわけにはいかない。

❶ 大事な試験があるので、今日は絶対に＿＿＿＿＿＿＿＿＿＿＿＿＿＿＿＿＿わけにはいかない。

❷ 彼にお金を貸すわけにはいかない。なぜなら、＿＿＿＿＿＿＿＿＿＿＿＿＿からだ。

❸ ＿＿＿＿＿＿＿＿＿ので、＿＿＿＿＿＿＿＿＿＿＿＿＿わけにはいかない。

3 むしろ　rather; in fact

① 悪い年回りはむしろいつかは回ってくるのが自然の鉄則である。　　p.78

It is an ironclad rule of nature that in fact, sometimes there will be bad years.

② 薬を飲んでいるのに、症状はよくならず、むしろ悪くなってきている。

I'm taking the medicine, but my symptoms aren't getting better; rather, they're getting worse.

③ A：この町の人口減少に関する対策はうまくいっているのでしょうか。

　 B：うまくいっているとは言えません。むしろうまくいっていないと言うべきです。

A: Is the policy to curb population decline in this town working?

B: I can't say it's going well. Rather, I'd say it's not working out.

> An adverb indicating that what is expressed in the sentence is contrary to what would normally be expected, either by the speaker/writer or in general.

❶ 夏休みになると旅行する人が増える。だが、わたしはむしろ＿＿＿＿＿＿＿＿＿＿＿。

❷ A：説明はどうでしたか。よくわかりましたか。

　 B：いえ、説明を聞いて、むしろ＿＿＿＿＿＿＿＿＿＿＿＿＿＿＿＿＿。

❸ ＿＿＿＿＿＿＿＿＿けれども、むしろ＿＿＿＿＿＿＿＿＿＿＿＿＿＿。

	くすぐる		to tickle	[V]
	ゲラゲラ		guffaw	[Adv.]
★★	合格	ごうかく	pass; to pass	[Nスル]
★	笑み	えみ	smile	[N]
★	こぼれる		to spill	[V]
	アハハ		a-ha-ha (laugh loudly)	[Others]
	思い浮かぶ	おもいうかぶ	to come to mind	[V]
★★	起源	きげん	origin	[N]
★★	進化	しんか	evolution; to evolve	[Nスル]
	オランダ		The Netherlands	[N]
★★	区分	くぶん	dividedness; to divide	[Nスル]
	劣位	れつい	inferiority	[N]
★★	優位（な）	ゆうい（な）	superior	[なAdj.]
	敵意	てきい	hostility	[N]
	無声	むせい	silence	[N]
★★	微笑む	ほほえむ	to smile	[V]
★	社交	しゃこう	social	[N]
	遊び場	あそびば	playground	[N]
	快	かい	pleasure	[N]
★★	基盤	きばん	foundation; base	[N]
	社交辞令	しゃこうじれい	pleasantry; lip service	[N]
★★	防衛	ぼうえい	defense; to defend	[Nスル]
	作為的（な）	さくいてき（な）	artificial; intentional	[なAdj.]
★★	冒頭	ぼうとう	beginning	[N]
★	知覚	ちかく	perception; to perceive	[Nスル]
★	知性	ちせい	intelligence	[N]
	言い間違え	いいまちがえ	misstatement; verbal slip-ups	[N]
★	著名（な）	ちょめい（な）	famous; renowned	[なAdj.]
★	引き金	ひきがね	trigger	[N]
★★	名付ける	なづける	to name	[V]
★	挑む	いどむ	to challenge	[V]
	最古	さいこ	oldest	[N]
★	滑稽（な）	こっけい（な）	ridiculous	[なAdj.]
★	優越感	ゆうえつかん	sense of superiority	[N]
	風刺	ふうし	irony; to be ironic	[Nスル]
	ブラック・ユーモア		black humor	[N]
	自虐	じぎゃく	self-deprecation	[N]
★★	手法	しゅほう	technique	[N]
★★	他者	たしゃ	others	[N]
★	提唱	ていしょう	advocacy; to advocate	[Nスル]
★★	想定	そうてい	assumption; to assume	[Nスル]
	逸脱	いつだつ	deviation; to deviate	[Nスル]

Table header: ていねいに読む１　Intensive Reading 1

ていねいに読む1			**Intensive Reading 1**	
★★	認知	にんち	cognition; to recognize	[Nスル]
★★	思い込む	おもいこむ	to be under the impression	[V]
★★	引き起こす	ひきおこす	to cause	[V]
★★	解明	かいめい	clarification; to clarify	[Nスル]
	探求	たんきゅう	quest; to explore	[Nスル]
★★	古く	ふるく	ancient	[N]

ていねいに読む2			**Intensive Reading 2**	
★	構図	こうず	composition; structure	[N]
★	ズレ		misalignment	[N]
	劇作家	げきさっか	playwright	[N]
★★	芸能	げいのう	entertainment; performing arts	[N]
★★	解消	かいしょう	resolution; to resolve	[Nスル]
	異化	いか	dissimilation; to dissimilate	[Nスル]
	ユーモア		humor	[N]
★	オウム		parrot	[N]
	昔話	むかしばなし	old tale	[N]
★★	奇妙（な）	きみょう（な）	strange; peculiar	[なAdj.]
	誤変換	ごへんかん	misconversion	[N]
★★	変換	へんかん	conversion; to convert	[Nスル]
	ゆで卵	ゆでたまご	boiled egg	[N]
★	ゆでる		to boil	[V]
	喜劇	きげき	comedy	[N]
	漫才	まんざい	comic performances; manzai	[N]
★★	ネタ		act; story; joke material	[N]
★★	正解	せいかい	correct answer; to be correct	[Nスル]
★	同化	どうか	assimilation; to assimilate	[Nスル]
	同音異義語	どうおんいぎご	homonym	[N]
	同音	どうおん	homophone	[N]
	ダジャレ		pun	[N]
★	吹っ飛ぶ	ふっとぶ	to be blown away	[V]
★★	古典的（な）	こてんてき（な）	classical	[なAdj.]
	なぞなぞ		riddle	[N]
	おかしみ		wit	[N]
★	鹿	しか	deer	[N]
	遊戯性	ゆうぎせい	playfulness	[N]
	囚われる	とらわれる	to be caught by	[V]
★	葬式	そうしき	funeral	[N]
★	故人	こじん	the deceased	[N]
★★	不愉快（な）	ふゆかい（な）	unpleasant	[なAdj.]
★★	柔軟（な）	じゅうなん（な）	flexible	[なAdj.]
★★	好奇心	こうきしん	curiosity	[N]

		すばやく読む	Speed Reading	
★	ボケ		funny man	[N]
	ツッコミ		straight man	[N]
★★	独特（な）	どくとく（な）	unique; particular	[なAdj.]
	物忘れ	ものわすれ	forgetfulness; to be forgetful	[Nスル]
★★	不要（な）	ふよう（な）	unnecessary	[なAdj.]
	ドッグフード		dog food	[N]
	オーストリア		Austria	[N]
	渇き	かわき	thirst	[N]
★★	砂漠	さばく	desert	[N]
	渇く	かわく	to be thirsty	[V]
★★	混ぜる	まぜる	to mix	[V]
★★	推測	すいそく	guess; to guess	[Nスル]
	店主	てんしゅ	shopkeeper; owner	[N]
★★	組み合わせ	くみあわせ	combination	[N]
	寿限無	じゅげむ	Jugemu	[N]

		聞く	Listening	
	落語	らくご	rakugo; comic storytelling	[N]
★★	古典	こてん	classic	[N]
	昔々	むかしむかし	once upon a time	[N]
	和尚	おしょう	priest	[N]
★	長生き	ながいき	longevity; to live long	[Nスル]
	毛虫	けむし	caterpillar	[N]
★★	親戚	しんせき	relative	[N]
	ゴボウ		burdock	[N]
★★	永遠	えいえん	forever	[N]
★★	めでたい		auspicious	[いAdj.]
★	居酒屋	いざかや	tavern	[N]
	果てしない	はてしない	endless	[いAdj.]
★	つなげる		to connect; to link	[V]
★★	順調（な）	じゅんちょう（な）	steady	[なAdj.]
	スクスク		healthily	[Adv.]
★★	いたずら		mischief	[N]
	泣きつく	なきつく	to come crying	[V]
★★	～くん		-kun (honorific for a boy)	[Others]
★★	なぐる		to punch	[V]
	早口言葉	はやくちことば	tongue-twister	[N]
★★	試す	ためす	to try	[V]
★	本日	ほんじつ	today	[N]

1 Nを基盤とし（て） based on N

① これを基盤とし、現在笑いは挨拶や社交辞令、自己防衛などの「作為的な笑い」と、うれしさや楽しさ、おかしさの結果として現れる「自然発生的な笑い」に区分されることが多い。 p.104

Based on this, laughter is often divided into "artificial laughter," such as greetings, social pleasantries, and self-protection, and "spontaneous laughter," which is the result of happiness, fun, and silliness.

② 経済活動は社会資本（インフラ）を基盤とし、発展してきた。

Economic activities have developed based on social capital (infrastructure).

③ ボランティア活動は、個人の自発的な参加を基盤としている。

Volunteerism is based on the voluntary participation of individuals.

> | N | を基盤とし（て）
> | | を基盤とする
>
> Expresses "to be based on." It has the same meaning as Nを基にして／する, but sounds more formal. "Nを基盤として" is often used at the beginning of a sentence to modify the predicate. Nを基盤とする is used when a noun itself becomes predicate or when modifying a noun.

❶ 学校で学んだことを基盤とし、＿＿＿＿＿＿＿＿＿＿＿＿＿＿＿＿＿＿＿＿＿＿。

❷ 医学の発展は、＿＿＿＿＿＿＿＿＿＿＿＿＿＿＿＿＿＿＿を基盤としている。

❸ ＿＿＿＿＿＿＿＿＿＿＿を基盤とし、＿＿＿＿＿＿＿＿＿＿＿＿＿＿＿＿＿。

2 いかにも indeed; really; truly; just (like); extremely

① 喜劇や漫才では、いかにも起きそうな言い間違えなどを想像してネタを作り、正解から逸脱して人を笑わせる。 p.108

In comedies and comic performances, people make up stories by imagining verbal slip-ups that truly are likely to happen, and make others laugh by deviating from the correct answers.

② 食堂のサラダバーにある野菜は少し変色していて、いかにもおいしくなさそうだ。

The vegetables at the cafeteria's salad bar are slightly discolored and extremely unappetizing.

③ 湿度が高く、雨がしとしと降り続く今日の天気は、いかにも梅雨らしい。

Today's humid, drenching rain is really typical of the rainy season.

> The adverb いかにも is used with そうだ／らしい to emphasize a certain manner or way expressed by そうだ or a typicality expressed by らしい. いかにも is also used with other expressions describing a certain manner or way, such as 〜的だ, ようだ, 様子だ, and っぽい.

❶ あの店は見た目が古くて、いかにも_____。

❷ スーツを着てネクタイをしめた彼は、いかにも_____。

❸ _____は、人気のある漫画を原作としていて、

いかにも_____。

③ 接続の表現　Conjunctions

1．ただし：Objectively adds a supplementary explanation, condition, or exception, to what was previously stated. Similar to なお, but ただし carries a stronger sense of contrast and oppositional meaning like しかし, compared to なお.

例1） 喜劇や漫才では、いかにも起きそうな言い間違えなどを想像してネタを作り、正解から逸脱して人を笑わせる。ただし、「異化のユーモア」は聞いている人がその「構図」を持っていなければ、笑えない。　(p.108)

In comedies and comic performances, people make up stories by imagining verbal slip-ups that truly are likely to happen, and make others laugh by deviating from the correct answers. However, this "humor of unexpected outcomes" is not funny unless the listener understands the structure of the joke.

例2） 宿題で翻訳ソフトを使うことを禁止する。ただし、単語を調べる時は使ってもよいこととする。

The use of translation software for homework is prohibited. However, you may use it to look up words.

2．なお：Adds a supplementary explanation, exception, or additional special matter to what was previously stated. Similar to ただし, but the addition of special matters is exclusive to なお.

例1） 受験料は締め切りまでに納めてください。なお、一旦納入された受験料はいかなる場合も返金できませんので、ご了承ください。

The examination fee must be paid by the deadline. Please note that once the examination fee has been paid, it is not refundable under any circumstances.

例2） ○来月に新入学生の歓迎会を行う予定です。なお、詳細は追ってお知らせします。

We are planning to hold a welcome party for new students next month. Details will be announced as they become available.

×来月に新入学生の歓迎会を行う予定です。ただし、詳細は追ってお知らせします。

We are planning to hold a welcome party for new students next month. However, further details will be announced as they become available.

3．もっとも：Adds a condition or restriction to what was previously stated. This expression is commonly used in personal speech or writing. Sentences following もっとも often end with が (a contrastive sentence-ending particle). It is not typically used with sentences that convey intentions, requests, or commands.

例）彼女は英語が流暢だ。もっとも、インターナショナルスクールに 12 年間通っていたというから、当たり前の話だが。

She is fluent in English. It's unsurprising, however, as she attended an international school for 12 years.

4．ちなみに：Adds supplemental information, not strongly related, for reference after stating a certain matter. Unlike the other conjunctions mentioned above, ちなみに does not convey any contrastive meaning.

例）あのレストランは味がよいと評判で、いつも行列ができている。ちなみに、店主は私の高校時代の同級生だ。

That restaurant has a reputation for being delicious, and there's always a line out the door. Incidentally, the owner is a classmate of mine from high school.

練習：_____に入る最も適切な言葉を下から選んでください。言葉は一回しか使えません。

ただし　　　なお　　　もっとも　　　ちなみに

❶ 作文のテーマは自由です。_____、絶対に AI を使ったり、インターネットの記事を丸写ししたりしないでください。

❷ 定年退職後は社交ダンスに挑戦したいと思っている。_____、その時健康で体が十分動くかはわからないが。

❸ では、質疑応答に入ります。_____、発言する方は、はじめにお名前とご所属をお願いします。

❹ 東京都の出生数は年々減り続け、2022 年には 91,097 人と過去最低となった。

_____、私が勤める保育園でも乳幼児の数が減っている。

Unit 5 睡眠の謎

		ていねいに読む1	Intensive Reading 1	
★★	睡眠	すいみん	sleep	[N]
★★	眠り	ねむり	sleep	[N]
	休息	きゅうそく	rest; to rest	[Nスル]
★★	身近（な）	みぢか（な）	familiar	[なAdj.]
★★	解明	かいめい	clarification; to clarify	[Nスル]
★★	レム睡眠	れむすいみん	REM sleep	[N]
★★	ノンレム睡眠	のんれむすいみん	non-REM sleep	[N]
★★	覚める	さめる	to awake	[V]
★★	ステージ		stage	[N]
★★	相対的（な）	そうたいてき（な）	relative	[なAdj.]
★	深まる	ふかまる	to deepen	[V]
★★	組み合わせる	くみあわせる	to combine	[V]
★	サイクル		cycle	[N]
	一晩	ひとばん	one night	[N]
	起床	きしょう	rising; to arise	[Nスル]
★★	最中	さいちゅう	midst	[N]
★	覚醒	かくせい	awakening; to awaken	[Nスル]
★★	すっきり		refreshed	[Adv.]
★★	目覚める	めざめる	to wake up	[V]
	目覚め	めざめ	waking	[N]
	言説	げんせつ	discourse; idea	[N]
★	消去	しょうきょ	elimination; to eliminate	[Nスル]
	海馬	かいば	hippocampus	[N]
★★	活発（な）	かっぱつ（な）	active	[なAdj.]
★	視覚	しかく	vision	[N]
	司る	つかさどる	to control; to govern	[V]
	部位	ぶい	part	[N]
★★	奇妙（な）	きみょう（な）	strange; peculiar	[なAdj.]
	喜怒哀楽	きどあいらく	emotions	[N]
★	メカニズム		mechanism	[N]
★★	プロセス		process	[N]
★★	仮説	かせつ	hypothesis	[N]
★★	欲求	よっきゅう	desire	[N]
	睡眠圧	すいみんあつ	sleep pressure	[N]
	眠気	ねむけ	drowsiness	[N]
★★	蓄積	ちくせき	accumulation; to accumulate	[Nスル]
★★	解消	かいしょう	resolution; to resolve	[Nスル]
	ししおどし		device for scaring birds from gardens	[N]
★	例える	たとえる	to exemplify	[V]
★	周期	しゅうき	cycle	[N]
★	体内	たいない	inside the body	[N]
	シグナル		signal	[N]

★	ピーク		peak	[N]
	弱まる	よわまる	to weaken	[V]
★★	正体	しょうたい	true form	[N]
★★	ブラックボックス		black box	[N]
	脳内	のうない	intracerebral	[N]
	スニップス		SNIPPs	[N]
	脚光	きゃっこう	limelight	[N]
★★	謎	なぞ	mystery	[N]

Table header: ていねいに読む1 Intensive Reading 1

	侮る	あなどる	to disdain	[V]
★★	重大 (な)	じゅうだい (な)	significant	[なAdj.]
	うつ病	うつびょう	depression	[N]
	発症	はっしょう	outbreak of an illness; to break out	[Nスル]
	前兆	ぜんちょう	sign; harbinger	[N]
	不眠	ふみん	insomnia	[N]
	慢性化	まんせいか	become chronic; to become chronic	[Nスル]
	肥満	ひまん	obesity	[N]
★	高血圧	こうけつあつ	high blood pressure	[N]
	糖尿病	とうにょうびょう	diabetes	[N]
★★	認知症	にんちしょう	dementia	[N]
	積み重なる	つみかさなる	to accumulate	[V]
★	負債	ふさい	debt	[N]
★★	休日	きゅうじつ	holiday	[N]
★	平日	へいじつ	weekday	[N]
★★	たっぷり		full; a lot	[Adv.]
	寝だめ	ねだめ	storing up sleep; to store up sleep	[Nスル]
★	貯金	ちょきん	saving; to save	[Nスル]
	経済協力開発機構	けいざいきょうりょくかいはつきこう	Organisation for Economic Co-operation and Development	[N]
	国別	くにべつ	by country	[N]
★★	～カ国	～かこく	~ countries	[Others]
	最短	さいたん	shortest	[N]
★	年々	ねんねん	each year	[N]
	鑑みる	かんがみる	to consider; to take into account	[V]
★	他国	たこく	other countries	[N]
★	適度 (な)	てきど (な)	moderate	[なAdj.]
★	すっと		soon; easily	[Adv.]
	寝つく	ねつく	to fall asleep	[V]
	ぐっすり		sound asleep	[Adv.]
★	寝室	しんしつ	bedroom	[N]
★★	望ましい	のぞましい	desirable	[いAdj.]
	静けさ	しずけさ	quietness	[N]
★★	快適 (な)	かいてき (な)	comfortable	[なAdj.]

Table header: ていねいに読む2 Intensive Reading 2

	室温	しつおん	room temperature	[N]
	湿度	しつど	humidity	[N]
★	照明	しょうめい	lighting	[N]
★★	最小限	さいしょうげん	minimum	[N]
★	妨げる	さまたげる	to hinder	[V]
	雨音	あまおと	sound of rainfall	[N]
	入眠	にゅうみん	falling asleep; to fall asleep	[Nスル]
★★	オフ		off	[N]
	タイマー		timer	[N]
★★	適する	てきする	to fit	[V]
★★	温度	おんど	temperature	[N]

	目覚まし時計	めざましどけい	alarm clock	[N]
★★	鳴らす	ならす	to ring	[V]
★★	リズム		rhythm	[N]
	視交叉上核	しこうさじょうかく	suprachiasmatic nucleus	[N]
	リセット		reset; to reset	[Nスル]
★	ずれ		misalignment	[N]
	外界	がいかい	outside world	[N]
★	同調	どうちょう	tuning; to tune	[Nスル]
★	ホルモン		hormone	[N]
	メラトニン		melatonin	[N]
	分泌	ぶんぴつ	secretion; to secrete	[Nスル]
★★	日中	にっちゅう	daytime	[N]
★	指令	しれい	command	[N]
★★	徐々に	じょじょに	gradually	[Adv.]
	深部	しんぶ	deep part	[N]
★	体温	たいおん	body temperature	[N]
★★	導く	みちびく	to lead	[V]
★	調節	ちょうせつ	adjustment; to adjust	[Nスル]
★★	夜中	よなか	midnight	[N]
★★	乱れる	みだれる	to be disordered	[V]
★	乱す	みだす	to disturb	[V]
	スマートフォン		smartphone	[N]
★★	ブルーライト		blue light	[N]
★★	針	はり	clock hand	[N]
	遅らせる	おくらせる	to delay	[V]
★	放出	ほうしゅつ	release; to release	[Nスル]
★★	タイミング		timing	[N]
	昼夜	ちゅうや	day and night	[N]
	メリハリ		contrast	[N]
	夜型	よるがた	nocturnal type	[N]

	すばやく読む		Speed Reading	
★	夜間	やかん	at night	[N]
★	引き金	ひきがね	trigger	[N]
	不眠症	ふみんしょう	insomnia	[N]
★★	心がける	こころがける	to bear in mind	[V]
★	損なう	そこなう	to harm	[V]

	聞く		Listening	
★★	前日	ぜんじつ	day before	[N]
	徹夜	てつや	all night; to work all night	[Nスル]
★★	定着	ていちゃく	establishment; to take root; to be established	[Nスル]
	学業	がくぎょう	studies	[N]
	マサチューセッツ工科大学	まさちゅーせっつこうかだいがく	Massachusetts Institute of Technology	[N]
★★	申告	しんこく	report; to report	[Nスル]
★★	客観性	きゃっかんせい	objectivity	[N]
★★	乏しい	とぼしい	lacking	[いAdj.]
	活動量計	かつどうりょうけい	activity meter	[N]
★★	収集	しゅうしゅう	collection; to collect	[Nスル]
★	画期的（な）	かっきてき（な）	groundbreaking	[なAdj.]
★	概要	がいよう	overview	[N]
★	入門	にゅうもん	introduction; to become a pupil of	[Nスル]
	履修	りしゅう	undertaking a course; to undertake a course	[Nスル]
★★	完了	かんりょう	completion; to complete	[Nスル]
	心拍数	しんぱくすう	pulse rate	[N]
★★	測定	そくてい	measurement; to measure	[Nスル]
★	手首	てくび	wrist	[N]
★★	一貫性	いっかんせい	consistency	[N]
	学期	がっき	semester	[N]
	期末	きまつ	end of term	[N]
★★	数値	すうち	numerical value	[N]
	ばらつき		dispersion	[N]
★	週末	しゅうまつ	weekend	[N]
★	相関	そうかん	correlation; to correlate	[Nスル]
★	点数	てんすう	score	[N]
	横軸	よこじく	horizontal axis	[N]
	縦軸	たてじく	vertical axis	[N]
★★	認知	にんち	cognition; to recognize	[Nスル]
★★	促進	そくしん	promotion; to promote	[Nスル]
	コツコツ		bit by bit	[Adv.]
	清聴	せいちょう	attention; listening; to listen	[Nスル]

1 変化の様子を修飾する副詞　Adverbs modifying change

① 最初のノンレム睡眠には、脳と体が休息するステージ3が多く含まれるが、次第にその割合は少なくなる。　(p.126)

Initial non-REM sleep includes a large proportion of stage 3, in which the brain and body rest, but the proportion gradually decreases.

② 大規模言語モデルによって、AIができることは飛躍的に増えた。

Large language models have dramatically increased what AI can do.

③ 新しい金融政策によって、経済は今年に入って徐々に改善した。

The new monetary policy has led the economy to gradually improve this year.

Examples of adverbs modifying change (used in formal speech and writing)

次第に／徐々に／緩やかに	gradually; gently; slowly
急激に／急速に	rapidly; suddenly; drastically
飛躍的に	dramatically

❶ 少子高齢化によって、＿＿＿＿＿＿＿＿＿＿は、次第に＿＿＿＿＿＿＿＿＿＿＿＿＿＿＿＿＿。

❷ がんを予防するワクチンが開発されれば、＿＿＿＿＿＿＿＿＿＿＿＿＿＿＿＿＿＿は、

飛躍的に＿＿＿＿＿＿＿＿＿＿＿＿＿＿＿＿＿＿＿＿＿。

❸ ＿＿＿＿＿＿＿＿＿＿によって、＿＿＿＿＿＿＿＿＿＿は、徐々に＿＿＿＿＿＿＿＿＿＿＿＿。

2 必ずしも〜ない　(not) always ~; (not) necessarily ~

① 90分単位で計算して起きると目覚めがすっきりするといった言説は必ずしも正しいとは言えない。　(p.127)

The idea of calculating sleep time in 90-minute increments to wake up refreshed is not necessarily true.

② その世界の第一人者だからといって、必ずしも、誰もが彼女の言うことを聞くわけではない。

Just because she is the world's leading authority on the subject does not necessarily mean that everyone listens to her.

③ お金が十分にあったとしても、必ずしも将来に不安がないとは限らない。

Even if you have enough money, it doesn't necessarily mean that you have no concerns about the future.

❶ 計算が得意だとは言っても、必ずしも＿＿＿＿＿＿＿＿＿＿＿＿＿＿＿＿＿＿＿＿＿＿＿。

❷ ＿＿＿＿＿＿＿＿＿＿＿＿＿＿＿＿＿＿＿＿＿＿＿が、必ずしも正しいわけではない。

❸ ＿＿＿＿＿＿＿＿＿＿＿＿＿からといって、必ずしも＿＿＿＿＿＿＿＿＿＿＿＿＿＿＿＿

とは限らない。

3 ～たいものだ hope ~; should try to ~; would love to ~

① 夜、寝る時の光に気をつけたり規則正しい生活を心がけたりして、体内時計のリズムを損なわないようにしたいものだ。　p.138

We should try to keep the rhythm of our body clocks healthy by being careful about light when going to bed at night and by maintaining a regular lifestyle.

② 俳優志望の彼は、一度でいいからレッドカーペットの上を歩いてみたいものだと思っている。

As an aspiring actor, he would certainly love to walk on the red carpet just once.

③ 今度の選挙で市長になる人には、市の病院の数を増やしてほしいものだ。

I hope that whoever becomes mayor in the upcoming election will increase the number of hospitals in the city.

❶ 夢でもいいので、＿＿＿＿＿＿＿＿＿＿＿＿＿＿＿＿＿＿＿＿＿＿ものだ。

❷ 新入社員の前川さんは入社から半年も経つのにまだ業務が覚えられない。

＿＿＿＿＿＿＿＿＿＿＿＿＿＿＿＿＿＿＿＿＿＿＿＿＿＿＿ものだ。

❸ ＿＿＿＿＿＿＿＿＿＿＿＿＿＿＿＿＿＿＿＿＿＿＿＿＿＿＿ものだ。

AI 時代における人の死

	ていねいに読む1		Intensive Reading 1	
★★	よみがえる		to bring back	[V]
	歌姫	うたひめ	songstress; diva	[N]
	NHK	エヌエイチケー	NHK	[N]
	NHK スペシャル	エヌエイチケーすぺしゃる	NHK Special	[N]
	新曲	しんきょく	new song	[N]
★★	披露	ひろう	introduction; to introduce	[Nスル]
	もとい		rather	[Others]
	没後	ぼつご	posthumously	[N]
★	故人	こじん	the deceased	[N]
	音源	おんげん	sound source	[N]
★★	映像	えいぞう	picture	[N]
	歌声	うたごえ	singing voice	[N]
★	再現	さいげん	reproduction; recreating; to reproduce; to recreate	[Nスル]
★★	プロジェクト		project	[N]
	深層学習	しんそうがくしゅう	deep learning	[N]
★★	手法	しゅほう	technique	[N]
★★	合成	ごうせい	synthesis; to synthesize	[Nスル]
	作詞	さくし	lyric writing; to write lyrics	[Nスル]
	プロデュース		produce; to produce	[Nスル]
★	生前	せいぜん	while alive	[N]
★	シングル曲	しんぐるきょく	single song	[N]
★	手掛ける	てがける	to handle	[V]
	反響	はんきょう	reaction; to react	[Nスル]
★	視聴者	しちょうしゃ	viewer	[N]
	ファン		fan	[N]
★	要望	ようぼう	request; to request	[Nスル]
★★	発売	はつばい	product launch; to launch a product	[Nスル]
★★	デジタル		digital	[N]
	配信	はいしん	stream; to stream	[Nスル]
	大晦日	おおみそか	New Year's Eve	[N]
	恒例	こうれい	custom	[N]
	NHK 紅白歌合戦	エヌエイチケーこうはくうたがっせん	NHK Kohaku Uta Gassen	[N]
	耳目	じもく	one's attention	[N]
★	賞賛	しょうさん	praise; to praise	[Nスル]
★★	違和感	いわかん	uncomfortable feeling	[N]
	あの世	あのよ	the other world	[N]
	呼び戻す	よびもどす	to call back	[V]
★★	かわいそう（な）		pitiful	[なAdj.]
	戸惑い	とまどい	confusion	[N]
	シンガーソングライター		singer-songwriter	[N]

ていねいに読む1		Intensive Reading 1	
冒涜	ぼうとく	blasphemy; sacrilege; to blaspheme	[Nスル]
賛否両論	さんぴりょうろん	mixed opinions	[N]
巻き起こす	まきおこす	to give rise to	[V]
★★ 法的（な）	ほうてき（な）	legal	[なAdj.]
★★ 音声	おんせい	voice; sound	[N]
★★ 画像	がぞう	image	[N]
★★ 現行	げんこう	current	[N]
★★ 生存	せいぞん	living; to live	[Nスル]
★★ 死者	ししゃ	deceased	[N]
★ 肖像権	しょうぞうけん	portrait rights	[N]
パブリシティ権	ぱぶりしてぃけん	publicity rights	[N]
★★ 人格権	じんかくけん	personal rights	[N]
消失	しょうしつ	dissipation; to dissipate	[Nスル]
★★ 代表取締役	だいひょうとりしまりやく	representative director	[N]
★★ 全面	ぜんめん	entire	[N]
★★ 遺族	いぞく	bereaved family	[N]
★★ 同意	どうい	consent; to consent	[Nスル]
★★ 親友	しんゆう	close friend	[N]
★ 俳優	はいゆう	actor	[N]
★★ 死後	しご	after death	[N]
★★ 脅かす	おびやかす	to threaten	[V]
★★ 倫理的（な）	りんりてき（な）	ethical	[なAdj.]
浮き彫りにする	うきぼりにする	to bring into relief	[V]

ていねいに読む2		Intensive Reading 2	
岩手県	いわてけん	Iwate Prefecture	[N]
大槌町	おおつちちょう	Otsuchi Town	[N]
★★ 対話	たいわ	dialogue; to converse	[Nスル]
★★ 丘	おか	hill	[N]
色とりどり	いろとりどり	multicolored	[N]
★ 庭園	ていえん	garden	[N]
たたずむ		to loiter	[V]
★★ 電話ボックス	でんわぼっくす	telephone box	[N]
ダイヤル式	だいやるしき	dial-type	[N]
★ 備わる	そなわる	to be equipped with	[V]
★ 受話器	じゅわき	receiver	[N]
★ 語りかける	かたりかける	to speak	[V]
★ 録音	ろくおん	recording; to record	[Nスル]
問いかけ	といかけ	question	[N]
★★ 返ってくる	かえってくる	to return	[V]
カリフォルニア		California	[N]
★★ 拠点	きょてん	base	[N]
アプリ		app; application	[N]

	ていねいに読む2		Intensive Reading 2	
★★	事前	じぜん	in advance	[N]
	生い立ち	おいたち	upbringing	[N]
	アバター		avatar	[N]
★	後日	ごじつ	later	[N]
★	創業者	そうぎょうしゃ	founder	[N]
★★	ステージ		stage	[N]
	肺がん	はいがん	lung cancer	[N]
	チャットボット		chatbot	[N]
★★	引き継ぐ	ひきつぐ	to inherit; to take over	[V]
	慰め	なぐさめ	comfort	[N]
★	偲ぶ	しのぶ	to remember	[V]
	死生学	しせいがく	thanatology	[N]
	死別	しべつ	bereavement; to be bereaved	[Nスル]
★★	喪失感	そうしつかん	sense of loss	[N]
★★	悲しみ	かなしみ	sadness	[N]
★★	睡眠	すいみん	sleep	[N]
	引きこもり	ひきこもり	recluse; withdrawn from society	[N]
★★	引き起こす	ひきおこす	to cause	[V]
★★	適応	てきおう	adaptation; to adapt	[Nスル]
★★	名誉教授	めいよきょうじゅ	Emeritus professor	[N]
★	絆	きずな	bond; connection	[N]
★	良好（な）	りょうこう（な）	good	[なAdj.]
★★	及ぼす	およぼす	to affect; to cause	[V]
★	過度（な）	かど（な）	excessive	[なAdj.]
★★	リスク		risk	[N]
★★	健全（な）	けんぜん（な）	sound; healthy	[なAdj.]
★	拠り所	よりどころ	support	[N]
★★	構築	こうちく	construction; to construct	[Nスル]
★	阻害	そがい	inhibition; to inhibit	[Nスル]
★	害	がい	harm	[N]

	すばやく読む		Speed Reading	
★★	表明	ひょうめい	representation; declaration; to represent; to declare	[Nスル]
★★	遺産	いさん	estate	[N]
★★	相続	そうぞく	inheritance; to inherit	[Nスル]
★	遺言書	ゆいごんしょ	will; testament	[N]
	遺書	いしょ	will	[N]
★★	運転免許証	うんてんめんきょしょう	driver's license	[N]
★★	マイナンバーカード		Individual Number Card	[N]
	臓器	ぞうき	internal organs	[N]
★★	記入	きにゅう	filling in; to fill in	[Nスル]
★★	意向	いこう	intention	[N]
★★	尊重	そんちょう	respect; to respect	[Nスル]

	すばやく読む		Speed Reading	
★	有益 (な)	ゆうえき (な)	beneficial	[なAdj.]
★★	近年	きんねん	recent years	[N]
★★	生成	せいせい	generation; to generate	[Nスル]
★★	言動	げんどう	words and actions	[N]
★	ウェブ		web	[N]
★★	復活	ふっかつ	revival; to revive	[Nスル]
★★	知人	ちじん	acquaintance	[N]
★	閲覧	えつらん	view; to browse	[Nスル]
★	許容度	きょようど	tolerance level	[N]
★★	上記	じょうき	above-mentioned	[N]
★★	ツール		tool	[N]
★	効力	こうりょく	validity	[N]
★	さらなる		further	[Others]
★★	追加	ついか	addition; to add	[Nスル]

	聞く		Listening	
★★	正体	しょうたい	true form	[N]
	雑談	ざつだん	chat; to converse	[Nスル]
	動画	どうが	video	[N]
★★	取り入れる	とりいれる	to incorporate	[V]
★	飛躍的 (な)	ひやくてき (な)	rapid; dramatic	[なAdj.]
★	よくよく		carefully	[Adv.]
	目元	めもと	around the eyes	[N]
★	口元	くちもと	around the mouth	[N]
	ぎこちなさ		awkwardness	[N]
★★	谷	たに	valley	[N]
★	親しみ	したしみ	familiarity	[N]
	ガクッと		suddenly	[Adv.]
	見分け	みわけ	distinction	[N]
	キモい		gross; yuck	[いAdj.]
★★	ブーム		boom	[N]
★★	仮説	かせつ	hypothesis	[N]
★	予言者	よげんしゃ	prophet	[N]
★	直感	ちょっかん	intuition	[N]
★★	唱える	となえる	to advocate	[V]
	諸説	しょせつ	various theories	[N]
★★	解明	かいめい	clarification; to clarify	[Nスル]
★★	本能的 (な)	ほんのうてき (な)	instinctive	[なAdj.]
★★	セリフ		words; lines	[N]
★★	こもる		to be filled with	[V]
★	歌詞	かし	lyrics	[N]
★★	相まって	あいまって	coupled with; combined with	[Adv.]
	倍増	ばいぞう	double; to double	[Nスル]

★★	あたかも		as if	[Adv.]
★★	道徳的（な）	どうとくてき（な）	moral	[なAdj.]
★	偽	にせ	false	[N]
	ディープフェイク		deep fake	[N]

1 〜故に　because (of) ~; due to ~; therefore ~

① もしかすると、中村メイコにとって美空ひばりは死後も心の中で生き続けている存在であり、「AI 美空ひばり」が自身の心の中の美空ひばりの存在を脅かすが故に「怖い」のかもしれない。　(p.153)

Perhaps, for Meiko Nakamura, Hibari Misora lives on in her heart even after death, and therefore she "fears" an AI version of Hibari Misora because it threatens the existence of the Hibari Misora that lives on in her heart.

② 人は若さ故に犯した過去の過ちというものを認めたくないものだ。

People are reluctant to admit past mistakes they made because of their youth.

③ 人権は普遍的である。それ故に、どのような地域・文化・宗教のもとでも等しく保障されなければならない。

Human rights are universal. Therefore, they must be guaranteed equally in all regions, cultures, and religions.

Plain （が）
* ナA （な／である／であるが）
* N （の／である／であるが）
} 故に

A conjunction that expresses a reason or a cause. Only used in highly formal written language. Cannot be used to express the reason or the cause of a specific event or an action.

× 先週は台風 8 号（が）故に多くの飛行機が欠航となった。

○ 先週は台風 8 号のために多くの飛行機が欠航となった。

Can also be used at the beginning of a sentence, in which case それ（が）and その often used together, as shown in ③ above.

---

❶ その人は、＿＿＿＿＿＿＿＿＿＿＿＿＿＿＿＿＿＿＿＿＿故に、盗みを働いてしまった。

❷ その経営者は、自社の経済的な利益ばかりを追求するが故に、

＿＿＿＿＿＿＿＿＿＿＿＿＿＿＿＿＿＿＿＿＿＿＿＿＿＿＿。

❸ 人は誰しも一人では生きていけない。それ故に、

＿＿＿＿＿＿＿＿＿＿＿＿＿＿＿＿＿＿＿＿＿＿＿＿＿＿＿。

2 ひいては　eventually; even; furthermore; ultimately

① あるいは、逆にその関係性の構築を阻害し、精神状態、ひいては日常生活に害を及ぼす存在となるのか、今後の研究が期待される。　p.157

We can expect future research to determine whether, eventually, it may hinder the building of such relationships and have a harmful impact on mental outlook and, eventually, on daily life.

② 空き家の増加は、その地域の治安悪化を招き、ひいてはその地域全体の資産価値を下げることにもなる。

An increase in the number of vacant houses will lead to a deterioration of public safety in the area, which will eventually lower property values in the entire area.

③ 一人ひとりが環境問題に取り組む姿勢が、ひいては地球を救うことだろう。

Our individual attitudes toward environmental issues is what will ultimately save the earth.

> An adverb used when something is considered to have significant or serious consequences.

❶ 子ども一人ひとりの能力を伸ばすことは、その子の将来、ひいては、

_____だろう。

❷ _____、ひいては、誰もが生きやすい社会を

実現することにつながるはずだ。

❸ 外国語を学習することは、_____、ひいては、

_____と思う。

3 とはいえ　although; even though; that being said; admitting that; nevertheless

① ただし、この文書には 2024 年現在、法的効力は保証されていない。とはいえ、今後 AI 技術のさらなる進歩に伴って、このような文書が法的効力を発揮する仕組みがやがて整備されていくのではないだろうか。　p.162-163

However, this document has no guaranteed legal validity as of 2024. Nevertheless, with further advances in AI technology, mechanisms will eventually be formulated to make such documents legally valid.

② プロのダンサーとはいえ、ステップを間違えることぐらいある。

Even professional dancers sometimes make mistakes in their steps.

③ いくら時間がなかったとはいえ、遅れるなら一言連絡ぐらいしてほしい。

Although you may not have much time, if you are going to be late, you should at least contact us briefly.

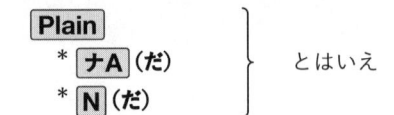

A conjunction that literally means "although it is said that." The synonymous expression と(は)いっても can be used in the same way. Can also be used at the beginning of a sentence as shown in ① above.

❶ 春とはいえ、＿＿＿＿＿＿＿＿＿＿＿＿＿＿＿＿＿＿＿＿＿＿＿。

❷ ＿＿＿＿＿＿＿＿＿＿＿＿＿＿＿とはいえ、実際に本人からその返事を聞いた時は

ショックを受けた。

❸ 電気自動車は今後一層普及していくだろう。とはいえ、

＿＿＿＿＿＿＿＿＿＿＿＿＿＿＿＿＿＿＿＿＿＿＿＿＿＿＿。

			ていねいに読む 1　Intensive Reading 1	
	実学	じつがく	practical science	[N]
	虚学	きょがく	non-practical science	[N]
	早計（な）	そうけい（な）	hasty	[なAdj.]
	詩歌	しいか	poetry	[N]
	戯曲	ぎきょく	play	[N]
	随筆	ずいひつ	essay	[N]
★★	評論	ひょうろん	criticism; to criticize	[Nスル]
★	媒介	ばいかい	intermediary; to intermediate	[Nスル]
	学芸	がくげい	liberal arts	[N]
	史学	しがく	(study of) history	[N]
★★	主（な）	おも（な）	main	[なAdj.]
	韻文	いんぶん	verse	[N]
	散文	さんぶん	prose	[N]
★	批評	ひひょう	review; to review	[Nスル]
★★	古く	ふるく	ancient	[N]
	リベラルアーツ		liberal arts	[N]
	修辞学	しゅうじがく	rhetoric	[N]
★	下位	かい	subordinate	[N]
★★	由来	ゆらい	origin; to originate	[Nスル]
	弁論	べんろん	argument; to argue	[Nスル]
★	技法	ぎほう	technique	[N]
★★	追究	ついきゅう	pursuit; to pursue	[Nスル]
★	土台	どだい	foundation	[N]
★	広まる	ひろまる	to spread	[V]
★★	貴族	きぞく	aristocrat	[N]
★	特権	とっけん	privilege	[N]
★★	需要	じゅよう	demand	[N]
★★	流通	りゅうつう	distribution; to distribute	[Nスル]
	識字率	しきじりつ	literacy rate	[N]
	余暇	よか	leisure time	[N]
	伸長	しんちょう	expansion; to expand	[Nスル]
	中流	ちゅうりゅう	middle class	[N]
★	担い手	にないて	bearer	[N]
★★	大衆	たいしゅう	the public	[N]
	派生	はせい	derivation; to derive	[Nスル]
★	幅広い	はばひろい	wide; broad	[いAdj.]
★	親しむ	したしむ	to be intimate with	[V]
★	娯楽	ごらく	amusement; pastime	[N]
	掘り下げる	ほりさげる	to delve into	[V]
★	語源	ごげん	etymology	[N]
★	着目	ちゃくもく	attention; to pay attention	[Nスル]
	惰性的（な）	だせいてき（な）	inertial	[なAdj.]

			ていねいに読む1 Intensive Reading 1		
	因習	いんしゅう	convention		[N]
★	題材	だいざい	subject		[N]
★	突き付ける	つきつける	to thrust upon; to confront		[V]
★★	災害	さいがい	disaster		[N]
	有事	ゆうじ	emergency		[N]
★★	不要（な）	ふよう（な）	unnecessary		[なAdj.]
	東日本大震災	ひがしにほんだいしんさい	The Great East Japan Earthquake		[N]
	福島第一原子力発電所	ふくしまだいいちげんしりょくはつでんしょ	Fukushima Daiichi Nuclear Power Station		[N]
	疑念	ぎねん	doubt; suspicion		[N]
★★	著書	ちょしょ	literary work		[N]
★★	クマ		bear		[N]
★★	穏やか（な）	おだやか（な）	gentle; calm		[なAdj.]
	川上弘美	かわかみひろみ	Hiromi Kawakami		[N]
	原発	げんぱつ	nuclear power		[N]
	書き改める	かきあらためる	to rewrite		[V]
	ポーランド		Poland		[N]
★★	原爆	げんばく	atomic weapon		[N]
★★	主題	しゅだい	subject; main theme		[N]
	短編	たんぺん	short story		[N]
	原子村の婚礼	げんしむらのこんれい	Wedding in the Atomic Village *Name of a novel		[N]
	新訳	しんやく	new translation		[N]
★★	試み	こころみ	experiment		[N]
★★	放射線	ほうしゃせん	radiation		[N]
★★	示唆	しさ	suggestion; to suggest		[Nスル]
★★	〜に際して	〜にさいして	on the occasion of 〜		[Others]
★	既存	きそん	existing; to pre-exist		[Nスル]
★★	提示	ていじ	presentation; to present		[Nスル]

			ていねいに読む2 Intensive Reading 2		
	越境	えっきょう	cross-border; to cross a border		[Nスル]
★	自国	じこく	one's own country		[N]
★★	特有	とくゆう	peculiar; specific		[N]
★	他国	たこく	other countries		[N]
★	受賞	じゅしょう	awardee; to be awarded a prive		[Nスル]
	川端康成	かわばたやすなり	Yasunari Kawabata		[N]
★★	前半	ぜんはん	first half		[N]
★	到来	とうらい	arrival; dawn; to arrive		[Nスル]
★	予言	よげん	prediction; to predict		[Nスル]
	逸話	いつわ	anecdote		[N]
	的中	てきちゅう	realisation; to realize		[Nスル]
	鎖国	さこく	closed country; to close a country		[Nスル]
★★	古典	こてん	classic		[N]
★★	純粋（な）	じゅんすい（な）	pure		[なAdj.]

	森鴎外	もりおうがい	Ogai Mori	[N]
	高瀬舟	たかせぶね	Takasebune *Name of a novel	[N]
★	端的（な）	たんてき（な）	concise; direct	[なAdj.]
	自死	じし	suicide; to suicide	[Nスル]
	懇願	こんがん	entreaty; to entreat	[Nスル]
	安楽死	あんらくし	euthanasia	[N]
	軍医	ぐんい	military doctor	[N]
★★	執筆	しっぴつ	writing; to write	[Nスル]
★	消極的（な）	しょうきょくてき（な）	negative	[なAdj.]
★	盛り込む	もりこむ	to incorporate	[V]
★★	言いきる	いいきる	to state definitively	[V]
★★	余地	よち	room; margin	[N]
	作風	さくふう	literary style	[N]
★★	冒頭	ぼうとう	beginning	[N]
	村上春樹	むらかみはるき	Haruki Murakami	[N]
	ドストエフスキー		Dostoevsky	[N]
	ハイブリッド		hybrid	[N]
	入り混じる	いりまじる	to be mingled	[V]
★	裏付ける	うらづける	to support	[V]
	リービ英雄	りーびひでお	Ian Hideo Levy	[N]
	母語	ぼご	mother tongue	[N]
★★	異文化	いぶんか	foreign culture	[N]
	多和田葉子	たわだようこ	Yoko Tawada	[N]
	地球にちりばめられて	ちきゅうにちりばめられて	Scattered All Over the Earth *Name of a novel	[N]
	島国	しまぐに	island country	[N]
	母国	ぼこく	one's homeland	[N]
★★	消滅	しょうめつ	extinguishment; to extinguish	[Nスル]
★	欧州	おうしゅう	Europe	[N]
★★	人工	じんこう	artificial	[N]
	飛び交う	とびかう	to fly about	[V]
	あぶり出す	あぶりだす	to bring into the open	[V]
★★	国境	こっきょう	national border	[N]
★	根源的（な）	こんげんてき（な）	fundamental	[なAdj.]
	読み手	よみて	reader	[N]
★★	事柄	ことがら	matter	[N]
★★	境界	きょうかい	boundary	[N]

Unit

7

文学の意義

45

	書評	しょひょう	book review	[N]
	平野啓一郎	ひらのけいいちろう	Keiichiro Hirano	[N]
	本心	ほんしん	True Feelings; Honshin *Name of a novel	[N]
★★	感染病	かんせんびょう	infectious disease	[N]
	ペスト		The Plague	[N]
	新型コロナウイルス感染症	しんがたころなういるすかんせんしょう	COVID-19	[N]
★	映し出す	うつしだす	to reflect	[V]
	警鐘	けいしょう	alarm bell; warning	[N]
★★	鳴らす	ならす	to ring	[V]
★	近未来	きんみらい	near future	[N]
★	問いかける	といかける	to question	[V]
★	格差	かくさ	disparity	[N]
★	リアル（な）		real	[なAdj.]
	アバター		avatar	[N]
★	裕福（な）	ゆうふく（な）	wealthy	[なAdj.]
	底辺	ていへん	bottom	[N]
★	合法的（な）	ごうほうてき（な）	legal	[なAdj.]
★	拒絶	きょぜつ	refusal; to refuse	[Nスル]
	不慮	ふりょ	unexpected	[N]
★★	喪失感	そうしつかん	sense of loss	[N]
	ヴァーチャル・フィギュア		virtual figure	[N]
★★	製作	せいさく	production; to produce	[Nスル]
★★	対話	たいわ	dialogue; to converse	[Nスル]
★	本心	ほんしん	true feelings	[N]
	刺さる	ささる	to resonate	[V]
	にじみ出る	にじみでる	to seep out; to be revealed	[V]
	先行き	さきゆき	the future	[N]
★	老いる	おいる	to grow old	[V]
	諦め	あきらめ	giving up	[N]
★	無力感	むりょくかん	sense of helplessness	[N]
★	程遠い	ほどとおい	far away	[いAdj.]
	抗う	あらがう	to resist	[V]
★	故人	こじん	the deceased	[N]
★	復元	ふくげん	reconstruction; to reconstruct	[Nスル]
	分断	ぶんだん	division; to divide	[Nスル]
★★	直面	ちょくめん	facing; to face	[Nスル]
★★	身近（な）	みじか（な）	familiar	[なAdj.]
★★	喪失	そうしつ	loss; to lose	[Nスル]
★★	乗り越える	のりこえる	to overcome	[V]

	聞く	Listening	
	村田沙耶香	むらたさやか	Sayaka Murata	[N]
	コンビニ人間	こんびににんげん	Convenience Store Woman *Name of a novel	[N]
★	本日	ほんじつ	today	[N]
★★	～カ国	～かこく	~ countries	[Others]
	博す	はくす	to gain; to earn	[V]
★★	孤立	こりつ	isolation; to isolate	[Nスル]
	単調（な）	たんちょう（な）	monotonous	[なAdj.]
★	接点	せってん	point of contact	[N]
★	同級生	どうきゅうせい	classmate	[N]
★	マニュアル		instruction manual	[N]
★★	正常（な）	せいじょう（な）	normal	[なAdj.]
★★	部品	ぶひん	part	[N]
★	風潮	ふうちょう	trend	[N]
★	根強い	ねづよい	deep-seated	[いAdj.]
	過不足	かふそく	excess or deficiency	[N]
★	描写	びょうしゃ	depiction; to depict	[Nスル]
★★	貫く	つらぬく	to stick to	[V]
★	投げかける	なげかける	to raise	[V]
★★	ベストセラー		best-seller	[N]
★★	疑問視	ぎもんし	skepticism; to be skeptical	[Nスル]
★★	共感	きょうかん	empathy; to empathize	[Nスル]
	爆笑	ばくしょう	roar of laughter; to roar with laughter	[Nスル]
★★	感想	かんそう	impression	[N]
★★	適応	てきおう	adaptation; to adapt	[Nスル]
	おもしろおかしい		amusing	[いAdj.]
	ザ・ニューヨーカー		The New Yorker	[Others]
	選考	せんこう	selection; to select	[Nスル]
★★	主流	しゅりゅう	mainstream	[N]
★★	外れる	はずれる	to deviate	[V]
★	文脈	ぶんみゃく	context	[N]
★	引き付ける	ひきつける	to draw; to attract	[V]
★★	こなす		to perform	[V]
	他人事	ひとごと	someone else's business	[N]
★	過言	かごん	exaggeration	[N]

Unit
7
文学の意義

1 ～ないまでも　without ~; even if ~ not; although not ~

① 文学の重要性や興味深さを否定しないまでも、その社会的な役割について具体的に論じられる人は少ないかもしれない。　(p.178)

Without denying the importance and interest of literature, few people are able to discuss its specific role in society.

② AI で全ての答えを導き出せないまでも、答えにつながる情報が得られれば十分だ。

Even if AI cannot provide all the answers, if it provides information that leads to answers, that is sufficient.

③ この絵は完璧ではないまでも、光と影のコントラストがきれいに描写できている。

Although not perfect, this image is a beautiful depiction of the contrast between light and shadow.

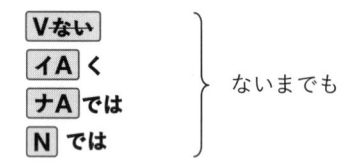

| V ない |
| イA く |
| ナA では |
| N では |

ないまでも

Expresses "even if/though not to that extent, at least to this degree." The adverbial clause X ないまでも expresses that an ideal condition (action or state) X has not been reached, but at least the next best condition (action or state) expressed in the main clause has been achieved.

❶ 毎日とは言わないまでも、_____。

❷ プロではないまでも、_____。

❸ _____ないまでも、

_____。

2 もはや　already; no longer; nowadays

① 幅広く親しまれるようになった文学は学問追究の基礎をなすような重要性を失い、もはや余暇を埋める娯楽に過ぎないのだろうか。　(p.179)

Has literature, which has become widely popular, already lost its significance as the basis for academic pursuit? Is it nowadays merely a pastime to fill leisure time?

② ゲーテが 1827 年に「特有の国民文学はもはや意味をなさず、世界文学の時代が到来する」と予言した逸話が、よく知られている。　(p.182)

In a well-known anecdote, in 1827 Goethe predicted that "specific national literature will no longer have any meaning, and that the age of world literature is dawning."

③ キャッシュレスが進む現代では、海外旅行での換金はもはや時代遅れと言える。

Nowadays, in today's cashless society, cash exchange for international travel is obsolete.

もはや is an adverb that conveys a sense of "already," "no longer," or "nowadays," similar to も う, though もはや sounds more formal. When もはや modifies a descriptive state, it emphasizes that this state has definitively been reached. When もはや is used with the negative form of a predicate, it emphasizes that a certain condition or situation has ceased to exist or is no longer achievable.

❶ 明日の期末試験に向けて準備を始めたが、もはや_____。

❷ _____を考えると、_____は、

もはや意味がない。

❸ _____は、もはや

_____。

3 ～まい　　never ~; not ~

① 高齢になり、息子に迷惑をかけるまいとしたのかもしれない。　　p.188

Perhaps he was getting old and did not want to trouble his son.

② 留学中どんなに辛いことがあっても、泣くまいと心に誓った。

I promised myself I would not cry, no matter how hard things got during my study abroad.

③ 中古で購入したパソコンがすぐに故障した。もう二度と中古は買うまい。

The computer I purchased secondhand broke down immediately. I will never buy used again.

V dic まい

Expresses a strong negative intention of the speaker. While V ないようにしよう or V ないつも りだ is used in colloquial situations, まい is more commonly seen in literary or formal contexts. For the irregular verbs, 来る is conjugated to 来るまい／こまい, and する to するまい／すまい. まい also expresses a negative conjecture about a future event or state, such as まさか東京で 9月に雪など降るまい. This usage applies to all parts of speech, and the conjugations are イ A くはある, ナ A ではある, and N ではある.

---

❶ ダイエット中は、_____まいと決めている。

❷ 後輩に助言をしても、一向に聞く耳を持とうとしないため、_____

まいと心に誓った。

❸ _____まい。

	ていねいに読む1		**Intensive Reading 1**	
	警鐘	けいしょう	alarm bell; warning	[N]
★★	～を基に	～をもとに	based on ~	[Others]
★★	ペース		pace	[N]
★★	天然資源	てんねんしげん	natural resources	[N]
	枯渇	こかつ	depletion; to deplete	[Nスル]
	枯渇性資源	こかつせいしげん	depletable resource	[N]
★★	汚染	おせん	pollution; to pollute	[Nスル]
★★	到達	とうたつ	arrival; to arrive	[Nスル]
★	シナリオ		scenario	[N]
★★	石油	せきゆ	petroleum	[N]
★★	縮小	しゅくしょう	reduction; to reduce	[Nスル]
★	度合い	どあい	degree	[N]
★★	食糧	しょくりょう	food supply	[N]
★	ピーク		peak	[N]
	水を差す	みずをさす	to hamper	[V]
★★	非難	ひなん	criticism; blame; to blame	[Nスル]
★★	抗議	こうぎ	protest; to protest	[Nスル]
	悲観的（な）	ひかんてき（な）	pessimistic	[なAdj.]
★★	保全	ほぜん	preservation; to conserve	[Nスル]
★	突き付ける	つきつける	to thrust on; to confront	[V]
★	停滞	ていたい	stagnation; to stagnate	[Nスル]
	トレードオフ		trade-off	[N]
★★	近年	きんねん	recent years	[N]
★★	投資	とうし	investment; to invest	[Nスル]
★	両立	りょうりつ	coexistence; compatibility; to be in balance	[Nスル]
★★	国連環境計画	こくれんかんきょうけいかく	United Nations Environment Programme	[N]
★★	持続可能（な）	じぞくかのう（な）	sustainable	[なAdj.]
★	貧困	ひんこん	poverty	[N]
	撲滅	ぼくめつ	eradication; to eradicate	[Nスル]
★	道筋	みちすじ	route	[N]
★★	各国	かっこく	each country	[N]
	国内総生産	こくないそうせいさん	gross domestic product	[N]
	GDP	ジーディーピー	GDP	[N]
★★	水準	すいじゅん	level	[N]
★	妨げる	さまたげる	to hinder	[V]
★★	得（な）	とく（な）	beneficial	[なAdj.]
★★	向き	むき	direction	[N]
★	照明	しょうめい	lighting	[N]
	蛍光灯	けいこうとう	fluorescent light	[N]
	白熱電球	はくねつでんきゅう	incandescent light bulb	[N]
	LED	エルイーディー	LED	[N]
★	二酸化炭素	にさんかたんそ	carbon dioxide	[N]

★	排出	はいしゅつ	emission; to emit	[Nスル]
	戸建て	こだて	detached house	[N]
★★	集合	しゅうごう	multiple-dwelling; to gather	[Nスル]
★★	減らす	へらす	to decrease	[V]
★★	世帯	せたい	household	[N]
★	節約	せつやく	saving; to save	[Nスル]
★★	初期投資	しょきとうし	initial investment	[N]
	耐久性	たいきゅうせい	durability	[N]
	安上がり（な）	やすあがり（な）	cheap	[なAdj.]
	風力	ふうりょく	wind power	[N]
	水力	すいりょく	hydraulic power	[N]
★★	再生可能（な）	さいせいかのう（な）	renewable	[なAdj.]
★	発電	はつでん	power generation; to generate power	[Nスル]
★	安価（な）	あんか（な）	inexpensive	[なAdj.]
★★	化石燃料	かせきねんりょう	fossil fuel	[N]
★★	コスト		cost	[N]
★	電力	でんりょく	electric power	[N]
★★	供給	きょうきゅう	supply; to supply	[Nスル]
	二律背反	にりつはいはん	antinomy	[N]
★★	取り入れる	とりいれる	to incorporate	[V]
	脱却	だっきゃく	escape; to escape	[Nスル]

★	熱帯林	ねったいりん	tropical forest	[N]
★	珊瑚礁	さんごしょう	coral reef	[N]
★	生態系	せいたいけい	ecosystem	[N]
★★	生物多様性	せいぶつたようせい	biodiversity	[N]
★	恩恵	おんけい	benefit	[N]
★★	食料	しょくりょう	food	[N]
★	木材	もくざい	timber	[N]
★★	生存	せいぞん	living; to live	[Nスル]
★★	不可欠（な）	ふかけつ（な）	indispensable; essential	[なAdj.]
★	大気	たいき	atmosphere	[N]
★	浄化	じょうか	purification; to purify	[Nスル]
★	気候	きこう	climate	[N]
★	享受	きょうじゅ	enjoyment; to enjoy	[Nスル]
	医薬品	いやくひん	medical supplies	[N]
★★	由来	ゆらい	origin; to originate	[Nスル]
★	原料	げんりょう	raw materials	[N]
★★	心身	しんしん	mind and body	[N]
★★	疲れ	つかれ	fatigue	[N]
★★	癒す	いやす	to heal	[V]
★★	各種	かくしゅ	all sorts	[N]

Unit

8

環境か経済か

ていねいに読む2　Intensive Reading 2

★★	有無	うむ	presence or absence	[N]
★	絶滅	ぜつめつ	extinction; to become extinct	[Nスル]
	速める	はやめる	to accelerate	[V]
	ひとたび		once	[Adv.]
★★	復活	ふっかつ	revival; to revive	[Nスル]
★	不能（な）	ふのう（な）	impossible	[なAdj.]
★	スキル		skill	[N]
★	人的（な）	じんてき（な）	human	[なAdj.]
★★	森林	しんりん	forest	[N]
★	有料	ゆうりょう	fee-based	[N]
	歯止め	はどめ	brake	[N]
★★	無料	むりょう	free	[N]
	ないがしろにする		to ignore	[V]
★★	損害	そんがい	damage	[N]
★	総額	そうがく	total amount	[N]
★★	～兆	～ちょう	~ trillion	[Others]
	海洋	かいよう	ocean	[N]
	熱帯雨林	ねったいうりん	tropical rainforest	[N]
★	グローバル（な）		global	[なAdj.]
★★	公共財	こうきょうざい	public asset	[N]
★★	協定	きょうてい	agreement	[N]
	際限なく	さいげんなく	endlessly	[Adv.]
★	損失	そんしつ	loss	[N]
	採取	さいしゅ	collection; to collect	[Nスル]
★	廃棄	はいき	disposal; to dispose	[Nスル]
★★	需要	じゅよう	demand	[N]
★★	見直す	みなおす	to review; to reconsider	[V]

すばやく読む　Speed Reading

	一昔	ひとむかし	decades ago	[N]
★★	宿泊	しゅくはく	lodging; accommodation; to stay	[Nスル]
★	換える	かえる	to replace	[V]
★	広まる	ひろまる	to spread	[V]
★★	大幅（な）	おおはば（な）	substantial	[なAdj.]
★	洗剤	せんざい	detergent	[N]
★	汚す	よごす	to pollute	[V]
★★	望ましい	のぞましい	desirable	[いAdj.]
★★	誘導	ゆうどう	induction; to lead	[Nスル]
★★	手法	しゅほう	technique	[N]
★★	そっと		gently	[Adv.]
	後押し	あとおし	encouragement; to encourage	[Nスル]
	知見	ちけん	knowledge	[N]
★	幅広い	はばひろい	wide; broad	[いAdj.]

		すばやく読む	Speed Reading	
★★	冒頭	ぼうとう	beginning	[N]
★★	導く	みちびく	to lead	[V]
★★	検証	けんしょう	verification; to verify	[Nスル]
★★	グリーンエネルギー		green energy	[N]
★★	特性	とくせい	characteristics; trait	[N]

		聞く	Listening	
★★	変動	へんどう	change; variation; to vary	[Nスル]
	新型コロナウイルス感染症	しんがたころなういるすかんせんしょう	COVID-19	[N]
	温室効果ガス	おんしつこうかがす	greenhouse gas	[N]
★	好ましい	このましい	preferable	[いAdj.]
★	利点	りてん	advantage	[N]
	アルファベット		letters; alphabet	[N]
★	財務省	ざいむしょう	Ministry of Finance	[N]
★★	速度	そくど	velocity	[N]
★★	見解	けんかい	opinion	[N]
	横軸	よこじく	horizontal axis	[N]
	縦軸	たてじく	vertical axis	[N]
	右上	みぎうえ	upper-right	[N]
★★	枠	わく	frame	[N]
★★	相対的（な）	そうたいてき（な）	relative	[なAdj.]
	クリーンエネルギー		clean energy	[N]
	インフラ		infrastructure	[N]
	バイオマス		biomass	[N]
	地熱	ちねつ	geothermal energy	[N]
★	支出	ししゅつ	expenditure; to expend	[Nスル]
	充電	じゅうでん	recharging; to recharge	[Nスル]
★★	設備	せつび	facility	[N]
	テレワーク		remote work	[N]
★★	削減	さくげん	reduction; to reduce	[Nスル]
	左下	ひだりした	lower-left	[N]
★★	救済	きゅうさい	relief; to relieve	[Nスル]
★	見込む	みこむ	to expect	[V]
★★	欠点	けってん	drawback; demerit	[N]
★	主観	しゅかん	subjectivity	[N]

1 〜につれ（て）　　as ~; in proportion to ~

① 経済活動は、石油などの再生困難な枯渇性資源に依存しているため、利用可能な資源量が減少するにつれ、急速に縮小する。　　**p.200**

Economic activity depends on depletable resources that are difficult to regenerate, such as petroleum, which disappears rapidly as the amount of available resources decreases.

② 春が近づくにつれて、桜の花が咲き始めた。

As spring approaches, cherry blossoms begin to bloom.

③ その町では、人口の増加につれ、学校が足りなくなり、新たに小学校が建設されることになった。

In that town, as the population grew, there were not enough schools, so a new elementary school was built.

V dic
N ⎫ につれ（て）

In the form of X につれて Y, this expression means that the change described in Y occurs in accordance with or follows another change described in X. What comes in Y represents a fact or inference, and not the speaker/writer's intentions (e.g., 〜つもり), desires (e.g., 〜たい), or appeals to the addressee (e.g., 〜ましょう、〜てください).

×時間が経つにつれて、彼のことを少しずつ忘れましょう／忘れたい／忘れてください。

---

❶ 時間が経つにつれて、＿＿＿＿＿＿＿＿＿＿＿＿＿＿＿＿＿＿＿＿＿＿＿＿＿＿。

❷ ＿＿＿＿＿＿＿＿＿＿＿＿＿＿＿＿＿＿＿＿＿＿につれ、交通渋滞が悪化してきた。

❸ ＿＿＿＿＿＿＿＿につれ、＿＿＿＿＿＿＿＿＿＿＿＿＿＿＿＿＿＿＿＿＿。

2 〜ながら（も）　　although ~

① GDP の成長率は同水準か、わずかながら上がる。　　**p.201**

GDP growth will be at the same level or higher, although not much higher.

② 私が子どもの頃住んでいた家は、建物は狭いながらも庭は広くて居心地が良かった。

The house I lived in as a child was small, although it had a spacious, pleasant garden.

③ タバコは体に悪いとわかっていながらも、なかなかやめられない。

Although I know smoking is bad for me, I can't seem to quit.

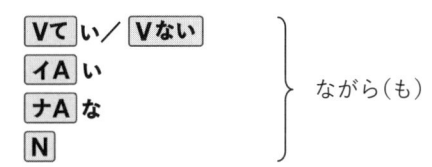

X ながら（も）Y expresses an adversative meaning "although X, Y." It indicates that the result Y is contrary to what would normally be expected from the antecedent X. The expression in X represents a stative predicate such as 狭いながら（も）"although narrow" and わかっていながら（も）"although knowingly." Y cannot be an appeal by the speaker/writer to the addressee (e.g., 〜よう，〜てください).

× わからないながらも、考えよう/考えてください。

Typical examples include 若いながら（も）"although young," 子どもながら（も）"although being a child," 貧しいながら（も）"although poor," 知っていながら（も）/知りながら（も）"although knowingly" and わからないながら（も）"although not knowingly."

❶ ＿＿＿＿＿＿＿＿＿＿＿＿＿＿＿は、わずかながら＿＿＿＿＿＿＿＿＿＿＿＿＿＿＿。

❷ 彼は、疲れていながらも、＿＿＿＿＿＿＿＿＿＿＿＿＿＿＿＿＿＿＿＿＿＿＿。

❸ ＿＿＿＿＿＿＿＿＿＿＿＿＿＿＿ながらも、＿＿＿＿＿＿＿＿＿＿＿＿＿＿＿。

③ 〜からず　not～

① 環境対策への投資には費用がかかるため、経済的に得がないと考える向きも少なからずあるだろう。　　　p.202

Not a few people believe that there is no economic gain from investing in environmental measures, because they are expensive.

② この問題は、難しからず易しからず、ちょうどいい問題だ。

This problem is just right: not too hard, not too easy.

③ この技術は、遠からず実現するだろう。

This technology will likely become a reality not too far in the future.

イA い からず

An archaic expression of the negative form of イ A くなく. It may be used with an adjective expressing the opposite meaning to mean "neither A nor B": e.g., 難しからず易しからず "neither difficult, nor easy" and 暑からず寒からず "neither hot, nor cold."

❶ 春や秋は、＿＿＿＿＿＿＿＿＿＿＿からず＿＿＿＿＿＿＿＿＿＿＿からず、過ごしやすい。

❷ このカバンは、＿＿＿＿＿＿＿＿＿＿＿＿＿＿＿＿＿からず、手頃な値段だ。

❸ ＿＿＿＿＿＿＿＿＿＿＿＿＿＿＿は、少なからず、＿＿＿＿＿＿＿＿＿＿＿＿＿＿＿。

4 〜ほかない there is no (other) choice but to ~; there is no other way than to ~

① 生物多様性を回復させ維持するためには、経済についてのこれまでの方法や考え方を変えるほかない。 **p.206**

To restore and maintain biodiversity, we have no other choice than to change the way we have been acting and thinking about economics.

② この仕事を完成させるためには、困難な状況にあっても、あきらめずにやるほかない。

In order to complete this job, we have no choice but to forge ahead, despite the difficult circumstances.

③ この問題を解決するためには、グループのみんなに相談するほかないと考えた。

In order to solve this problem, there was no other choice but to consult with everyone in the group.

V dic ほかない

This expression is used to indicate that there is no other choice than to do what is stated, even though it is not ideal. Other variations of this expression include V dic よりほかない and V dic ほかに仕方がない .

---

❶ レポートを書き上げるには、＿＿＿＿＿＿＿＿＿＿＿＿＿＿＿＿＿＿ほかない。

❷ 環境保全のためには、＿＿＿＿＿＿＿＿＿＿＿＿＿＿＿＿＿＿＿ほかない。

❸ ＿＿＿＿＿＿＿＿＿＿＿＿＿には、＿＿＿＿＿＿＿＿＿＿＿＿＿ほかない。